王國維與民國政治

周言著

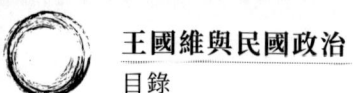

目錄

序言

引言

第一章 清帝遜位與羅王東渡
    第一節 乘槎浮海 23
    第二節 《清帝退位詔書》的臺前幕後 24
    第三節 抨擊袁世凱 28
    第四節 《頤和園詞》中的晚清史事 29

第二章 遺老身分的自我確認
    第一節 哀悼端方 35
    第二節 再罵袁世凱 36
    第三節 祭奠隆裕太后 37
    第四節 遺老群體的形成 39

第三章 學術精進
    第一節 宋元戲曲有陽秋 43
    第二節 封泥研究 44
    第三節 糾沙畹之謬 45
    第四節 金文之學 47

第四章 非復辟不能存中國
    第一節 羅振玉歸國 51
    第二節 遺老眼中的民國亂象 52
    第三節 中國國內政爭的加劇 53
    第四節 復辟浪潮的初起 54

第五章 重歸故國與學術回顧

目錄

    第一節　初交沈曾植 59
    第二節　與林泰輔的論戰 60
    第三節　與日本惜別 61
    第四節　歸國之後的沉潛 63

第六章 哈同花園與上海

    第一節　初入哈園 67
    第二節　學術發展期 70
    第三節　與遺老往來 72
    第四節　沉湎禮制之重建 73

第七章 北京政爭與地方

    第一節　王國維書信中的討袁運動 79
    第二節　中國國內局勢的變幻 80
    第三節　袁世凱去世之後的政局 82
    第四節　羅振玉的觀望 84

第八章 時局的異常與復辟的再起

    第一節　遺老的異動 87
    第二節　復辟的再起 88
    第三節　參加淞社 89
    第四節　重回日本 90

第九章 遺老與張勛復辟

    第一節　沈曾植的蠢蠢欲動 93
    第二節　羅振玉眼中的康有為 95
    第三節　王國維的憂心如焚 96
    第四節　張勛復辟中的王國維 98

第十章 復辟之後

    第一節　面對殘局 101

　　第二節 《遊仙》存哀思 ……………………………… 102
　　第三節 寄寓殷周之際 ……………………………… 103
　　第四節 心期上古 …………………………………… 105

第十一章 遺老與歐戰
　　第一節 王國維的預言 ……………………………… 109
　　第二節 沈曾植與羅振玉的激辯 …………………… 110
　　第三節 辜鴻銘的批評 ……………………………… 111
　　第四節 鄭孝胥與梁啟超的反應 …………………… 113

第十二章 歐戰告終赤化方興
　　第一節 歐戰與赤化 ………………………………… 117
　　第二節 羅振玉的憂慮 ……………………………… 120
　　第三節 溥儀的「反赤復國」 ……………………… 121
　　第四節 小朝廷內部的分歧 ………………………… 122

第十三章 中外矛盾與國內政爭
　　第一節 內政與外交 ………………………………… 127
　　第二節 羅振玉的幻想 ……………………………… 128
　　第三節 中國國內政局與國際局勢 ………………… 130
　　第四節 南北局面的僵持 …………………………… 131

第十四章 遺老與共產主義
　　第一節 晚清士人與俄國 …………………………… 137
　　第二節 關注俄國革命 ……………………………… 138
　　第三節 遺老眼中的赤化 …………………………… 140
　　第四節 奏摺中的赤化問題 ………………………… 141

第十五章 十月革命與中國知識界的分野
　　第一節 《晨報副刊》的左右之爭 ………………… 145
　　第二節 徐志摩的思想轉變 ………………………… 147

5

　　第三節 徐志摩的蘇聯之行⋯⋯⋯⋯⋯⋯⋯⋯⋯⋯⋯⋯⋯⋯⋯⋯148
　　第四節 徐志摩與陳毅之爭⋯⋯⋯⋯⋯⋯⋯⋯⋯⋯⋯⋯⋯⋯⋯⋯150

第十六章 赤化與反赤化

　　第一節 「赤白仇友之爭」的臺前幕後⋯⋯⋯⋯⋯⋯⋯⋯⋯⋯⋯155
　　第二節 胡適的誤入歧途⋯⋯⋯⋯⋯⋯⋯⋯⋯⋯⋯⋯⋯⋯⋯⋯⋯156
　　第三節 青年黨的奮起⋯⋯⋯⋯⋯⋯⋯⋯⋯⋯⋯⋯⋯⋯⋯⋯⋯⋯157
　　第四節 章太炎的討赤努力⋯⋯⋯⋯⋯⋯⋯⋯⋯⋯⋯⋯⋯⋯⋯⋯158

第十七章 新文化運動的衝擊

　　第一節 文化保守主義者的質疑⋯⋯⋯⋯⋯⋯⋯⋯⋯⋯⋯⋯⋯⋯163
　　第二節 王國維與北大的分分合合⋯⋯⋯⋯⋯⋯⋯⋯⋯⋯⋯⋯⋯164
　　第三節 羅振玉的應對⋯⋯⋯⋯⋯⋯⋯⋯⋯⋯⋯⋯⋯⋯⋯⋯⋯⋯170
　　第四節 遺老的集體活動⋯⋯⋯⋯⋯⋯⋯⋯⋯⋯⋯⋯⋯⋯⋯⋯⋯172

第十八章 遺老與五四

　　第一節 王國維眼中的五四⋯⋯⋯⋯⋯⋯⋯⋯⋯⋯⋯⋯⋯⋯⋯⋯177
　　第二節 剿滅過激黨⋯⋯⋯⋯⋯⋯⋯⋯⋯⋯⋯⋯⋯⋯⋯⋯⋯⋯⋯178
　　第三節 林紓的激烈反對⋯⋯⋯⋯⋯⋯⋯⋯⋯⋯⋯⋯⋯⋯⋯⋯⋯179
　　第四節 辜鴻銘與胡適的爭論⋯⋯⋯⋯⋯⋯⋯⋯⋯⋯⋯⋯⋯⋯⋯180

第十九章 學術地位的確立

　　第一節 胡適的矚目⋯⋯⋯⋯⋯⋯⋯⋯⋯⋯⋯⋯⋯⋯⋯⋯⋯⋯⋯185
　　第二節 北大的垂青⋯⋯⋯⋯⋯⋯⋯⋯⋯⋯⋯⋯⋯⋯⋯⋯⋯⋯⋯188
　　第三節 日本的橄欖枝⋯⋯⋯⋯⋯⋯⋯⋯⋯⋯⋯⋯⋯⋯⋯⋯⋯⋯189
　　第四節 《觀堂集林》的出版⋯⋯⋯⋯⋯⋯⋯⋯⋯⋯⋯⋯⋯⋯⋯191

第二十章 遺老梁濟之死

　　第一節 梁濟之死的爭議⋯⋯⋯⋯⋯⋯⋯⋯⋯⋯⋯⋯⋯⋯⋯⋯⋯197
　　第二節 新派人物的看法⋯⋯⋯⋯⋯⋯⋯⋯⋯⋯⋯⋯⋯⋯⋯⋯⋯198
　　第三節 梁漱溟的反駁⋯⋯⋯⋯⋯⋯⋯⋯⋯⋯⋯⋯⋯⋯⋯⋯⋯⋯200

　　第四節 胡適與徐志摩的議論⋯⋯⋯⋯⋯⋯⋯⋯⋯⋯⋯⋯⋯⋯⋯⋯⋯⋯⋯⋯⋯⋯⋯201

第二十一章 遺老的凋零
　　第一節 梁節庵之死⋯⋯⋯⋯⋯⋯⋯⋯⋯⋯⋯⋯⋯⋯⋯⋯⋯⋯⋯⋯⋯⋯⋯⋯⋯⋯⋯205
　　第二節 勞乃宣之死⋯⋯⋯⋯⋯⋯⋯⋯⋯⋯⋯⋯⋯⋯⋯⋯⋯⋯⋯⋯⋯⋯⋯⋯⋯⋯⋯206
　　第三節 沈曾植之死⋯⋯⋯⋯⋯⋯⋯⋯⋯⋯⋯⋯⋯⋯⋯⋯⋯⋯⋯⋯⋯⋯⋯⋯⋯⋯⋯207
　　第四節 溥儀大婚⋯⋯⋯⋯⋯⋯⋯⋯⋯⋯⋯⋯⋯⋯⋯⋯⋯⋯⋯⋯⋯⋯⋯⋯⋯⋯⋯⋯209

第二十二章 入值南書房
　　第一節 南書房行走⋯⋯⋯⋯⋯⋯⋯⋯⋯⋯⋯⋯⋯⋯⋯⋯⋯⋯⋯⋯⋯⋯⋯⋯⋯⋯⋯213
　　第二節 兢兢業業⋯⋯⋯⋯⋯⋯⋯⋯⋯⋯⋯⋯⋯⋯⋯⋯⋯⋯⋯⋯⋯⋯⋯⋯⋯⋯⋯⋯214
　　第三節 小朝廷內鬥⋯⋯⋯⋯⋯⋯⋯⋯⋯⋯⋯⋯⋯⋯⋯⋯⋯⋯⋯⋯⋯⋯⋯⋯⋯⋯⋯215
　　第四節 兩封奏摺⋯⋯⋯⋯⋯⋯⋯⋯⋯⋯⋯⋯⋯⋯⋯⋯⋯⋯⋯⋯⋯⋯⋯⋯⋯⋯⋯⋯216

第二十三章 馮玉祥逼宮始末
　　第一節 清查宮中財物的風波⋯⋯⋯⋯⋯⋯⋯⋯⋯⋯⋯⋯⋯⋯⋯⋯⋯⋯⋯⋯⋯⋯⋯221
　　第二節 局勢的轉折⋯⋯⋯⋯⋯⋯⋯⋯⋯⋯⋯⋯⋯⋯⋯⋯⋯⋯⋯⋯⋯⋯⋯⋯⋯⋯⋯222
　　第三節 遺老的憤怒⋯⋯⋯⋯⋯⋯⋯⋯⋯⋯⋯⋯⋯⋯⋯⋯⋯⋯⋯⋯⋯⋯⋯⋯⋯⋯⋯224
　　第四節 社會的反應⋯⋯⋯⋯⋯⋯⋯⋯⋯⋯⋯⋯⋯⋯⋯⋯⋯⋯⋯⋯⋯⋯⋯⋯⋯⋯⋯225

第二十四章 任教清華
　　第一節 清華國學院的成立⋯⋯⋯⋯⋯⋯⋯⋯⋯⋯⋯⋯⋯⋯⋯⋯⋯⋯⋯⋯⋯⋯⋯⋯229
　　第二節 王國維就任清華⋯⋯⋯⋯⋯⋯⋯⋯⋯⋯⋯⋯⋯⋯⋯⋯⋯⋯⋯⋯⋯⋯⋯⋯⋯231
　　第三節 陳寅恪遠道而來⋯⋯⋯⋯⋯⋯⋯⋯⋯⋯⋯⋯⋯⋯⋯⋯⋯⋯⋯⋯⋯⋯⋯⋯⋯232
　　第四節 清華歲月⋯⋯⋯⋯⋯⋯⋯⋯⋯⋯⋯⋯⋯⋯⋯⋯⋯⋯⋯⋯⋯⋯⋯⋯⋯⋯⋯⋯233

第二十五章 羅、王歧途
　　第一節 失和之起因⋯⋯⋯⋯⋯⋯⋯⋯⋯⋯⋯⋯⋯⋯⋯⋯⋯⋯⋯⋯⋯⋯⋯⋯⋯⋯⋯237
　　第二節 關係之惡化⋯⋯⋯⋯⋯⋯⋯⋯⋯⋯⋯⋯⋯⋯⋯⋯⋯⋯⋯⋯⋯⋯⋯⋯⋯⋯⋯240
　　第三節 鄭孝胥推波助瀾⋯⋯⋯⋯⋯⋯⋯⋯⋯⋯⋯⋯⋯⋯⋯⋯⋯⋯⋯⋯⋯⋯⋯⋯⋯241
　　第四節 羅振玉的悔悟⋯⋯⋯⋯⋯⋯⋯⋯⋯⋯⋯⋯⋯⋯⋯⋯⋯⋯⋯⋯⋯⋯⋯⋯⋯⋯242

7

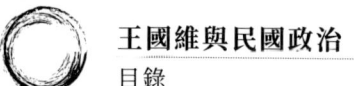

第二十六章 時局的激變

第一節 北伐軍興 ... 245

第二節 學生的恐慌 ... 247

第三節 葉德輝之死 ... 248

第四節 日本人的追憶 ... 249

第二十七章 王氏之死

第一節 死前的鎮定 ... 253

第二節 赴死的從容 ... 255

第三節 三次追悼會 ... 256

第四節 梁啟超的哀悼 ... 259

第二十八章 圍繞羅、王的爭議

第一節 陳寅恪的刻意拔高 ... 261

第二節 溥儀的猜測 ... 264

第三節 傅斯年的道聽途説 ... 266

第四節 後世的以訛傳訛 ... 268

第二十九章 王國維之後的清華

第一節 章太炎與清華失之交臂 ... 271

第二節 地下黨的興起 ... 272

第三節 校內風潮的起伏 ... 273

第四節 陳寅恪一九四九 ... 274

第三十章 偽「滿洲國」的弔詭

第一節 偽「滿洲國」的成立 ... 279

第二節 局外人與局中人 ... 281

第三節 羅振玉的心灰意冷 ... 284

第四節 偽「滿洲國」的覆滅 ... 285

後記

序言

王國維與近代中國的政治變局

收到復旦大學周言君寄來所撰王國維書稿一部，展讀一過，頗有感觸。2012 年是王靜安先生自沉八十五週年，王先生的全集也基本出齊，此皆研習王學的新契機，而周君此書更勾起我們對靜安先生的追懷。

一九二五年清華國學院開辦，先父馮德清（永軒）作為一期生，師從梁啟超、王國維、趙元任等導師（陳寅恪先生第二期方到任），而直接導師是王國維先生。當時王先生正轉入西北史地研究，先父由是追隨進入西北史地領域（有《新疆史地論叢》存世），並一直珍藏王先生所開列的西北史地書目，畢業時所提交論文，則是王先生指導的《匈奴史》。先父自研究院畢業前夕，梁啟超先生題贈宋詞集句對聯，王國維先生以行楷題贈陶淵明五言詩軸，梁、王二先生的條幅，題頭皆為「永軒仁弟」，我自幼留下的印象，先父始終對梁、王二先生以父尊之，我們兄弟也把二先生認作家中長老，景仰而又倍覺親近。先父一九七九年辭世，我清理舊物，不僅發現梁、王二先生條幅，清華國學院師生合影，王先生所開書單，還有一九二七年（其時第一期生已畢業，星散各地）清華研究院同學會就王靜安先生自沉發布過的一則啟事，這張啟事也保留在先父遺物中，睹物思人，不勝感懷。

我和周言君剛認識的時候，他已經對王學有著濃厚的興趣，也斷斷續續寫過一些文章，去年他曾經發表過一篇《1898-1927：王國維對蘇俄的認識》，此文後來引起過一些討論，臺灣的張朋園先生非常推崇周君這篇寫王國維的文章。王先生的學術貢獻，學界討論頗多，但是從政治觀角度探討王先生與俄國革命之間的關係，尤其是王先生對共產革命的看法，以往少有涉及。而周君文章披露，王先生在俄國十月革命之後曾經寫信給柯風蓀，估計俄國革命將波及中國，他在信中言：「觀中國近況，恐以共和始，而以共產終。」而後來羅雪堂先生與日本友人犬養毅的對話中，也有類似預測。羅、王能在一九一八年前後（中共尚未成立）有如此遠見，非有過人史識，不能言也。

王國維與民國政治

序言

　　周君曾經告訴我，他在羅雪堂先生長孫羅繼祖先生的書中讀到，王先生自沉之前寫信給羅先生，信中專門談到北伐以及葉郋園（德輝）先生在湖南農民運動中被誅一事。我在周君的書中讀到，當時也有傳言湖北的王葆心（晦堂）先生被殺，但是周君在書中明確指出此事乃是謠傳。王葆心先生是我父親摯友，抗日戰爭期間彼此多有書信往還，我家中還藏有王葆心先生所書《麻城丁氏四修族譜序》和楷書題籤。王葆心一直到四十年代才去世，董必武為其墓門題詞：「楚國以為寶，今人失所師。」我主持編纂湖北省地方志人物志時，還知道王葆心三十年代曾經擔任過湖北通志館的籌備主任，出版《方志學發微》。「九一八」事件爆發，日軍逼近華北之時，王葆心先生曾經兩次進京搶救湖北地方志材料。王先生第三次在北平抄寫材料之時，「七七事變」發生，王先生帶著在北平所抄寫的材料歷經曲折回到武漢。作為青年學人，周君對王國維先生及其周際人物能作如此細密考察，以辨偽存真，難能可貴。

　　周言君曾經和我講過，寫作此書時，也曾經聽到很多關於王靜安先生的奇聞逸事，比如當時王靜安和羅雪堂之子羅福葆時有過從，羅福葆經常給王靜安敬煙，王靜安從不推辭，但是王先生自己抽煙時，從不給他人敬煙，這正折射出王先生的不諳世故。先父也曾經和我說起當時在清華讀書時，每逢師生合影，梁任公先生總是先請王靜安先生上座，王先生也從來不推辭。按說，梁先生自戊戌變法以來名震遐邇，又比王先生年長，而且梁先生在《時務報》擔任主筆期間，王先生還只是《時務報》的一名書記員，但在清華時王先生不辭首席，足見其學術上的自負，也表明了梁先生的謙德和對真學者的尊崇。靜安先生的自負自尊，任公先生的自謙敬賢，皆是學人風範。

　　我在周言君的書中看到他考證張之洞與王靜安先生之間的關係。周書指出，二十世紀初，張之洞奉命起草《奏定學堂章程》（此為中國頒行實施的第一部近代學制方案），將哲學排除出大學課程之外，並以理學替代哲學，王靜安先生當即撰寫《奏定經學科大學文學科大學章程書後》，對張之洞進行嚴厲批評，不僅昭顯王先生對現代性學科建設的透闢認識，更表現出批判威權的勇氣。

　　我一直注意晚清知識分子在民國初年對於中國傳統思想的看法，比如一戰之後梁任公遊歷歐洲，認定歐洲文明已經破產，我從周書中也瞭解到，王靜安早在辛亥革命之前，便決意轉向國學研究，擱置早年從事的西方哲學與美學研究，並修正了早年會通中西的觀點。王先生一九一九年致羅雪堂的信中稱：「新思潮之禍必有勃發之日，彼輩恐尚未知有此，又可惜世界與國家卻無運命可算，二三年中正未知有何變態也。」隨後又在致狩野直喜的信中言：「世界新思潮頗洶澎湃，恐遂至天傾地坼。然西方數百年功利之弊非是不足一掃蕩，東方道德政治或將大行於天下，此不足為淺見者道也。」所見與梁任公的《歐遊心影錄》略同。

　　王靜安先生的這一思想趨向值得注意，我在九十年代初出版的《中華文化史》中，曾以梁任公的《歐遊心影錄》和梁漱溟的《東西文化及其哲學》為例，討論發端於一九一五年的東西方文化論戰。這一論戰的第一階段從《新青年》創刊到五四運動爆發，主要討論比較東西方文化的優劣；五四運動爆發，則進入論戰第二階段，轉而討論東西文化相互融通的可能性和必要性；而梁任公的《歐遊心影錄》和梁漱溟的《東西文化及其哲學》的出版，則將論戰推向第三階段，梁漱溟和梁任公一樣，認為西方文明已經破產，「不怕他不走孔子的路」，當時柳詒徵著文對梁漱溟表示支持，而曾經支持章士釗「中西方文化調和論」的陳嘉異，也轉而支持梁漱溟，認為東方文化遠優於西方文化，萬萬不可與之「融合」。當時梁啟超和梁漱溟都遭到了嚴厲的批判，首位批判梁漱溟的，便是與梁漱溟同為北大教授的胡適，當時的王靜安先生則是站在二梁一邊的。

　　周君此書中，還有許多專題性質的研究，有些是前人較少涉獵的，比如「遺老與歐戰」、「遺老與共產主義」等，尤為可貴的是，他將二十年代王國維對共產主義的看法放在「聯俄聯共」的背景下加以考察，同時聯繫到同時期的「赤白仇友之爭」，指出以王靜安先生為代表的清遺老對於共產革命的敵視，與其自身的文化立場有關。周君更援引臺灣學人林志宏的觀點，進而認為偽「滿洲國」的建立，實際上也與清遺老對於共產革命的敵視有關，周君提到，當時敵視蘇俄、主張建立偽「滿洲國」的王式便曾經在奏摺中對溥儀言說：「今聞臣張宗昌已歸順朝廷，曾造臣金卓至大連，訂期面商，加

入團中,兩月之間成軍可必,成軍之後即取東三省,迎鑾登極,或俟赤俄削平,再登大寶。」此說頗值得注意。

　　王靜安先生的一生,不單是一介書齋學人,從周君的書中可以得知,王先生對中外史事亦有獨到見解。劉知幾曾提出治史要兼備史才、史學、史識,其中最重要的則是要秉筆直書,周君此書,對王先生之於政治的關心加以系統性的研究,還原了王先生為人忽視的關心政治的一面,這或許是此書最大的貢獻。

馮天瑜

引言

清遺老與辛亥革命

　　辛亥革命之於清遺老這一群體的震動，不僅僅在於類似於明末清初遺民群體歷經王朝更替的天崩地裂，更重要的一如李鴻章上書慈禧太后的奏摺中所言乃是三千年未有之變局，伴隨著政治面貌的天翻地覆，綱常倫理亦土崩瓦解，新思潮、新學說蜂擁而至，清遺老在這一局面中何以自處，令人深思。王國維一九二四年曾在上書溥儀的奏摺中痛言：「辛亥之變，而中國之政治學術幾為新說所統一矣，然國之老成，民之多數尚篤守舊說，新舊之爭，更數十年而未有已，國內混亂，無所適從。」[1]

　　這一無所適從的境遇，恰恰可以以王國維等諸遺老自身的經歷作為註解，王國維、羅振玉二人在辛亥革命之後東渡日本，辛亥革命之於羅、王二人學術上的影響，多多少少可以找出痕跡，而沈曾植、鄭孝胥二人於辛亥革命起時寓居上海，沈氏書札中清晰地留下了其對於辛亥革命的反感，而鄭孝胥斯時是盛宣懷的幕僚，他在辛亥革命中的種種行動，亦頗令人玩味。

一

　　辛亥革命起，王國維與羅振玉攜家東渡，一去數年，王氏的學術取向也因辛亥革命發生深刻變化。他於民國初年所寫的《宋元戲曲考》，即是其文學研究上的絕筆之作，日久經年，當日本學者問及其在宋元戲曲上的成就時，王國維隻字不提，連稱不懂。[2]

　　這一學術上的轉變，羅振玉作出了自己的解釋：「及辛亥國變，予掛冠神武，避地東渡，公攜家相從，寓日本京都，是時予交公十四年矣⋯⋯至是予乃勸公專研國學，而先於小學訓詁植其根基，並與論學術得失。」[3] 羅振玉雖然極力強調自己之於王國維學術道路改轍的作用，但卻未能強調這一作用的起因，對此，王國維的弟子徐中舒給出了清晰的答案：「辛亥之役，羅氏避地東渡，先生亦攜家相從，寓日本之西京。羅氏痛清室之淪亡，於西洋

學說尤嫉恨之。至是乃欲以保存舊文化之責自任,且勸先生專治國學。先生乃大為感動,遽取前所印《靜安文集》盡焚之。」[4]

而王國維本人對此亦有文字留存,可供佐證。一九一二年日本學者狩野直喜遊歐洲,王國維作詩送別,王國維在致鈴木虎雄的信中有兩處記載。一次王國維寫道:「先生歐洲之行,本擬作五排送之,得數韻後頗覺不工,故改作七古,昨已脫稿。茲錄呈指教。」另外一次則談及其他諸事:「前日車站晤言,甚慰渴想,索送狩野教授詩稿,茲特呈上,惟詩中語意,於貴國社會政治前途頗有隱慮,與倫敦《泰晤士時報》意略同,竊念君子居是邦,不非其大夫,況國維以亡國之民為此言乎,貴國人觀之,或恐不喜,登錄雜誌與否,祈斟酌為幸。」[5]

信中所言詩稿,本是送別之作,但卻寓意其中,不僅論學,而且論政,將自我一腔徘徊於政學兩界的複雜心理,展露無遺,其中當然留下了其學術易轍的線索,詩云:「君山博士今儒宗,亭亭崛起東海東。平生未擬媚鄒魯,胠篋每與沂泗通。自言讀書知求是,但有心印無雷同。我亦半生苦泛濫,異同堅白隨所攻。多更憂患閱陵谷,始知斯道齊衡嵩。夜闌促坐聞君語,使人氣結回心胸。」[6]

其中「我亦半生苦泛濫,異同堅百隨所攻」當然指的是其在辛亥革命前於哲學文學美學之間的矛盾,「多更憂患閱陵谷」,指的是辛亥革命,「始知斯道齊衡嵩」,則可與此年王國維即將寫畢《宋元戲曲考》之後轉向國學研究相印證,羅振玉與徐中舒的說法,於此也就得到了註解。

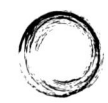

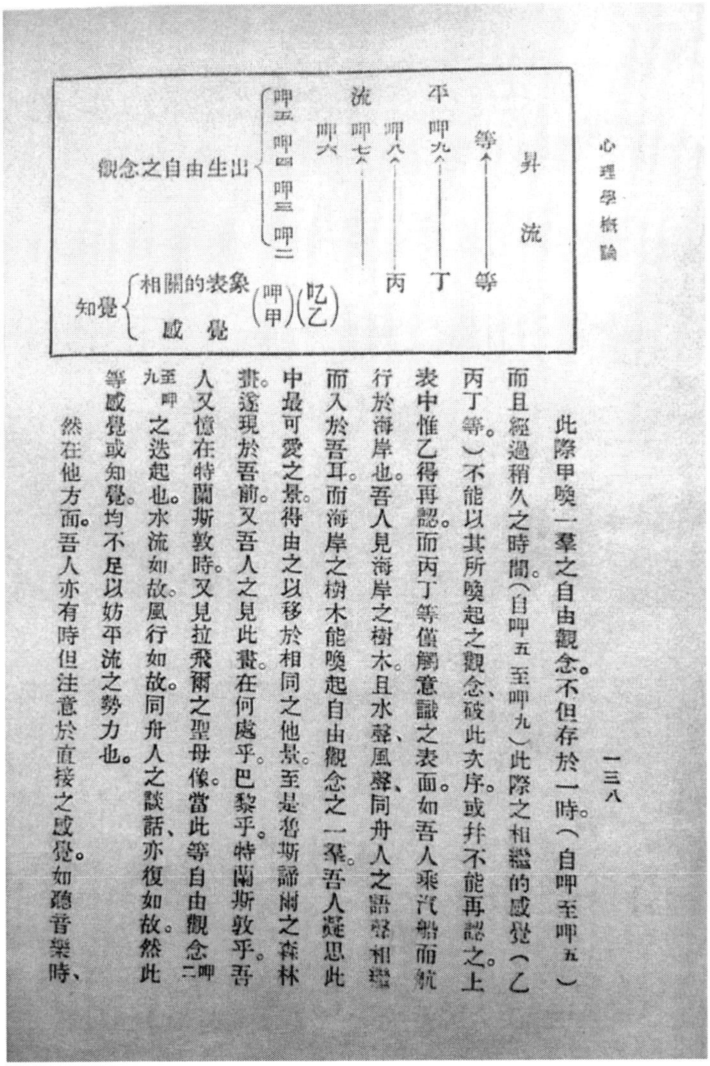

此際甲喚一羣之自由觀念。不但存於一時。（自呷至呷五）而且經過稍久之時間。（自呷五至呷九）此際之相繼的感覺（乙丙丁等。）不能以其所喚起之觀念破此次序。或幷不能再認之。上表中惟乙得再認。而丙丁等僅觸意識之表面。如吾人乘汽船而航行於海岸也。吾人見海岸之樹木。且水聲、風聲、同舟人之語聲相繼而入於吾耳。而海岸之樹木能喚起自由觀念之一羣。吾人凝思此中最可愛之景。得由之以移於相同之他景。至是魯斯締爾之森林畫。遂現於吾前。又吾人之見此畫在何處乎。巴黎乎。特蘭斯敦乎。吾人又憶在特蘭斯敦時。又見拉飛爾之聖母像。當此等自由觀念（呷二至呷九）之迭起也。水流如故。風行如故。同舟人之談話、亦復如故。然此等感覺或知覺。均不足以妨平流之勢力也。

然在他方面。吾人亦有時但注意於直接之感覺。如聽音樂時、

王國維譯作《心理學概論》

除卻王國維在學術上轉向國學研究印證辛亥革命對其具體影響之外，其在書信中多次提及辛亥革命之於其具體影響，同時也對在辛亥革命之後的政局多有描述，王國維最終在遺老的路上漸行漸遠，其目睹張勛復辟，入職南書房，親歷馮氏逼宮之時的言行，俱可作為佐證。

王國維與民國政治

引言

王國維在一九一三年致羅振玉的信中對於中國國內的護法運動表示了自己的關切：「南北交訌，勢成決裂，然將來或以妥協了事，亦未可知。」[7] 又如一九一六年二月談及沈曾植之於中國時局的觀感：「乙老昨日長談，頗負悲觀。乙老對時事，謂南人欲恢復辛亥冬間狀態，是適以助北，故近又不能樂觀云云。」[8] 再如三月四日致羅振玉之信談及討袁運動：「昨寐老言，北方既不能支持，而雲貴兩省蔡鍔、李烈鈞兩黨交鬨不成事體……一切狀態與辛壬之間無異。」「靜觀大局，亂靡有定，識者多謂此次當烈於辛壬之變。」[9]

由此種種無疑可以看出，王國維絕非固守書齋不問政治的學人，他的學術取向與他的政治觀念、政治取向緊密相連。尤其是辛亥革命以來事變與時變之於他的深切刺激，從張勳復辟至馮玉祥逼宮，從俄國革命至國共北伐，王國維在書信文章中皆有深切反省，這些線索，提示了我們這位悲劇性的學人背後更加意味深長的內容。

二

羅振玉在辛亥革命之前，曾積極投身戊戌變法，同時興辦教育，創辦《農學報》、《教育世界》等刊物，名馳海內，湖廣總督張之洞在一九〇三年上書朝廷舉薦羅振玉時曾言：「學問優長，近年究心中外農學及教育學，廣為蒐集選輯流轉，深裨世用，確係有用之才。」[10] 他與張之洞等清末高官交往密切，由此也為他日後成為清遺老埋下了伏筆。

辛亥事起，羅王相約東渡，由此成就學術史上的一段佳話，此處略去不表。值得注意的是羅振玉在回憶錄《集蓼編》中，對於其東渡日本之後的學術活動有所提及，但他依然對於政治表現出了深切的戀戀不捨，充分體現了羅振玉徘徊在學術與政治之間的徬徨，也充分體現了其作為一名清遺老的政治立場，談及武昌起義，羅振玉留下了這樣的文字：「武昌變起，都中人心惶惶。時亡友王忠慤公亦在部中，予與約各備米鹽，誓不去，萬一不幸，死耳。及袁世凱再起，人心頗安，然予知危益迫也矣。」[11]

羅振玉不僅與王國維一樣在辛亥革命時決意效忠清室，同時對於袁世凱的崛起，表現出了迥異於常人的不安，然而需要提醒注意的是，事後追憶的文字，往往帶有自我標榜的意味，正如羅氏過分強調辛亥之際他的忠告之於王國維學術轉軌的影響，對待羅振玉辛亥之際的言行，不僅僅要聽其言，更要觀其行，羅振玉斯時的言論，無疑意味深長，羅振玉指出：「方予攜家浮海時，漢陽已克復，武昌尚未下。都中同志，尚冀時局可以挽回。寶公（熙）謂予曰：『君竟潔身去耶？盍稍留，俟必無可為，然後行。』予乃諾以送眷東渡後即子身返都。既至東三日，即附商舶至大連，遵陸返春，明知已絕無可為，踐宿諾而已。比至，眾亦謂大事已去，留旬日，乃復東渡。壬子歲朝，遜政之訊乃遽至海東矣。」[12]

可以看出，羅氏之所以於清室如此盡忠盡職，不僅在於自身的政治認同與學術取向，他人的激勵亦是其中重要原因。與王國維不同之處在於，羅氏精通世故，所以行文中留下了踐宿諾的文字，但是究竟踐諾與否，亦需仔細考察，前文提及「萬一不幸死耳」，未能踐諾，及至馮氏逼宮，又與王國維相約赴死，亦未踐諾。王國維自沉之後，陳寅恪輓詩中有云「越甲未應公獨恥」，既是對王國維踐諾的由衷表彰，也是對於羅振玉的微辭。羅氏之政治態度，由此可見一斑，而其自一九一一年至一九一四年於日本與王國維切磋學術，究竟有多大的堅持，亦不難細察。

一九一四年羅振玉因多種原因，決意返回國內，在滬上會見遺老領袖沈曾植，他在回憶文字中，依然對於袁世凱憤憤不平，這不妨作為尚存真偽爭議的史料加以考察，羅氏此文，亦可管窺其暮年日漸深重的遺老心態，尤其是其在滬上約見沈曾植時重歸故園的感慨，亦讓人玩味：「袁氏假共和以竊國，陰欲竊帝號以自娛，及稱帝不成，而憤死。柯廖園學士乃郵書，招予返國，謂袁已伏天誅，遼東皂帽盍歸來乎？予覆書，言酈塢雖傾，李郭尚在，非其時也。」[13]

三

作為一個被學術史幾乎遺忘的人物，九十年代以來，沈曾植的重新浮出水面，無疑是一件讓人欣慰的事，王國維曾在《七十壽序》中對於沈氏不吝

讚許：「其憂世之深，有過於龔魏，擇術之慎，不後於戴錢。」王國維筆下這位繼往開來的人物，湮沒在浩瀚的歷史中，不復蹤跡。九十年代葛兆光曾經援引沈氏晚年自壽詩，感慨歷史驚人的遺忘：「驀地黑風吹海去，世間原未有斯人。」沈氏的生平由此變得模糊，難以看清。

一九一一年的沈曾植，一如故往，沉潛在詩文之中，同時也參與政治，只是意味稍顯疏懶，身逢衰世，其在書信中，多多少少流露出了之於政治格局的關切，如四月七日致信吳慶坻談及清末以來逐漸形成的自治格局：「自治操之太急，杞憂誠妄，曹治無期，嘗語客：國家法制期富強，地方自治期安靖，遍觀各國，咸出兩途。」[14]

沈氏畢竟是晚清開明士大夫階層中屈指可數的保守人士，開明之中，仍顯保守。晚清自洋務運動以來，形成的自治格局，沈氏對此頗有非議，須知正是自治格局於洋務運動之後的初步形成，使得義和團雲起風湧之際，東南諸省得以保全，沈氏一葉障目，由此可以看出。

而在四月三十日致李氏的信中，沈氏則多多少少保持了政治上的清醒，知曉何謂有所為有所不為：「研究會既在北京開辦，將來即以首善為總會根基，王舍城中，諸天瞻敬，不必沾沾於舊都，滬上更無論也，新研究會，賤名暫不列入，副會長恐須另推，將來或貢獻一兩文字於雜誌可耳。」[15]

看似閒散的背後，實際上有著更為周全的考慮，沈氏的淡然，實際上是政治上更大的抱負，及至辛亥革命事起，沈氏的臨危不懼，可見大將風度，但是最終不免流露出士大夫的憂國之感。《沈子培先生行略》記錄下了沈氏當時的言行：「辛亥秋，亂事起，余與滬上諸同志集於先生寓所，所以補救之，同人令余赴京擔任外交事務，旅費已備矣，先生獨排眾議，執余手曰：方今革命猖獗，君切不可冒無謂之險，危及生命。我輩隨時隨地皆可以死，然死則死一處死耳。」[16]

沈曾植此後尚與張謇互通往來，討論如何處理時局，斯時的張謇，受袁世凱之請託，與楊廷棟、雷奮兩人代擬遜位詔書，這份清帝遜位詔書，早在未成稿之前，便已註定了其政治上的權衡色彩，張謇在致沈曾植的信中有云：「滄桑矣，居士觀念云何？比答人言：對於立憲舊君，不能無禮，對於共和

之新君，不能無義。禮義之通，則不願為溥儀時代之行政官，不敢辭厚同性質之議會長，故與一切人堅明約束。」[17]

張謇徘徊於舊朝新朝之間的徬徨，沈氏自然抱持了相當程度的惡感，因此與張謇話不投機，張謇遂謹以前語責之老友，二人形同冰炭，這也是一個時代的縮影。而當張謇楊度諸人擬定的《清帝遜位詔書》頒布之後，沈氏悲憤難平，淚如雨下：「某夕，侍者以一號外入，視之則遜詔也，我輩乃同起北面而跪，叩首哀嚎，閽人跪地不起，大呼曰：『國破君亡，臣不欲生矣。』又數日，余復見先生，問先生曰：『事已如此，我輩將如何？』先生淚流滿面，執余手而言曰：『世受國恩，死生以之，他非所知也。』」[18]

可想而知，沈氏斯時的心境何其慘淡，而這一時期，再也不見沈氏交遊的痕跡。一九一二年四月十一日，鄭孝胥作詩一首，表達與沈氏的惺惺相惜之情：「老向窮途道更窮，膝痕穿榻槁書叢。堂堂白日人誰在，杳杳高樓世豈通。寧死自甘等丘壑，逃虛未暇托冥鴻。行逢宿草何妨哭，留閱興亡只等翁。」[19]

沈氏心情，可見大壞，《退廬文集》卷二記載：「子培偽稱足疾，已數月不下樓矣。」而《學制齋詩抄》卷二亦有記載：「沈君足弱謝常客：子培沈君居三樓上，戒斷常客，別後鬢鬢侵蒼蒼，休文帶緣體中惡，坐憶天柱從中傷。」後面的注云：「君官皖，建天柱閣，坐客談此閣被毀，君默然。」[20]

沈氏的消沉，固然是清帝遜位之後的傷感，同時也在暗中等待時機，以期有所作為，果然到了十月，便出面全全籌備孔教會，這一舉動的政治意味，不語自明，而這一年來，他與郵傳部侍郎于式枚、前京師大學堂監督劉廷琛、前御史王寶田互通聲息，熱心復辟，則已經顯示出了一九一七年他積極參加張勳復辟的前兆，王國維與羅振玉往來書信中言及沈氏對於民國之痛恨，皆可看做這一行為的註腳。

四

鄭孝胥如同沈氏一樣，也曾積極參與到晚清的政治變革當中。他曾是張之洞幕府的首席尚參，為其策劃路政軍政，他也曾投身戊戌變法，同時對康、

王國維與民國政治
引言

梁諸人則多有批評，而在清末領導預備立憲公會，則是他一生中最傑出的表現。他與張謇以及湯壽潛被稱作民間立憲運動三傑。除此而外，他與陳寅恪的父親陳三立一樣，是清末同光詩壇的領袖人物，其書法亦名著當時。[21]

武昌起義前夜，鄭孝胥被任命為湖南布政使，據說是因為當時湖南的保路運動風起雲湧，但當時的湖南巡撫端方毫無辦法，湖南布政使又素為湘人所惡，鄭孝胥既能堅持鐵路國有之原則，又有綏靖廣西的經驗，於是被朝廷選中。[22] 羅振玉致王國維信函中有「昨聞湘變，湘撫被戕，電信已斷」一語，正是湖南在辛亥革命前夜的時局。

但是未及鄭孝胥上任，武昌起義爆發，鄭孝胥得知這一消息，顯然太過遲緩。十月十一日，他的日記中記載：「過孟庸生，聞湖北兵變，余往談。」羅振玉向盛宣懷提出四點建議，招招得其要領：一、以兵艦速攻武昌。二、保護京漢鐵路。三、前敵權宜歸一。四、河南速飭戒嚴。[23]

鄭孝胥對於辛亥革命的態度，由此可見，而在其後他積極參與鎮壓，亦是不爭的事實。尤其是他對於即將淪陷的湖南的關切，日記中留下了諸多線索，十月二十三日日記記載：「晤盛宮保，出示電局來電，云長沙電局已為亂黨占據，萬急。」十月二十六日日記記載：「長沙自三十日以後無安電，而岳州稅務司有電至京，言『長沙失守，余撫臺已逃去』。」[24]

長沙淪陷，對於鄭孝胥的打擊非常大，意味著在相當一段長時間裡，他的政治生命宣告停滯，他在第二天的日記中，對於清廷有著深切的反思，但言語之中依然有所保留：「政府之失，在於紀綱不振，苟安偷活，若毒痡天下，暴虐苛政，則未之聞也，故今日猶是改革行政之時代，未遽為覆滅宗祀之時代。」[25]

而與某些遺老不同的是，鄭孝胥對袁世凱抱持相當程度的期許，並將袁世凱提高到了主持立憲運動的高度，以此對革命黨實行了話語上的討伐：「此時以袁世凱督湖廣，兵餉皆恣與之，袁果有才破革黨，定亂事，入為總理，則可立開國會，定皇室，限制內閣責任，立憲之制度成矣，使革命黨得志，推倒滿洲，亦未必能強中國。」[26]

十月二十九日，鄭孝胥抵達上海，躲入租界，壞消息接二連三傳來：「閱《申報》初五日，資政院劾盛宣懷，奉旨革職，永不敘用。」十月三十日，報言：「初六、初七，北軍克漢口。」[27] 這一天正是重九。鄭孝胥在日記中感慨：「登臺憑眺，真欲發狂，與其坐以斷腸，無寧與匪決死。」[28] 十一月十五日，鄭孝胥日記中終於再次出現了袁世凱的身影，係閱《申報》時的摘錄：「袁世凱啟程入京時，曾電內閣，謂革黨內訌，黎元洪決降，已允電致某省解散。」[29]

而僅僅時隔七天，袁世凱內閣便宣告成立。鄭孝胥的心情，實際上並未隨著袁世凱組閣而好轉，他在十一月二十二日，對於暢談共和者大加攻擊：「南方士大夫毫無操守，提倡革命，附和共和，共和者，公理之至也，矜而不爭，群而不黨之效也，此豈時人之所希望乎？」[30] 若干年後，溥儀在追憶鄭孝胥時，一再強調鄭孝胥的三共論（編者註：三共論指，「大清亡於共和，共和亡於共產，共產亡於共管」。）與斯時鄭孝胥攻擊倡言共和者，可謂一脈相承。

註釋

[1] 袁英光、劉寅生編著：《王國維年譜長編》，天津人民出版社，1996 年版，第 517 頁。

[2] 參見陳平原、王風編：《追憶王國維》（增訂本），三聯書店，2009 年版。

[3] 羅繼祖主編，王慶祥、王同策助編：《王國維之死》，廣東教育出版社，1999 年版，第 6 頁。

[4] 同上，第 18 頁。

[5] 參見吳澤主編：《王國維全集·書信》，中華書局，1984 年版。

[6] 陳永正著：《王國維詩詞箋注》，上海古籍出版社，2011 年版，第 142～143 頁。

[7] 《王國維全集·書信》，第 37 頁。

[8] 同上，第 48～49 頁。

[9] 同上，第 61～68 頁。

[10] 參見羅琨、張永山著：《羅振玉評傳》，百花洲文藝出版社，2010 年版。

[11] 羅振玉著：《雪堂自述》，江蘇人民出版社，1999 年版，第 39 頁。

[12]《雪堂自述》，第 40 頁。

[13]《雪堂自述》，第 45 頁。

[14] 許全勝撰：《沈曾植年譜長編》，中華書局，2007 年版，第 356 頁。

[15]《沈曾植年譜長編》，第 356 頁。

[16] 同上，第 361 頁。

[17]《沈曾植年譜長編》，第 361 頁。

[18] 同上，第 361～362 頁。

[19] 同上，第 363 頁。

[20]《沈曾植年譜長編》，第 363 頁。

[21] 參見徐臨江著：《鄭孝胥前半生評傳》，學林出版社，2003 年版。

[22] 參見《鄭孝胥前半生評傳》，第 236～237 頁。

[23] 勞祖德整理：《鄭孝胥日記》，中華書局，1993 年版，第 1349 頁。

[24] 同上，第 1351～1352 頁。

[25] 同上，第 1352 頁。

[26]《鄭孝胥日記》，第 1353 頁。

[27] 同上，第 1354 頁。

[28] 同上，第 1354 頁。

[29] 同上，第 1356 頁。

[30] 同上，第 1362 頁。

第一節 乘槎浮海

第一章 清帝遜位與羅王東渡

第一節 乘槎浮海

有關王國維與羅振玉東渡的原因，「文革」之後王國維研究的先行者蕭艾指出，羅振玉後來所寫的回憶錄《集蓼編》留下了線索。羅振玉離開蘇州自然與張謇有著直接的關係，而且羅振玉後來在學部任職時，張謇又是全國教育會長，議論常常與羅氏相左，加上後來辛亥革命爆發，張謇與袁世凱私交密切，而羅振玉本人又素來與革命黨交惡。另外一個重要的原因則是，羅振玉的親家，著名的甲骨文專家劉鶚，便是因為遭到袁世凱的迫害被發往新疆致死。羅振玉認為辛亥革命之後，政權不是歸於革命黨，便是歸於袁世凱，而他在《集蓼編》中直斥袁世凱為元兇，因此辛亥革命之後他決意東渡，王國維也自然跟隨他前往日本。[1]

而羅振玉去日本還有一層原因則是他聽從了日本和尚橘瑞超的勸告，橘瑞超乃是受日本僧人大谷光瑞的囑託。大谷光瑞是日本西本願寺的第二十二代法主，一九〇二年曾經以探尋佛跡為名，率大谷探險隊前往中亞、新疆、喀什米爾、犍陀羅、印度等地。一九〇九年，他派遣橘瑞超等人發掘考查吐魯番、庫車等地文物，後來又派橘瑞超等人赴新疆省考察文物。他們勸羅振玉去日本，很大程度上是因為羅振玉擁有大量的出土文物。而羅振玉也恰有此意，羅振玉早先曾和藤田豐八商議將家中所藏名人字畫近百幅送往日本展覽，並且有出售之意，日本的內藤湖南、狩野直喜等都來信勸羅振玉早日啟程，並且為羅振玉在日本提供了各種便利，羅氏便將家中所有書籍文物等貴重物品交由本願寺的和尚代為搬運至日本，自己則和家人會同王國維及王國維的一家老小，前往日本。[2]

另據王亮兄告知，當時王國維的次子王仲聞，似乎並未隨羅、王東渡，據說被送到海寧老家寄養，此說未能確認。王亮曾經翻看過其祖父王仲聞的檔案及相關資料，皆未提及當時王仲聞與王國維一起東渡，王亮曾經就此事

詢問姑婆王東明女士，遭到王東明女士的駁斥，王東明女士認為當時王仲聞肯定隨羅王一起東渡，但兩人都沒有確切證據，此處存考。

日本學者狩野直喜後來如此追憶辛亥革命之後的王國維：「中國革命發生，王靜安君攜家與羅叔言君同來中國京都，居住了五六年，在這段時間，他與我經常有往來。從來京都開始，王君在學問上的傾向，似有所改變。這就是說，王君似乎想更新中國經學的研究，有志於創立新見解。例如在談話中，我提到西洋哲學，王君總是苦笑著說，他不懂西洋哲學。其後從元代雜劇的研究擴大成《宋元戲曲史》，此書對王君可說是業餘的著述。正如其常說的，雜劇的研究以《宋元戲曲史》為終結，以後不再研究了。當時王君學問研究的領域，已轉了一個方向，當時王君似在精讀《十三經註疏》，前四史也在精讀之列。寓居京都時閒暇日多，自然耽於精讀，為讀書而翻破書，是件有意義的事。除非有很多閒暇，不然那是不可能的。我想或許是上帝厚愛王君，給予他此一個大好機會。」[3]

王國維初到日本這一年，學術上並沒有太大的增進，可見的學術文章大多都是跋文，如《岩下放言跋》、《清異錄跋》等，均刊登在《觀堂別集》、《庚辛之間讀書記》等著作中，可見王國維對這些文章並不非常看重。[4] 而更為重要的原因則是，王國維這段時間剛到日本，一切尚未安定，所以學問方面稍有耽擱。

第二節 《清帝退位詔書》的臺前幕後

一九一二年，王國維已經在日本京都定居，但是仍然非常關心中國國內政局，一月二十六日，在袁世凱的指使下，北洋軍將領連忙通電「贊成共和」，二月十二日清帝頒布《清帝遜位詔書》，宣布退位。四月袁世凱竊取政權，王國維當時寫作《讀史二絕句》，諷刺此事。[5]

雖然史學界目前有關於《清帝遜位詔書》的產生過程尚存在著爭議，但是其中張謇、楊度、楊廷棟和雷奮這些晚清的君主立憲派乃是重要的參與者，而這些人恰恰具備完整的憲政思想背景。從這一層面上來說，這些晚清憲政主義者參與的《清帝遜位詔書》，在民國初年具有非比尋常的示範意義。

第二節 《清帝退位詔書》的臺前幕後

　　目前學界對張謇的研究，多集中在經濟思想、教育思想等方面，對張謇的憲政思想並沒有太多的作出評述。實際上早在戊戌變法之後，張謇便已寫成《變法平議》一文，成為其憲政思想的濫觴。雖說《變法平議》在戊戌變法的大背景下，顯得微不足道，但是其中依然有著值得借鑑之處。比如張謇強調變法應「日行百里而阻於五十，何如日行二三十里者之不至於阻而猶可達也」。[6] 此一語充分昭顯了張謇堅持改良主義道路的思想底色。當孫中山、黃興提出用暴力革命的君主立憲思潮時，張謇的《變法平議》，謹小慎微地為中國的走向提出了自己的設想。張謇在憲政的道路選擇上為人們指明了道路，同時還十分注重憲政道路的實際運作，具體而言，便是十分強調設立國會與責任內閣，這便抓住了民主政治的咽喉，可謂蛇打七寸。

第一章 清帝遜位與羅王東渡

王國維在日本

　　與張謇相似的是，後來在憲政思想上對張謇影響甚大的楊度對於中國的君主立憲道路頗有見解。早在一九○○年，楊度便在日記中談論君權與相權之關係，換成民主政治的說法，便是總統與責任內閣的關係問題。楊度認為：「凡君民共主之國，相權重於君權，每易一相，則朝局一變。」[7] 這一描述，已初步接近民主政治的本真。而在一九○八年，楊度更是迎來了他生命中重要的時刻。經人推薦，他被清廷任命為憲政編查館行走，任參議兼考核專科

第二節 《清帝退位詔書》的臺前幕後

會辦,其憲政思想,由此得以發展,之後更是成為提倡「政黨內閣制」的中國第一人。[8]

實際上早在辛亥革命前夕,革命派與立憲派展開論戰之際,楊度就以超然的立場對中國的立憲問題作出了自己的解釋,他並不關心革命派與立憲派在道路選擇上的歧異。五大臣出洋考察憲政時,楊度便受命擔任諮詢工作,撰寫了《實施憲政程序》與《中國憲政大綱應吸收東西各國之所長》,五大臣回國之後,原封不動地將楊度的報告作為奏章上奏。[9] 於是,清末立憲由此展開。

正是因為如此,以康有為為主的保皇派,以孫中山為主的革命派,以張謇為主的立憲派,無不對楊度另眼相看。康有為認為其頗可為保皇盡力,而革命派則將其引為同志,但楊度最終選擇了與保皇派革命派劃清界限,逐漸與張謇過從甚密,最終成為了立憲派的中流砥柱。[10]

而《清帝遜位詔書》的具體撰寫者雷奮和楊廷棟,都是晚清立憲派的代表人物,曾經官費留學日本,當張謇受袁世凱之托擬寫《清帝遜位詔書》時,第一時間想到的便是楊廷棟和雷奮。當時張謇身為立憲派的領袖,其政治主張與清廷頗有相似,同時亦順應歷史潮流,所以被袁世凱相中擔任詔書擬稿人,張謇為慎重起見,與楊廷棟、雷奮商議,最終還是由楊廷棟執筆,文成後由雷奮送京交給袁世凱,後來又由楊廷棟等人繪《秋夜草疏圖》和疏稿,以為紀念,由張謇作序,楊廷棟作跋。[11]

楊廷棟後來在跋文中記述:「云陽程公德全方撫蘇,睹時局至此,思為清廷盡最後之忠告,囑廷棟偕華亭雷君奮邀通州張公謇蒞蘇熟議。張公適乘滬寧車由寧赴滬,乃與雷君迎至錫站。謁張公於車中,具白所以,即同往蘇撫署聚談。初,張公自起草,繼,張公口授,由雷君與廷棟更番筆述之,稿成,已三鼓。」[12] 但是楊廷棟這一記述,顯然有自謙的成分在其中,電稿至京後,袁世凱請汪榮寶一閱,汪便聲稱「張季直為文,力模班史,詞句硬碰硬,此稿婉轉莊肅,情見乎詞,不類季直手筆,或當另有其人」。[13]

27

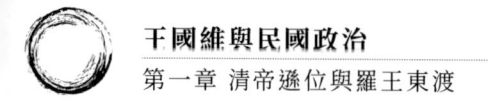

第三節 抨擊袁世凱

《清帝遜位詔書》的頒布，標誌著辛亥革命最終推翻了帝制，而身為大清遺老，王國維自然悲從中來。他在《讀史二絕句》中對此有所表示，其一云：「楚漢龍爭元自可，師昭狐媚竟如何？阮生廣武原頭淚，應比回車痛哭多。」其二云：「當塗典午長兒孫，新室成家且自尊。只怪常山趙延壽，赭袍龍鳳向中原。」[14]

這兩首詩用典極多，第一首的起首「師昭狐媚」指的是密謀篡位的司馬兄弟，代指袁世凱欺凌清室孤兒寡婦，逼迫清帝退位。而「阮生」則是王國維自喻，後兩句的意思是朝代更迭，像袁世凱這樣的豎子也成為英雄，由此產生的痛苦比個人自傷身世要強烈得多。[15]

而第二首則沿用第一首的典故，另外更有深意，「當塗」代指魏國，「典午」代指司馬氏，「新室」則指的是王莽篡位後改國號為「新」，「成家」則是東漢公孫述在蜀成都稱帝時的號，此句意指袁世凱稱帝必然不能長久。[16]

王國維第二首詩中的趙延壽，可能別有所指。羅振玉《集蓼編》中曾經有記載，是年羅振玉於京都淨土寺町建樓四楹，尋增書屋，顏曰「大雲書庫」，落成日，都人適有書來為趙爾巽聘羅振玉為清史館纂修，羅振玉大怒而「焚其書」。趙爾巽依附袁世凱，頗為遺老所不滿。[17] 而羅振玉素來以「商遺」自居，以示效仿不食周粟的伯夷、叔齊，已經確認了其遺老的身分，因而對趙爾巽的聘任，自然是嗤之以鼻。

陳永正先生認為，王國維此詩編訂於一九一二年，當時趙爾巽尚在青島，還沒有應袁世凱的聘任出山。但是當時清朝舊官吏投靠袁世凱的甚多，且多恃袁氏之勢凌人，故而王國維以趙延壽設喻，所諷刺的不僅僅是趙爾巽一人。[18] 這一點也是王國維對於自身遺老身分的進一步確認。

第四節 《頤和園詞》中的晚清史事

　　一九一二年三月，王國維在京都撰寫《頤和園詞》這一長篇巨製，寫成之後，羅振玉「見而激賞」，「為手錄影印行世」。王氏本人也甚為得意，致信鈴木虎雄自稱「雖不敢上希白傅，庶幾追步梅村。蓋白傅能不使事，梅村則專以使事為工。然梅村自有雄氣駿骨，遇白描處尤有深味。」[19]

　　鈴木虎雄覆信云：「日前垂示《頤和園詞》一篇，拜誦不一再次。風骨俊爽，彩華絢爛，漱王、駱之芬芳，剔元、虞之精髓。況且事該情盡，義微詞隱。國家艱難，宗社興亡，蘭成北徙，仲宣南行，慘何加焉。」信中又稱此詩「隱而顯，微而著，懷往感今，俯仰低徊，淒婉之致，幾乎駕婁江而上者，洵近今之所罕見也」。[20]

　　王國維後來又寫信給鈴木虎雄，信中有云：「《頤和園詞》稱獎過實，甚愧。此詞於覺羅氏一姓末路之事略具，至於全國民之運命，與其所以致病之由，及其所得之果，尚有更可悲於此者，擬為《東徵賦》以發之，然手腕尚未成熟，姑俟異日。」[21] 王國維此處提及的《東徵賦》，前一封信中曾經提及：「前從《日本及日本人》中，見大著《哀清賦》，僕本擬作《東徵賦》，因之擱筆。」[22]

　　王國維自以為此詩雖不敢與白居易的名作如《長恨歌》等相比，但也可追步吳偉業的《圓圓曲》。[23] 陳寅恪在王國維去世之後，又將王國維的這首《頤和園詞》，比之以元稹《連昌宮詞》，在《王觀堂先生輓詞》有云：「曾賦《連昌》舊苑詩，興亡哀感動人思。豈知長慶才人語，竟作靈均息壤詞。」

　　陳永正先生引錢仲聯《近代詩鈔》對此詩的評價，其中有云：「這首詩寫晚清諸史事，與王闓運《圓明園詞》可算是近代詩苑中的一對奇花異葩。」[24] 然而後人亦有不同意這種評價。《蕭箋》中認為《連昌宮詞》「豈《頤和園詞》所能企及」，又謂「靜安是時之思想境界極屬可悲」。錢仲聯、錢學曾後來在《清詩精華錄》又說道：「由於作者清遺老的立場，對慈禧多稱頌之詞，對清朝滅亡也流露了痛悼哀傷之情。」[25] 但是錢仲聯此說，未免有預設之嫌疑，多少有些後見之明，難免沾染了進步史觀的餘味。

29

王國維與民國政治

第一章 清帝遜位與羅王東渡

　　王國維此詩起首云：「漢家七葉鐘陽九，頳洞風埃昏九有。南國潢池正弄兵，北沽門戶仍飛牡。倉皇萬乘向金微，一去宮車不復歸。提挈嗣皇綏舊服，萬幾從此出宮闈。東朝淵塞曾無匹，西宮才略稱第一。恩澤何曾逮外家，諮謀往往聞溫室。親王輔政最稱賢，諸將專征捷奏先。迅歸欃槍回日月，八方重睹中興年。」此段追述咸豐朝歷史，歌頌慈禧太后任用賢能，國家重見中興。[26]

　　而此詩的第二段，王國維則詳盡的描寫了修建頤和園的場景以及在宮中行樂的情況，詩云：「西直門西柳色青，玉泉山下水流清。新錫山名呼萬壽，舊疏湖水號昆明。昆明萬壽佳山水，中間宮殿排雲起。」又云：「丹陛大陳三部伎，玉卮親舉萬年觴。嗣皇上壽稱臣子，本朝家法嚴無比。問膳曾無賜坐時，從遊罕講家人禮。東平小女最承恩，遠嫁歸來奉紫宸。臥起每偕榮壽主，丹青差喜繆夫人。尊號珠聯十六字，太官加豆依前制。別啟瓊林貯羨余，更營玉府搜珍異。月殿雲階敞上方，宮中習靜夜焚香。但祝時平邊塞靜，千秋萬歲未渠央。」[27]

第四節 《頤和園詞》中的晚清史事

王國維致鈴木虎雄

31

王國維繼而以慈禧太后的口吻，追述晚清五十年來的史事：「五十年間天下母，後來無繼前無偶。卻因清暇話平生，萬事何堪重回首。」談到英法聯軍進逼北京時，王國維寫道：「憶昔先皇幸朔方，屬車恩幸故難量。內批教寫清舒館，小印新鐫同道堂。一朝鑄鼎降龍馭，後宮髯絕不能去。北渚何堪帝子愁，南衙復遣丞卿怒。」談到辛酉政變時，王國維寫道：「手夷端肅反京師，永念沖人未有知。為簡儒臣嚴諭教，別求名族正宮闈。」但是最終卻是：「可憐白日西南駛，一紀恩勤付流水。甲觀曾無世嫡孫，後宮並乏才人子。」[28]

談到戊戌變法和光緒帝時，王國維寫道：「一自官家靜攝頻，含飴無冀弄諸孫。但看腰脚今猶健，莫道傷心跡已陳。」[29] 此時王國維已經全然不是當年對於戊戌變法寄予同情的立場，遺老之痕跡，已經清晰可辨。王國維本人也在此詩中對於慈禧，多少有些美化的嫌疑。

王國維本人對此詩極為看重，曾經多次加以修改，羅振玉的手錄本和王國維的《觀堂集林》中的定本便多有差異。[30] 從兩者的差異可以看出，王國維後來在定本中刻意渲染清朝滅亡的悲涼情緒，突出自己的遺老立場，而王國維的《觀堂集林》出版之時，恰恰是他入職南書房的前夕，也就是王國維在遺老的路上越走越遠的一九二三年。[31] 這首詩也是對王國維遺老身分的再次確認。佛雛後來指出王國維此詩充滿「孤臣孽子」之意，[32] 但是佛雛先生此言，多少與錢仲聯先生的後見之明「異曲同工」。

註釋

[1] 蕭艾著：《王國維評傳》，浙江文藝出版社，1983年版，第80頁。

[2] 《王國維評傳》，第79～80頁。

[3] 《王國維年譜長編》，第73～74頁。

[4] 同上，第74頁。

[5] 《王國維詩詞箋注》，第140頁。

[6] 張謇研究中心、南通圖書館編：《張謇全集》第一卷，江蘇古籍出版社，1994年版，第38頁。

[7] 參見周小喜、肖洪華：《論楊度君主立憲思想》，《長沙大學學報》，2009 年第 7 期。

[8] 參見沈其新：《楊度是「政黨內閣制」的首創者── 兼論楊度的憲政思想》，《求索》1991 年第 5 期。

[9] 同上。

[10] 同上。

[11] 參見吳訒：《關於〈清帝退位詔書〉和〈秋夜草疏圖〉》，《民國檔案》1991 年，第 1 期。

[12] 同上。

[13] 同上。

[14] 《王國維詩詞箋注》，第 139 ～ 141 頁。

[15] 同上，第 140 ～ 141 頁。

[16] 同上，第 141 ～ 142 頁。

[17] 《王國維詩詞箋注》，第 142 頁。

[18] 同上，第 142 頁。

[19] 同上，第 117 頁。

[20] 《王國維詩詞箋注》，第 117 頁。

[21] 謝維揚、房鑫亮主編：《王國維全集》第十五卷，浙江教育出版社，2010 年版，第 58 頁。

[22] 《王國維全集》第十五卷，第 57 頁。

[23] 《王國維詩詞箋注》，第 117 頁。

[24] 同上，第 118 頁。

[25] 《王國維詩詞箋注》，第 118 頁。

[26] 同上，第 121 頁。

[27] 同上，第 121 頁。

[28] 《王國維詩詞箋注》，第 127 ～ 132 頁。

[29] 同上，第 132 頁。

[30] 同上，第 138 ～ 139 頁。

[31] 《王國維年譜長編》，第 362 ～ 363 頁。

[32] 佛雛著：《王國維詩學研究》，北京大學出版社，1999 年版，第 376 頁。

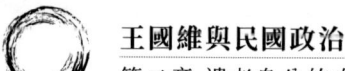

第二章 遺老身分的自我確認

第二章 遺老身分的自我確認

▌第一節 哀悼端方

　　王國維一九一二年十二月曾經致信鈴木虎雄，信中有云：「近作《蜀道難》一首，乃為端午橋尚書方作。」[1] 所謂「端午橋尚書方」，便是字午橋的端方。端方在四川保路運動中被殺，王國維深感惋惜，借用「蜀道難」這一詞牌，為客死四川的端方招魂，這一點是耐人尋味的。羅振玉當年任江蘇師範學堂監督、學部參事官，便是端方所推薦。[2] 王國維哀悼端方，難免有羅振玉的影響在內。

　　王國維之於端方的哀悼，事實上後來也有所反覆，可見還是受到了羅振玉之影響。王國維在一九一八年寫給羅振玉的信中曾經提到：「永（王國維）之《蜀道難》頗於忠敏（端方諡號）有微辭，他日尚須補過也。」[3] 此語意味深長。

　　《蜀道難》起首云：「蜀江委蛇幾千折，峰巒十二煙雲間。中有千愁與萬冤，南山北山啼杜鵑。借問誰化此？幽憤古莫比。」描繪巴蜀雄奇景觀。又云：「奉使山林絕馳道，幸緣薄譴歸田早。寶華庵中足百城，更將何地堪娛老。」此句當指當年端方擔任直隸總督兼北洋大臣時，適慈禧安葬，端方派人沿途照相，又在風水牆內的樹上掛滿電燈，結果被彈劾，以「大不敬」的罪名被免職一事。[4]

　　王國維繼而寫道：「鐵官將作議紛紛，詔付經營起重臣。又報烽煙昏玉壘，便移旌節上荊門。」指的是朝廷啟用端方為粵漢、川漢鐵路大臣，鎮壓保路運動。但是最終端方難逃一死：「首在荊南身在蜀，歸魂日夜西山麓。千里空馳江上心，一時已抉城門目。可憐蕭瑟滿江潭，無限江南與漢南。莫向翠微舊山色，西風落木歸來庵。」[5]

　　王國維在詩中還花了大篇幅寫了端方的收藏，詩中有云：「開府好古生最後，蒐羅頗出諸家右。匋齋著錄苦未盡，請述一二遺八九。玉刀三尺光芒靜，寶雞銅禁尤完整。孤本精嚴華岳碑，千言謨訓毛公鼎。河朔穹碑多輦致，

35

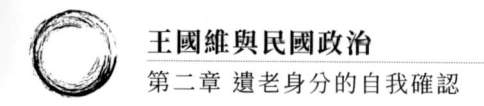

中余六代朱文字。丹青一卷顧長康，唐宋紛紛等自鄶。」端方的這一愛好，有時竟然到了匪夷所思的地步：「開府此外無他娛，到處琳瑯載後車。頗怪長沙儲木屑，不愁新息謗明珠。」但是最終的結局卻是：「玉軸牙籤盡作塵，《蘭亭》殉葬更無因。頗聞紀甗歸齊國，復道龍文委水濱。」[6] 隨著端方的去世，端方的收藏也星散各地，令王國維很是感慨。

第二節 再罵袁世凱

一九一三年二月，袁世凱早已經當上中華民國大總統，王國維在這一時間寫下了《詠史》五首，對袁世凱大加諷刺，這已經是王國維第二次在詩中諷刺袁世凱，可以想見當時王國維的遺老情懷已經越來越重。

《詠史》第一首云：「六龍時御天，肇跡玄黃戰。牧野始開周，垓下遂造漢。洛陽縛二豎，唐鼎初雲奠。趙宋號屠王，神武耀淮甸。棱威既旁薄，大號乃渙汗。六合始搏心，群醜亦革面。令行政自舉，病去利乃見。遊士復庠序，征夫歸隴畔。百年開太平，一日資塗炭。自非舜禹功，漫侈唐虞禪。」歷述周、漢、唐、宋創業之艱，以「自非舜禹功，漫侈唐虞禪」諷刺袁世凱並無赫赫之功而取得大位，還誇耀說是唐虞禪讓般的懿事。[7]

《詠史》第二首云：「先王號聖賢，後王稱英雄。英雄與聖賢，心異術則同。非仁民弗親，非義士莫從。智勇縱自天，饑溺思在躬。要令天下肥，始覺一身崇。百世十世量，早在締構中。黃屋何足娛，所娛以其功。成家與仲家，奄忽隨飄風。所以曹孟德，猶以漢相終。」此首寫古代的聖賢與英雄皆以仁義治天下，為國家萬世著想，最末兩句以曹操為例，認為袁世凱不如曹操，他不能與清朝相終而陰謀奪權篡位。[8]

《詠史》第三首云：「典午師曹公，世亦師典午。赫赫荀賈輩，所計在門戶。師尹既多辟，庶政乃無度。季倫名家子，文采照區宇。堂堂南州牧，乃劫西域賈。祖逖出東塘，戴淵踞淮浦。虎狼在堂室，徙戎復何補。神州遂陸沉，百年委榛莽。寄語桓元子，莫罪王夷甫。」此詩專論晉代歷史，認為司馬氏政權乃是篡位所得，大臣將領皆行邪僻，以致禍亂發生，中原大地遂

陷入異族之手。這是王國維諷喻袁世凱手下皆是虎狼之輩，必將使中國陷入「神州陸沉」的境地。[9]

在《詠史》的第四首，王國維則將目光投向了塞外，顯示出了王國維之於中國所面臨外患的憂心，其詩云：「塞北引弓士，塞南冠帶民。耕牧既殊俗，言語亦異倫。三王大一統，乃以禹跡言。大幕空度漢，長城已築秦。古來制漠北，獨有唐與元。元氏儲祥地，唐家累葉婚。神堯出獨孤，官氏北地尊。英英文皇帝，母后黑獺孫。用茲代北武，緯以江左文。婉孌服弓馬，瀟灑出經綸。蕃將在閫外，公主過河源。所以天可汗，古今唯一人。」詩中所描繪的塞外場景，應該是代指西方列強瓜分中國的意圖，尤其是辛亥革命時在俄國策動下的外蒙古獨立，當時的中華民國政府沒有承認，但最終外蒙還是從中國分割出去。[10] 王國維對此顯然有所寓意，他在《時務報》時期就非常關注西方列強對中國的虎視眈眈。

而《詠史》的第五首則將矛頭指向袁世凱手下的謀士：「少讀陶杜詩，往往說饑寒。自來誇毗子，焉知生事艱。子雲美筆札，遨遊五侯間。孔璋檄豫州，矢在袁氏弦。魏臺一朝建，書記又翩翩。文章誠無用，用亦未為賢。青春弄鸚鵡，素秋縱鷹鸇。咄咄揚子雲，今為人所憐。」其中「青春弄鸚鵡，素秋縱鷹鸇」，當是諷刺袁世凱手下謀士遊手好閒的生活，以及處事態度如鸚鵡般隨人可否與鷹鸇般殘暴無情。[11]

第三節 祭奠隆裕太后

一九一三年二月，隆裕太后去世，王國維在日本聽聞消息，寫了長篇輓詩哀悼。三月底他在寫給繆荃孫的信中說：「維自陰曆開歲後共作詩十餘首，而此《隆裕太后輓歌辭五言排律九十韻》頗為滿意，惜篇幅太長，不能寫呈。」[12] 可見王國維對此詩相當重視。詩中所述雖為隆裕的一生經歷，然亦與中國近代史息息相關。隆裕，清德宗孝定景皇后，葉赫那拉氏。都統桂祥女。宣統帝即位後，尊為皇太后，上徽號曰隆裕。辛亥革命爆發，隆裕太后下詔書率清帝退位。[13]

37

王國維後來在寫給繆荃孫的信中再次提及此詩,信中云:「拙作排律用通韻,法古人,似但有一二字出入。若全首通押,現未能發現其例。惟國維平生於詩最不喜用僻韻,致使一詩中有駢枝之語、不達之意,故大膽為之。且其中『髯』、『僉』二字(以今日已無閉口聲,故亦放膽用之)闌入『鹽』、『咸』閉口韻,尤為從古所無。勞玉老曾以是相規,心知其非而不能改也。要之,此等詩非為一時而作,但使後之讀此詩者惜其落韻,斯亦足矣。詩止於九十韻,亦由此故,若必敷衍成百韻,則難免無謂之語插入其間,先生以為何如?」[14] 由王國維本人對此詩的韻律一再推敲,可想見其重視程度。

《隆裕皇太后輓歌辭五言排律九十韻》起首描述了隆裕太后起初並不受寵愛的場景,詩云:「先帝將親政,旁求內助賢。宗臣躬奉冊,天子自臨軒。長女爰迎渭,元妃鳳號嬪。未央新受璽,長樂故承歡。」按照道理來說,她應該為皇帝生下子嗣,使皇室的繼承綿綿不絕,但是「就館終無日,專房抑有緣」,由此被皇帝拋棄。[15]

但是晚清在光緒帝手中,越來越多災多難,王國維描繪了戊戌變法的場景:「家國頻多事,君王企改弦。親臣用安石,舊學重甘盤。調護終思皓,危疑佇得韓。」但是時局忽然發生變化,謠傳康有為密謀政變,慈禧大怒,恢復垂簾聽政:「東朝仍薄怒,左衛且流言。玉几陳朝右,珠襦出殿前。」最後光緒帝慘死瀛臺:「夢去瀛臺近,愁來渤海寬。枯桐根半死,古井水長寒。掩抑長生祝,倉皇末命宣。」[16]

慈禧和光緒去世之後的晚清,更加風雨飄搖,袁世凱密謀逼迫清帝遜位:「闉外無盧植,山中有謝安。廟謨先立帥,廷議盡推袁。灑落捐前隙,低徊憶後艱。方今調鼎鼐,不獨總師干。」但是隆裕太后最後還是答應了袁世凱的退位條件:「帝制仍平日,官僚儼備員。」王國維不禁感慨:「鷟飛今作客,龍亢昔乘乾。」意即如今的皇帝像飛禽一般來去,再也不像昔日的神龍一般。[17]

王國維當時在致繆荃孫信中說:「前作《孝定景皇后輓歌辭》,東報借刊之,今剪出奉上,請政之。」[18] 所說《孝定景皇后輓歌辭》即所作《隆裕

第四節 遺老群體的形成

太后輓歌辭五言排律九十韻》。可見王國維對於此詩，時隔多日，依舊尚在念中。

第四節 遺老群體的形成

從上文所列舉之種種可以看出，王國維已經自我確認其遺老地位，而他在一九一三年初寫的《壬子歲除即事》，最具有代表性。他在寫給繆荃孫的信中感慨：「此間歲事，寓公均照舊曆辦理。春間，此間日人有蘭亭會之舉，因係永和後第二十六癸丑之故。詎知故國乃無年號可呼，與稱牛兒年何異？以之相譬，可發一笑。」[19] 顯而易見，王國維對於中國改元民國存在看法。

王國維信中還提及了最近所寫《壬子歲除即事》一詩，詩中遺老情緒瀰漫：「又向殊方閱歲闌，早梅疏蕊柳籠煙。歲時荊楚渾難記，風雪山城特地寒。可但先人知漢臘，定聞老鶴語堯年。屠蘇後飲吾何憾，追往傷來自寡歡。」[20] 追憶故國舊事，獨自飲酒，傷心不已。

王國維在一九一三年有所謂的「壬子三詩」，即《頤和園詞》、《蜀道難》、《送日本狩野博士遊歐洲》，這三首詩歌都與悼清這個主題密切相關。《送日本狩野博士遊歐洲》有「廟堂已見綱紀弛，城闕還看士風變。食肉偏云馬肝美，取魚坐覺熊蹯賤」與「觀書韓起寧無感，聞樂延陵應所嘆。巾車相送城南隅，歲琯甫更市朝換」等句，皆表明王國維感念故國的憂思。[21]

王國維曾經在致鈴木虎雄信中提及所寫之《送日本狩野博士遊歐洲》：「前日車站晤言，甚慰渴想，索送狩野教授詩稿，茲特呈上。惟詩中語意，於貴國社會政治前途頗有隱慮，與倫敦《泰晤士時報》意略同。竊念君子居是邦，不非其大夫，況國維以亡國之民為此言乎？貴國人觀之，或恐不喜，登錄雜誌與否，祈斟酌為幸。」[22] 此信中已經明確自己乃是「亡國之民」。

王國維在此詩中還寫道：「談深相與話興衰，回首神州劇可哀。漢土由來貴忠節，至今文謝安在哉？」感慨清亡之後士氣不存，舊官吏早已忘卻氣節，紛紛出仕新朝。但王國維以吳國亡國之後流連於姑蘇臺上的麋鹿自許：

「履霜堅冰所由漸,麋鹿早上姑蘇臺」,轉而又對百姓寄予深切的同情:「興亡原非一姓事,可憐慄慄京與垓。」[23]

也就是在王國維「哀清」的這一「過程」中,清遺老的團體逐漸形成,林志宏先生曾經指出,當時的遺民按照居住地域而言,可分為若干個遺民聚居群落。比如京津地區,便聚集了大量閉門隱居的遺民。他們定居京津地區的考慮主要是在京津地區可以隨時向遜帝問安,這其中的許多人選擇成為民國官僚,藉以等待復辟時機來臨。[24]

最為典型的例子便是後來出任民國總統的徐世昌,日記中居然大量出現「蒙恩賞」的字樣,尤其是一九二四年馮玉祥逼宮之後,清室善後委員會在宮內進行文物清點時,赫然發現徐世昌感謝遜帝頒賞物品而親筆寫就之函件,引發輿論的軒然大波。[25]

而當時在青島、上海等地,同樣聚集著許多清遺民,而最典型的代表便是寓居青島的恭親王愛新覺羅·溥偉和在上海築海日樓的沈曾植。王國維一九一五年回國時,逐漸與沈曾植往來密切,這一交遊象徵著王國維從流亡日本的清遺民群落融匯到以沈曾植為代表的滬上遺民群落。雖然王國維對沈曾植極為推崇,但是沈氏與王國維多少有些不快。

註釋

[1] 《王國維全集》第十五卷,第 62 頁。
[2] 《王國維詩詞箋注》,第 152 頁。
[3] 《王國維詩詞箋注》,第 152 頁。
[4] 同上,第 155 頁。
[5] 同上,第 160 ～ 161 頁。
[6] 《王國維詩詞箋注》,第 156 ～ 160 頁。
[7] 同上,第 173 頁。
[8] 《王國維詩詞箋注》,第 175 頁。
[9] 同上,第 177 頁。
[10] 《王國維詩詞箋注》,第 181 頁。

[11] 同上，第 182 頁。

[12] 《王國維全集》第十五卷，第 49 頁。

[13] 《王國維詩詞箋注》，第 193 頁。

[14] 《王國維全集》第十五卷，第 51 頁。

[15] 《王國維詩詞箋注》，第 195 頁。

[16] 《王國維詩詞箋注》，第 197～202 頁。

[17] 同上，第 202～207 頁。

[18] 《王國維全集》第十五卷，第 50 頁。

[19] 《王國維全集》第十五卷，第 48 頁。

[20] 《王國維詩詞箋注》，第 170 頁。

[21] 同上，第 143～151 頁。

[22] 《王國維全集》第十五卷，第 61 頁。

[23] 《王國維詩詞箋注》，第 149 頁。

[24] 林志宏著：《民國乃敵國也——政治文化轉型下的清遺民》，聯經出版事業股份有限公司，2009 年版，第 37 頁。

[25] 參見羅家倫、黃季陸主編：《吳稚暉先生全集》，第 518 頁。轉引自：《民國乃敵國也——政治文化轉型下的清遺民》，第 43 頁。

第三章 學術精進

第三章 學術精進

第一節 宋元戲曲有陽秋

　　王國維在一九一二年底，逐漸在日本安頓下來，著手寫《宋元戲曲考》。他在這一年年底給鈴木虎雄的信中寫道：「前聞大學藏書中有明人《堯山堂外紀》一書，近因起草宋元人戲曲史，頗思參考其中金元人傳一部分，能為設法代借一閱否？又鄭樵《通志·金石略》中石鼓釋文一本，亦欲奉借一觀。」[1] 可見當時王國維已經在為寫《宋元戲曲考》做材料上的準備。

　　竇忠如曾經將王國維在戲曲上的著述加以排列，其先後順序為：《戲曲考原》、《曲錄》、《錄曲餘談》、《優語錄》、《唐宋大曲考》、《錄鬼簿校注》、《古劇腳色考》、《宋元戲曲考》。[2] 從這一排序中可以看出，王國維在戲曲上的造詣並非一朝一夕之功，而是循序漸進。

　　王國維在撰寫《宋元戲曲考》時曾經自述：「凡一代有一代之文學：楚之騷，漢之賦，六代之駢語，唐之詩，宋之詞，元之曲，皆所謂一代之文學，而後世莫能繼焉者也。獨元人之曲，為時既近，託體稍卑，故兩朝史志與《四庫》集部均不著於錄，後世儒碩皆鄙棄不復道，而為此學者大率不學之徒，即有一二學子以餘力及此，亦未有能觀其會通，窺其奧窔者，遂使一代文獻，鬱堙沉晦者且數百年，愚甚惑焉。」[3] 所以王國維本人要開風氣之先，對宋元戲曲加以研究和總結。

　　王國維繼而對宋元戲曲加以表彰，同時對自己撰寫《宋元戲曲考》的成因加以略述：「往者讀元人雜劇而善之，以為能道人情，狀物態，詞采俊拔，而出乎自然，蓋古所未有而後人所不能彷彿也。輒思究其淵源，明其變化之跡，以為非求諸唐宋遼金之文學，弗能得也，乃成《曲錄》六卷、《戲曲考原》一卷、《宋大曲考》一卷、《優語錄》二卷、《古劇腳色考》一卷、《曲調源流表》一卷。」[4] 王國維完成此書大概只有三個多月，其間忽然患上胃病，且頭痛與齒痛交錯，一度暫停撰寫。[5]

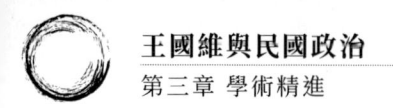

王國維後來在給繆荃孫的信中曾言:「近為商務印書館作《宋元戲曲史》,將近脫稿,共分十六章。潤筆每千字三元,共五萬餘字,不過得二百元。但四五年來中研究所得,手所疏記心所儲藏者,借此得編成一書,否則荏苒不能刻期告成。惟其中材料皆一手蒐集,說解亦皆自己所發明。將來仍擬改易書名,編定卷數,另行自刻也。」[6] 王國維本人還是喜歡《宋元戲曲考》這個名字,雖然發表的時候乃是以《宋元戲曲史》的題目發表。王國維去世後,羅振玉將《宋元戲曲考》這一本名恢復,也算是完成了王國維一個早年小小的心願。羅王之相知亦可見一斑。

　　在王國維完成《宋元戲曲考》之前,實際上也有很多戲曲方面的著作,比如清代黃綽的《梨園原》,王德暉、徐沅澄的《顧誤錄》, 劉熙載的《藝概》以及姚燮的《今樂考證》等等。[7] 但是此類著作最大的毛病便是缺少現代學科規範,條例很不嚴謹、系統也不連貫。王國維之工作,類似於今天史學界所極力倡導的「史實重建」。

第二節 封泥研究

　　一九一三年十月,羅振玉出示所藏齊魯封泥摹本,請王國維排比,編成《齊魯封泥集成》一卷,王國維在此書序言中說:「癸丑之歲,上虞羅叔言參事既印行《敦煌古佚書》及所藏洹陰甲骨文字,復以所藏古封泥拓本,足補濰縣陳氏、海豐吳氏《封泥考略》之缺者甚多,因屬國維就《考略》所無者,據《漢書》表、志為之編次,得四百餘種。付諸精印,以行於世。」王國維對此研究的意義加以揭示:「竊謂封泥與古璽印相表裡,而官印之種類,則較古璽印為尤多;其足以考正古代官制、地理者,為用至大。」[8]

　　王國維後來在寫給繆荃孫的信中言及此項研究:「近為韜公編《封泥集存》,續陳、吳二人《封略》,汰去重複及《考略》所有者,得四百餘種。因考兩漢地理,始知《漢志》之疏。」[9] 可見王國維在此研究中深為獲益。

　　王國維在一九一三年冬天,又撰寫了《齊魯封泥集存後》一文,因其成文時間在影印本出版之後,所以當時並沒有收入書中,王國維後來將此文收入《觀堂集林》,他在此文中論證「即墨為漢初一郡」,繼而透過考證認為「漢

初郡首已名太守」，從而確認了「即墨太守」封泥為「漢初之物」，對當時官制沿革與地名變遷頗有發現。[10]

周一平先生指出，王國維的《齊魯封泥集存》的編撰和研究，是在其寫作《簡牘檢署考》之後，《流沙墜簡》之前，這也是其「二重證據法」最初嘗試的代表作。以實物與文獻互證，以實物證文獻之是，以實物糾文獻之誤，同時又以文獻給實物以說明，這種研究法在其後考釋簡牘、金文和卜辭時都得以發揚光大。因而王國維得以「存一代之故，發千載之覆，決聚訟之疑，正沿襲之誤」，與其在簡牘研究中所提倡的「紀史籍所不紀之事，更比古書為可貴」，學術的脈絡上可謂一脈相承。[11]

第三節 糾沙畹之謬

英國學者斯坦因在一九〇七年將在敦煌西北古長城烽燧遺址發現的千餘枚漢竹簡和他以前在樓蘭等地所得魏晉竹簡，連同若干寫本、絹畫織物等，共 11604 件，交由巴黎法蘭西學院沙畹教授研究，沙畹選取其中較為完整的 991 號，撰成考釋，在一九〇七年付印。[12]

沙畹後來將其所撰寫的《漢晉木簡文字考釋》一書寄給羅振玉，羅振玉和王國維初略看過之後，覺得其中頗多不妥和不滿意之處，有重新加以編撰的必要，兩人聯手重新進行分類考訂。[13]因為王國維較為精通兩漢史事，所以有關屯戍竹簡的考訂，則由王國維代理。其他諸如小學方技術數書與簡牘遺文，則由羅振玉經手。[14]最後定名為《流沙墜簡》出版。

王國維在此書出版之後，作《流沙墜簡序》，對這一過程做了簡單的回顧：「光緒戊申英人斯坦因博士訪古於我新疆甘肅，得漢晉木簡千餘以歸，法國沙畹博士為之考釋。越五年，癸丑歲暮乃印行於倫敦，未出版沙氏即以手校之本寄上虞羅叔言參事，參事復與余重行考訂。握槧逾月，粗具條理，乃略考簡牘出土之地，弁諸篇首，以諗讀是書者。」[15]

王國維還對於書中木簡的來源作出了相關的考釋：「案古簡所出厥地凡三，一為敦煌迤北之長城，二為羅布淖爾北之古城，其三則和闐東北之尼雅

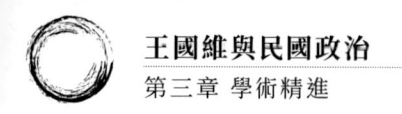

城及馬咱托拉拔拉,滑史德三地也。敦煌所出,皆兩漢之物;出羅布淖爾北者,其物大抵上自魏末訖於前涼;其出和闐旁三地者,都不過二十餘簡,又皆無年代可考,然其最古者,猶當為後漢遺物,其近者亦當在隋唐之際也。今略考諸地古代之情狀,而闕其不可知者,世之君子,以覽觀焉。」[16]

王國維後來在《流沙墜簡後序》對此又有追述:「余為《屯戍叢殘考釋》,屬稿於癸丑歲杪,甲寅正月而就。二月以後,從事寫定,始得讀斯坦因博士紀行之書,乃知沙氏書中每簡首所加符號,皆紀其出土之地。」[17]

王國維後來又在致繆荃孫信中說:「歲首與蘊公同考釋《流沙墜簡》,並自行寫定,殆盡三四月之力為之。此事關係漢代史事極大,並現存之漢碑數十通亦不足以比之。」「考釋雖草草具稿,自謂於地理上裨益最多,其餘關乎制度名物者亦頗有創獲,使竹汀先生輩操觚,恐亦不過如是。」[18]

王國維可能又覺得意猶未盡,所以寫了《題殷虛書契考釋》一詩,繼續抒發暢快之情,覺得前賢如今老去,大有捨我其誰的氣派:「不關意氣尚青春,風雨相看各愴神。南沈北柯俱老病,先生華髮鬢邊新。」 詩中所言「南沈北柯」,指的是沈曾植與柯劭忞,而先生則代指羅振玉。王國維後來在寫給羅振玉的信中說:「前年《殷虛書契考釋》成時,前印公寫照,維本擬題詩四首,僅成一首,故未題……現鳳老不知何如,乙老多疾,然無甚病,尚足支十年。公年力俱尚未艾,此數年中學問上之活動,總可繼續二十年。試思此十年中之成績,以度後之二十年,其所得當更何如?公事業尚未及半,切勿以小事介於懷抱而身體受其影響。此非維一人之私望也。」[19]

次年羅振玉撰寫《殷虛書契考釋》,王國維為之校定,這卻成為了後人之於此書著作權解釋不一的來源。[20] 王國維為此書寫了前序和後序,對羅振玉頗多推崇:「商遺先生《殷虛書契考釋》成,余讀而嘆曰:自三代以後言古文字者未嘗有是書也……余為商遺先生書《殷虛書契考釋》竟作而嘆曰:此三百年來小學之一結束也。夫先生之於書契文字,其蒐集流通之功,蓋不在考釋之下。」[21]

也就是王國維與羅振玉在學術上日漸精進之時,一九一四年,羅振玉擬校勘群書,請王國維擔任編輯,當時海上有人請羅振玉續編《國學叢刊》,

王國維於是代羅振玉撰《國學叢刊序》。後來因為在刊印古籍之外，另出新書，於是改名為《雪堂叢刻》。[22] 王國維在序中說：「宣統辛亥，某始創《國學叢刊》於京師，遭遇國變，中道而輟；今年春，海上友人，乞賡續之，亟允其請，編類既竟，乃書其端曰：秦漢以還，迄於近世，學術興替，可得而言。」[23]

第四節 金文之學

王國維在一九一四年，學術上還有一項重要的工作，便是開始了金文的研究。而得以從事這項研究，和他研究甲骨文密不可分。加上當時還有獨一無二的便利條件，並起初研究了羅振玉收藏的彝器，後來回到上海又得以一睹哈同的收藏，之後入職南書房之後又有一窺大內彝器的機會，所以王國維在金文方面的研究，造成了承前啟後的作用。[24]

王國維在一九一四年的六月，撰寫《宋代金文著錄表》，自序中對金文研究之學術史做了一番簡單的回顧：「古器之出，蓋無代而蔑有。隋唐以前，其出於郡國山川者，雖頗見於史，然以識之者寡，而記之者復不詳，故其文之略存於今者，惟美陽、仲山父二鼎與秦權、莽量而已。趙宋以後，古愈出，祕閣太常既多藏器，士大夫如劉原父、歐陽永叔輩，亦復蒐羅古器，徵求墨本，復有楊南仲輩為之考釋，古文之學，勃焉中興。伯時與叔復圖而釋之，政宣之間，流風益煽，籀史所載宋代著錄金文之書至三十餘家，南渡後諸家之書猶多不與焉，可謂盛矣。」[25]

王國維繼而寫道：「國朝乾嘉以後，古文之學復興，輒鄙薄宋人之書，以為不屑道。竊謂《考古》、《博古》二圖，摹寫形制，考訂名物，用力頗巨，所得亦多。乃至出土之地，藏器之家，苟有所知，無不畢記，後世著錄家當奉為準則。至於考釋文字，宋人亦有鑿空之功，國朝阮吳諸家不能出其範圍，若其穿鑿紕繆，誠若有可譏者，然亦國朝諸老之所不能免也。今錯綜諸書，列為一表，器以類聚，名從主人，其有異同，分條於下，諸書所錄古器有文字者，胥具於是。」可見王國維此書之作用，在於在表中標上簡稱，

第三章 學術精進

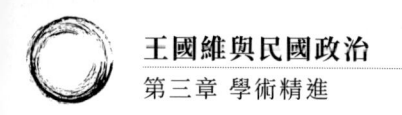

各器一一予以類分，便於檢閱。中國學者素來重視索引之書，王國維此舉，實在有篳路藍縷之功。[26]

王國維後來寫信給繆荃孫提及此項工作，信中云：「近二三月內作《金文著錄表》宋代一卷已成，國朝四卷正在具草。又就蘊公所有拓本未著錄者尚有十之四五，蘊公即擬以次印行，亦即歸入表內。近時收藏金文拓本之富，無過於盛伯羲之《郁華閣金文》，而蘊公二十年所蒐羅固已過之。前年盛氏拓本亦歸其所有，故其全數除復出外尚有千數百器。雖世間古物不止於此，然大略可得十之六七。故此次所作表，謂之金文之全目錄，亦略近之。」[27]

王國維繼而寫道：「比年以來擬專治三代之學，因先治古文字，遂覽宋人及國朝諸家之說。此事自宋迄近數十年無甚進步，《積古》於此事有篳路藍縷之功，然甚疏陋，亦不能鑑別真偽。《筠清》出龔定庵手，尤為荒謬。許印林稱切實，亦無甚發明。最後得吳清卿乃為獨絕，惜為一官所累，未能竟其學。然此數十年來，學問家之聰明才氣未有大於彼者，不當以學之成否、著書之多寡論也。蘊公繼之，加以龜板等新出文字，乃悟《說文》部目之誤，並定許所謂古文指壁中書，所謂籀文指漢代尚存之《史籀篇》，此實小學上一大發見，而世尚未之知也。此外有裨於國邑、姓氏、制度、文物之學者，不勝枚舉；其有益於釋經，固不下木簡之有益於史也。」[28] 王國維在文中對於羅振玉之於這項工作的功勞及其學術成就，多有推崇。

王國維後來又撰寫了《國朝金文著錄表》，與《宋代金文著錄表》可謂相得益彰。前言中有云：「國維東渡後，時從參事問古文字之學，因得盡閱所藏拓本。參事屬分別其已著錄者與未著錄者將以次編類印行，又屬通諸家之書，列為一表。自甲寅孟夏，訖於仲秋，經涉五月，乃始畢事，書成都六卷。盛夏酷暑，墨本堆案，或一器而數名，或一名而數器，其間比勘一器，往往檢書至十餘種，閱拓本至若干冊，窮日之力，不過盡數十器而已！既具稿，復質之參事，略加檢定。然毫釐之間，摹拓先後，又有工拙之別。雖再三復勘，期於無誤，然復重遺漏，固自不免。庶竺古君子董而教之。」[29]

王國維在金石學上造詣日漸化境，於是羅振玉對此也有激勵之舉。一九一四年，沙畹聯合歐洲學者邀請羅振玉前往歐洲審定文物，羅振玉將此

來之不易的機會與王國維共享，邀請王國維一起前往，晚年羅振玉在《集蓼編》中如此記述：「予三十以前，無境外之交。旅滬時，始識東邦諸博士。宣統初，因法國伯希和教授得與沙畹博士書問相往還，又與英國斯坦因博士通書問。嘗以我西陲古捲軸入歐洲者，所見僅百分之一二，欲至英德法各國閱覽，沙畹博士聞之欣然，方聯合英德學者，欲延予至歐洲為審定東方古文物。予將約忠愨偕往，乃未幾而巴爾幹大戰起，乃中止。今沙畹博士及忠愨墓已宿草，予今且戢影海濱，萬念都灰，此願恐不克償矣。」[30]

王國維去世之後，羅振玉在《海寧王忠愨公遺書》初集弁言中再次提及此事，可見對未能去歐洲的耿耿於懷，反倒是王國維對此有著清晰的認識：「予在海東，公先歸國，英法學者斯坦因、沙畹諸博士邀余遊歐洲列邦，予請公同往。將治任矣，而巴爾幹戰事起，予告公行期將待戰後。公覆書言，歐洲近歲，科學已造其極，人欲亦與之競進，此次戰事實為西政爆裂之時，意歲月必久長，公此行或不果邪？」[31] 王國維的天才預見，於此可見一斑。

註釋

[1] 《王國維全集》第十五卷，第 62 頁。
[2] 參見竇忠如著：《王國維傳》，百花洲文藝出版社，2007 年版。
[3] 《王國維全集》第三卷，第 3 頁。
[4] 同上，第 3 頁。
[5] 《王國維年譜長編》，第 85 頁。
[6] 《王國維全集》第十五卷，第 47 頁。
[7] 參見中國戲曲研究院編：《中國古典戲劇論著集成》，中國戲劇出版社，1959 年版。
[8] 《王國維年譜長編》，第 94 頁。
[9] 《王國維全集》第十五卷，第 53 頁。
[10] 《王國維年譜長編》，第 99 頁。
[11] 週一平、沈茶英著：《中西文化交匯與王國維學術成就》，學林出版社，1999 年版，第 323 頁。
[12] 《王國維年譜長編》，第 100 頁。

[13] 同上，第 100 頁。
[14] 同上，第 101 頁。
[15] 《王國維年譜長編》，第 102 頁。
[16] 同上，第 102 頁。
[17] 同上，第 104 頁。
[18] 《王國維全集》第十五卷，第 54 頁。
[19] 《王國維詩詞箋注》，第 225 頁。
[20] 有論者如傅斯年與郭沫若稱《殷墟書契考釋》作者乃是王國維本人，羅振玉乃是花重金買下其稿，相關說法可參見《王國維之死》，第 106～127 頁。
[21] 《王國維年譜長編》，第 115 頁。
[22] 羅繼祖著：《永豐鄉人行年錄》，江蘇人民出版社，1980 年版，第 45 頁。
[23] 《王國維年譜長編》，第 107 頁。
[24] 《中西文化交匯與王國維學術成就》，第 272 頁。
[25] 《王國維年譜長編》，第 109 頁。
[26] 同上，第 109 頁。
[27] 《王國維年譜長編》，第 109～110 頁。
[28] 同上，第 110 頁。
[29] 《王國維年譜長編》，第 111 頁。
[30] 《雪堂自述》，第 43～44 頁。
[31] 《王國維年譜長編》，第 515 頁。

第四章 非復辟不能存中國

第一節 羅振玉歸國

　　一九一四年初，羅振玉先期回國，他在回國後寫給王國維的信中言：「上海氣象昏慘，尤異者，從前壯麗之街市，今驟視之宛如邦備（龐培）古城之新出於劫灰中者，陸沉之禍，已現於氣象，可悲也。」[1] 感慨上海今不如昔，遺老之口吻，與王國維之哀清如出一轍。

　　羅振玉在上海拜訪了沈曾植和梁鼎芬，後來寫信給王國維稱：「昨午後見沈乙老，暢談二時許。今朝梁節老來，略悉近來情狀。乙老堅持『非無可挽』四字，節老則痛禽獸之充斥，所聞頗有得之意外者。節老火氣退盡，和平誠摯，此又一異事也。」[2] 沈曾植「非無可挽」，便是遺老立場的清晰呈現。而梁鼎芬則更加激進，直接將民國之後諸人稱為「禽獸」。

　　梁鼎芬如此激進，實與其身在民國受辱有關，對此羅振玉給王國維的信中留下了線索：「節老辮髮竟被其學生剪去，今安一假辮。沈、曹則不復他出，故倖免。」[3] 此前端方在四川保路運動中被殺，屍體從四川運回，梁鼎芬曾溯江而上到武漢迎接靈柩。梁氏為保護他的辮子，每天出門都戴著風帽，遮蓋得嚴嚴實實。黎元洪一日跟部下閒聊，打算請梁鼎芬到都督府來參加宴會，趁機剪了他的辮子。梁鼎芬早有戒備，將請帖退回。革命黨人曹亞伯自告奮勇，帶人到旅社見梁鼎芬，稱天氣太熱，先生不要太過拘禮，還是脫掉帽子。梁鼎芬不理，曹亞伯手下動起手拉下風帽，硬是把梁鼎芬的辮子剪斷，呼嘯而去。梁伏地痛哭，當晚搭乘輪船逃離武漢。[4]

　　梁鼎芬身處民國的遭遇，只是遺老的若干縮影，因此其遺老立場的自持，也是由來有自。而梁鼎芬之外，更有激烈者如鮑心增，庚子年八國聯軍入京，慈禧母子倉皇出逃，軍機處唯一的跟隨官員就是當時的章京鮑心增。辛亥革命後，鮑心增回到故鄉鎮江，以遺老自居，授讀為生。一直到死，不問晴天下雨，出門必然打傘，以示與民國不共戴天。[5]

第四章 非復辟不能存中國

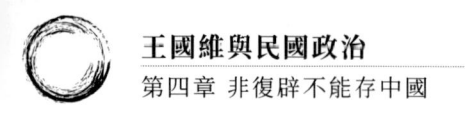

第二節 遺老眼中的民國亂象

羅氏當時返回國內,在上海盤桓數日,故鄉淮安也未成行,只是派兒子代往祭祖,由此可見其在滬上與眾遺老之過從。而他在致王國維的書信中,一連三日,密度極大地向其通報中國國內政治的變動,其之於民國政治格局現狀的不敢苟同,亦是清晰可辨,同時對於復辟一事,抱持高度期許,一九一四年三月二十九日他在給王國維的信中說:「長江一帶將有事之說,此間轉無所聞,惟白狼已入關,西報以為李自成再現,頗譏中央之無力平定,恐流寇時代,即在目前。」[6]

而羅振玉對當時的上海也是不容樂觀,他在信中說:「滬上盜賊橫行,白晝持槍殺人取財之案,屢屢見之,而人情嬉酣,過於平時,不可解也。尤可異者,奢侈之風,視昔百倍。」此外,羅振玉還談到了上海出現的許多新事物,體現出了遺老對於新時代的憂懼:「自動車賃金,每小時五元,而接軫相望,乘者如織。又近數月間開銀樓甚多(張勳亦開一號,其人可知),有某號者,第一日開張,即售十八萬金(所售皆銀製器,其如瓶盎之類,他店亦如此),工人應給不暇,此可謂駭人聽聞者也。」[7]

羅振玉後來又將所閱報紙上的諸事寫信告知王國維,信中再次提及民國間的白狼軍,言語之間頗多隱憂:「一、法國於此次借款,謂中央不能平定白狼,故謝絕;一、西報有『李自成再現』一條,言白狼多謀多眾,不出數旬,業已蔓延。絕非中央所能收拾,而中央仍不知懼,可謂怪事云云。一、江督電稱,白狼易生肘腋之患,難防云云。」[8]

所謂白狼軍,乃是白狼的誤傳。據張耀杰先生考證,白狼是河南省寶豐縣的綠林頭目,一九一二年與李鴻賓、宋老年等人以舞陽縣母豬峽為根據地,以「打富濟貧」的口號聚眾抗官,人稱「白狼」。一九一三年夏天,白朗乘北洋軍主力調離豫西南之機,率眾攻破唐縣、禹城,聲勢壯大。「二次革命」爆發後,率部南下奪取湖北棗陽,同年十一月又攻占寶豐縣城。一九一四年一月,白朗率領兩千人越過京漢鐵路,接連攻破光山、潢川、商城及安徽省六安、霍山等縣城,所到之處燒殺搶掠、姦淫婦女無所不為,白狼軍人數迅速擴張到數萬人。袁世凱為此把張鎮芳撤職,派陸軍總長段祺瑞兼任河南都

督，調集兩萬多精銳部隊進行圍剿。白朗率軍從霍山突圍之後，先後轉戰湖北、陝西、甘肅、四川、河南等省，於一九一四年八月初戰死於河南魯山的石莊。[9]

在白狼軍剛開始興起的時候，革命黨黃興曾經加以利用。一九一三年，江蘇都督程德全在黃興等人的武裝挾持之下，被迫任命黃興為江蘇討袁軍總司令，江蘇省的「二次革命」正式爆發。[10] 隨後上海《民立報》刊登黃興的《致起義各省電》，其中寫道：「頃據河南確報：白狼軍已將鐵路電線拆毀，張鎮芳已逃，討袁軍得手。」由此可知，在黃興的心目中，是把白狼軍當做自己所統率的討袁軍的一部分來看待。[11]

但是後來隨著局勢的發展，黃興開始與白狼軍劃清界限，一九一四年，黃興在祕書李書城等人的陪同之下，由日本橫濱啟程前往美國。他在赴美途中接受檀香山《太平洋商業廣告人》記者登輪採訪時，以嫁禍於人的方式公開出賣了白狼軍，黃興聲稱：「本人直接奉孫先生之命向美國轉達他的意見，我們認為美國公民必須知道真相……袁世凱花錢製造謊言，隱瞞其政府與中國現況的真相，幾乎所有外人在華設立的報紙和外國通訊員都有津貼，以致大家無法明瞭自由在中國被扼殺的情形。而孫先生在世人面前被誣為自私自利、貪贓枉法、捲款潛逃，這些都是謊言。袁世凱更下令製造另一項謊言，說『白狼』與革命黨勾結，掠奪殘殺，為革命黨謀利。『白狼』和我們可沒有絲毫關係。」[12]

第三節 中國國內政爭的加劇

羅振玉給王國維的信中，還談到了當時中國國內政爭的加劇：「報載，中央電召段祺瑞，段覆電云：中州土匪充斥，非數月不能平靜，暫時不能入都云云。報館加以批評云，據此電觀之，則段將引兵入京以清君側之語不可信。」[13] 後來羅振玉在信中再次提及段祺瑞和國內動盪的時局：「昨報載二段與梁士詒相攻，而中央又分皖粵黨……去年革命黨尚在，為禦侮時代，今則為鬩牆時代。」[14]

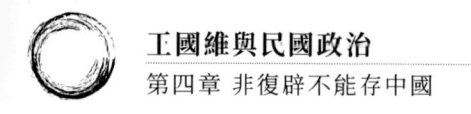

羅振玉所言「鬩牆時代」，乃是軍閥混戰的前兆，當時梁士詒頗得袁世凱重用，一直為袁世凱復辟出謀劃策，加上其他一些政爭的因素，不贊同袁世凱稱帝的地方實力派段祺瑞對此頗為不滿。是年籌安會起，段祺瑞拒絕依附，稱病不去。但是有重要軍事會議，段祺瑞依然必到。[15]

　　邱永君先生指出，梁士詒在歷史上與袁世凱關係密切，民國初年，梁士詒遵袁世凱旨意，利用桑梓人脈，先挑撥廣東新銳胡漢民與陳炯明關係，使陳擁袁；繼而以為父祝壽之名，回粵收買粵籍將領擁袁；同時遣其胞弟梁士訏赴香港活動，促成廣東軍變，取消獨立，南方反袁軍事同盟瓦解，因而在挫敗孫中山等人發起的「二次革命」、平息南方諸省反袁過程中立下大功。後來袁世凱急於做正式大總統，命梁士詒於九、十月間組織公民黨，脅迫國會，選舉袁為大總統。此時，財政總長周學熙告假，梁士詒出任財政部次長代理部務，既掌握中樞大權，又控制交通、財政大權，得「梁財神」之號，交通係進入鼎盛時期。[16]

　　然而，袁世凱卻在此刻夢想稱帝，一九一三年十一月下令解散國民黨，翌年又解散國會，在復辟的道路上越走越遠。梁士詒對此表示異議，被袁世凱逐出總統府。梁士詒在連吃苦頭後，悟出「贊成帝制是不要臉，不贊成則是不要頭」之情勢，轉而在袁世凱稱帝過程中，在財政上大力支持，成為帝制派中堅。這一年三月，梁士詒曾奉袁世凱之命，以總統府祕書長身分，至北京孔廟代行祀孔之禮。禮畢梁士詒宣講《論語》中「導之以德，齊之以禮」一章，以弘古道。[17]

第四節　復辟浪潮的初起

　　臺灣學者胡平生曾經指出，民國初期的復辟派來自於宗社黨人、遜清遺老、保皇會分子、舊官僚群體。[18]而其中宗社黨在民國初年影響最大，也最為活躍，甚至後來在日本的支持下策劃了滿蒙獨立。[19]而當時的遜清遺老雖然有所活動，但是不如宗社黨人激烈。

　　遜清遺老中，有不少是堅決的守舊分子，如勞乃宣、胡思敬、劉廷琛等，曾經反對過洋務、變法、新政和立憲。而有一些乃是帝黨，如沈曾植、鄭孝胥、

第四節 復辟浪潮的初起

陳三立等，這些人雖然曾經支持維新，但是後來在革命的浪潮下，逐漸走向反共和、反民國的道路。[20]而王國維與羅振玉情形相當，雖然算是前清官僚，但是在真正的政治運動中畢竟屬於邊緣階層。

遜清遺老的活動方式有很多種，其中有一種較為隱蔽，便是詩酒唱和，發起文社，定期雅集，以詩酒派遣時日，並借此抒發對於清朝的由衷懷念。[21]比如當時沈曾植對於復辟便非常熱心，可謂由來已久，後來在張勳復辟之中，有一積極奔走者名為胡嗣瑗，沈曾植隱居滬上，常與胡互通聲息，對於張勳復辟之事抱持高度期望。沈曾植於一九一六年前後得到元代朱玉摹《靈武勸進圖》，以為復辟有兆，喜不自勝，遍徵諸人題詠以張之。[22]

而當時也有遺老進行付諸實踐的復辟活動，比如民國元年七八月間，廣州遺老溫肅前往東北，勸說東三省都督趙爾巽起兵匡復清廷，未果。旋即南下與寓居青島的恭親王溥瑋及其他遺老會晤。民國二年二月，溫肅再次北上，訪問青島、濟南，與諸遺老互通聲息。[23]但是據胡平生的分析，由於遺老星散各地，各地遺老之於復辟的看法不一定一致。

王國維與羅振玉還談到了甚囂塵上的復辟運動，比如羅振玉給王國維的信中曾經說：「李佳白在上海演說，謂非復辟不能存中國。」[24]李佳白當時積極支持袁世凱復辟，王國維與羅振玉在書信中沒有表明態度，可見對袁世凱稱帝，多少有些保留。

遺老之於袁世凱稱帝的態度，實際上已經體現出了遺老內部的分化。林志宏指出，由於有不少遺老在清季政爭中和袁世凱有私人恩怨，所以他們對於袁世凱的態度普遍消極，但是情況不一定如所想的那樣，對於袁世凱稱帝全然站在反對的立場上。如林紓就曾給鄭孝胥寫信，私心希望袁世凱能維持現狀，保留清室的地位及相關的優待條件。而袁世凱也積極聯絡遺老，期望借此爭取支持，張勳便看出了袁世凱的用意，對袁世凱講了一番意味深長的話：「袁公之知不能負，君臣之義不能忘；袁公不負朝廷，勳安敢負袁公？」[25]

羅振玉當時也在書信中表達了自己的遺老立場，他在給王國維的書信中，提到了當時的遺民董康傳聞即將入司法部的消息，對此羅振玉頗有微辭，繼而說：「弟蟄居中，雖未出外征逐飲食，而戚友多以芻豢相餉，幸尚知節，

不至踏破菜園。」[26] 由此可見，王羅二人雖在日本潛心學術，一旦踏上故土，立即開始在書信中談論國是，與舊日在日本純然論學，截然不同。只是羅王二人多多少少尚有些學人本色，在政治面前，始終能夠保持適度的清醒，較諸年長的沈曾植，自然要有分寸。羅王二人在這一時段，只是在書信中交換之於時局的意見，幾乎與現實政治絕緣。而沈曾植則在一九一七年協同康有為等人，參與丁巳張勳復辟，由此身敗名裂。

註釋

[1] 王慶祥、蕭文立校注、羅繼祖審定：《羅振玉王國維往來書信》，東方出版社，2000 年版，第 12 頁。

[2] 同上，第 12 頁。

[3] 《羅振玉王國維往來書信》，第 12 頁。

[4] 參見陳曉平：《悲情遺老梁鼎芬》，《訊息時報》，2011 年 8 月 7 日。

[5] 此事乃友人告知，許汝棻為梁鼎芬所作的墓誌銘中有載，另參見陳玉堂著：《中國近現代人物名號大辭典》，浙江古籍出版社，1993 年版，第 1271 頁。

[6] 《羅振玉王國維往來書信》，第 13 頁。

[7] 同上，第 13 頁。

[8] 《羅振玉王國維往來書信》，第 14 頁。

[9] 張耀杰著：《懸案百年—— 宋教仁案與國民黨》，新銳文創出版社，2010 年版，第 363 頁。

[10] 參見張耀杰：《二次革命後的黃興》，《隨筆》，2010 年第 4 期。

[11] 《懸案百年——宋教仁案與國民黨》，第 362 頁。

[12] 同上，第 364 頁。

[13] 《羅振玉王國維往來書信》，第 14 頁。

[14] 同上，第 15 頁。

[15] 吳廷燮著：《段祺瑞年譜》，中華書局，2007 年版，第 28 頁。

[16] 參見邱永君：《翰林總理梁士詒》，《海內與海外》，2009 年第 9 期。

[17] 參見《翰林總理梁士詒》。

[18] 胡平生著：《民國初期的復辟派》，學生書局，1985 年版，第 1 頁。

[19] 《民國初期的復辟派》，第 34 頁。

[20] 《民國初期的復辟派》，第 53 頁。

[21] 同上，第 55 頁。

[22] 參見羅繼祖：《沈曾植康有為參與丁巳復辟》，《史學集刊》，1992 年 3 月號。

[23] 《民國初期的復辟派》，第 61 頁。

[24] 《羅振玉王國維往來書信》，第 14 頁。

[25] 《民國乃敵國也——政治文化轉型下的清遺民》，第 113～115 頁。

[26] 《羅振玉王國維往來書信》，第 15～16 頁。

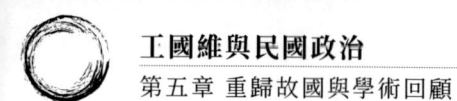

第五章 重歸故國與學術回顧

第五章 重歸故國與學術回顧

第一節 初交沈曾植

　　一九一五年三月中旬，王國維攜家眷返回國內，並回海寧掃墓，四月上旬，羅振玉亦返國，王國維在上海迎接。當時羅振玉邀請王國維同往安陽等地考察文物，王國維因為眼疾，未能如願。四月中旬，羅振玉介紹王國維與沈曾植認識，沈氏與王國維相談甚歡，王國維不時前去請益，王國維所撰《爾雅草木魚蟲鳥獸名釋例》，便是和沈曾植不時切磋古音韻學的成果。王國維後來在此文的序言中稱：「甲寅歲莫，余僑居日本，為上虞羅叔言參事作《殷虛書契考釋後序》，略述三百年來小學盛衰。嘉興沈子培方伯見之，以為可與言古音韻之學也。然國維實未嘗從事於此。」[1] 可見王國維作此文，與沈曾植的影響有著密切的關係。

　　王國維與沈曾植交往持續七年，一直到沈氏去世，王國維在《爾雅草木魚蟲鳥獸名釋例》序言中又回憶了兩人學術交流的細節：「乙卯春歸國展墓，謁方伯於上海。以此願（指的是治古音之學）質之方伯，莞然曰：『君為學乃善自命題，何不多命數題，為我輩遣日之資乎？』因相與大笑。」[2]

　　王國維繼續寫道：「維又請業曰：『近儒皆言古韻明而後詁訓明，然古人假借轉注多取雙聲，段、王諸君自定古韻部目，然其言詁訓也，亦往往舍其所謂韻，而用雙聲。其以迭韻說詁訓者，往往扞格不得通。然則與其謂古韻明而後詁訓明，毋寧謂古雙聲明而詁訓明歟。』方伯曰：『豈直如君言，古人轉注假借雖謂之全用雙聲可也，君不讀劉成國《釋名》乎？每字必以其雙聲詁之，其非雙聲者，大抵訛字也。』國維因舉『天、顯、也』三字以質之。方伯曰：『顯與濕（濟漯之漯）俱從㬎聲，濕讀他合反，則顯亦當讀舌音，故成國云：『以舌腹言之。』維大驚，且自喜臆之偶中也。」[3]

　　王國維與沈曾植的交往，羅振玉是其中的中介。羅振玉與沈曾植相交於戊戌變法時期，而王國維本人也是在這一年與羅振玉結識，羅振玉後來在《五十夢痕錄》中將兩人與自己的交往並提，可見二人在羅振玉心中的重要。

王國維對沈曾植仰慕已久，在寫給沈氏的信中自稱「嚮往之切」，儘管兩人有很多會面的機會，但是最終還是「蹤跡睽違，未得一奉幾杖」。[4] 兩人開始交往，已經是王國維和羅振玉認識之後十七年，而七年之後，沈曾植便溘然長逝。

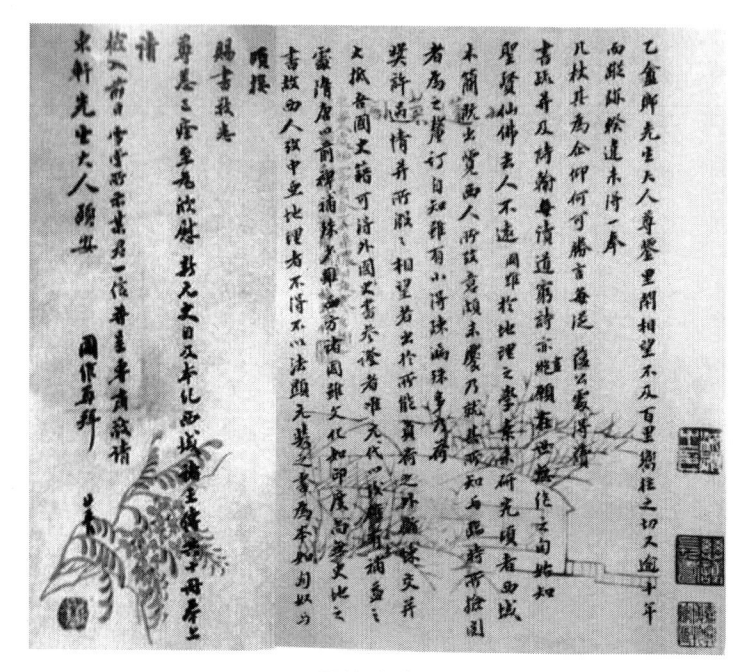

王國維致沈曾植

第二節 與林泰輔的論戰

王國維在一九一五年初，撰寫《洛誥解》，日本學者林泰輔讀到之後，對此文予以批評，林泰輔認為，王國維據甲骨文解釋「王賓殺禋」之說是有偏差的，因而林泰輔在《東亞研究》上發表《讀〈國學叢刊〉》一文，與之爭論。同年一月，王國維撰寫《與林浩卿博士論洛誥書》，回答了林泰輔的質疑。[5]

王國維在信中說：「夏間駕涖京都，獲親道範。嗣讀大著《周公及其時代》一書，深佩研鑽之博與論斷之精，於考定《周官》及《禮經》二書編撰時代，

尤徵卓識，誠不朽之盛事也。《國學叢刊》中拙著小篇，乃荷稱許，又加以攻錯。敝國近日承學之士日鮮，又闕討論機關，是以罕獲切磋之益，今乃得此於先生，何其幸也。茲就先生所賜教者，略陳述鄙見，祈再正之。」[6]

一九一六年一月，林泰輔又以其刊於《東亞雜誌》之答辯寄王國維，王國維乃作《再與林浩卿博士論洛誥書》。王國維的這三篇文章，後匯為《裸禮榷》，刊入一九一六年上海「廣倉學宭」《學術叢編》第四期。[7]

王國維在給林泰輔的信中說：「承教以裸字之義，謂灌地降神為第一義，歆神為第二義，用於賓客為第三義。周中世以後，尚多用第一義，不應周初作《洛誥》時卻用第二義。剖析至精，甚佩甚佩！」寒暄之後是列舉事實反駁批評：「果字最古，裸字次之，裸字形音義三者皆不與灌同，則不宜釋為灌地降神之祭，既非灌地降神之祭，則雖在殺牲燔燎之後，固無嫌也。」又云：「吾儕當以事實，不當以後世之理論決事實。此又今日為學者之所當然也，故敢再布其區區，惟是正而詳辨之。」[8]

王國維後來在寫給羅振玉的信中云：「《學術叢編》已裝成，維得十本。先以五本奉寄，中請寄林博士一本，藤田先生一本，內藤一本，余請留或酌送。」[9] 可見王國維對於林泰輔並無惡感，二人在學術上互相切磋，並未影響私誼。

錢穆先生後來在一九三一年為上海商務印書館《國學小叢書》翻譯了林泰輔《周公及其時代》一書，學界對林泰輔著作的重視，應該與王國維的評價有關。一九一八年王國維致羅振玉信云：「昨有日人長井江衍者來訪，此君狂甚，歷詆林浩卿輩。」長井江衍「歷詆林浩卿輩」，不知是否與林泰輔駁斥白鳥庫吉「堯舜禹抹殺論」有關，但招致王國維的不滿，可見王國維對林泰輔的維護。[10]

第三節 與日本惜別

一九一五年夏天，已經隨羅振玉回到日本的王國維結識了神田喜一郎。當時神田喜一郎不過是未滿二十歲的孩子，其祖父神田香岩和羅王均有交情，

因而有機會拜訪王國維。神田喜一郎後來在文章中記述:「我最初會見王靜安先生,大概是在大正四年三月左右,當時祖父曾托羅叔言先生及內藤湖南先生書寫家藏《隸古定尚書》的跋文。有一天,祖父命我攜帶新影印本數部送往寓居洛東淨土寺村的羅叔言先生,就在那時我第一次會見王靜安先生,他正來訪問羅先生。」[11]

神田喜一郎後來的記述,則有利於觀察當時羅振玉、王國維在學術界的地位,一個當時尚年幼的學生,其觀察是直觀而不帶任何功利色彩的,神田喜一郎如此描述道:「我已經不復記憶當時的詳情,惟仍然記得因見到大名滿天下的王先生深覺榮幸。辭別時,先生以他的詩集《壬癸集》——京都山田聖華房用古雅的木活字排印的——贈送祖父,托我轉交⋯⋯王先生風采質樸⋯⋯至今以後,我便常找機會往請教於先生。當時我僅是高三的學生,與先生的交情尚談不上,不過那時的我,正在年輕好勝的時候,深受以內藤狩野為中心在京都大學新興的漢學研究的刺激,對與此新興學脈相通的羅叔言、王靜安先生的學問,無上仰慕,自己以認識羅王兩位先生自誇。」[12]

神田喜一郎此文寫於王國維自沉之後,他還在文中如此自責:「但是現在回過頭來看,當時的我究竟理解先生的學問到了怎樣的地步呢,真是不勝羞愧。」[13]雖然神田喜一郎如此自責,實際上他還是從王國維那裡受益良多,神田喜一郎後來曾經在上海住過一個多月,王國維屢次帶他去蔣汝藻的密韻樓讀書,拿出了很多善本書給神田喜一郎看,臨別時王國維還寫了很長的兩首古詩送給神田喜一郎。王國維後來興趣轉向了研究西北地理,時不時拜託神田喜一郎為之蒐集日本學人的相關著作。[14]

王國維與神田喜一郎的交往,是他與青年一代學人交往的側影,也是他與日本學術界保持密切關係的見證。一九一六年一月,日本學術界假座圓山春雲樓名出所藏蘇東坡墨跡與書籍陳列,王國維與羅振玉均與會,並集古人成句為詩助興。[15]早在王國維初來日本的一九一三年,日本京都大學教授原田雨山等與羅振玉、王國維有蘭亭會之舉,各以所藏王右軍蘭亭帖佳本展出,同時以詩記其事。王國維當時創作了《癸丑三月三日京都蘭亭會詩》一首。[16]

第四節 歸國之後的沉潛

一九一六年掐指算來，王國維流寓日本已經五年，當時京都物價飛漲，羅振玉由於歷年印書所費甚多，王國維不想有累於羅振玉，於是決意回國。當時同鄉鄒安為上海英國籍的猶太富商哈同寫信給王國維，請其擔任學術雜誌的編輯，於是王國維決定春節之後立即動身回國。大年初二，王國維攜長子潛明回國，至車站送別者有羅振玉、狩野直喜等人。[17] 王國維此前回國時並無相關友人前來送行的記錄，可見王國維此次回國未必打算再回到日本，所以日本學者才會對此如此重視。

第四節 歸國之後的沉潛

王國維在回國之前一天的日記中寫道：「自辛亥十月寓居京都，至是已五度歲，實計在京都已四歲餘。此四年中生活，在一生中最為簡單，惟學問則變化滋甚。客中書籍無多，而大雲書庫之書，殆與取諸宮中無異，若至滬後則借書綦難。海上藏書推王雪澄方伯為巨擘，然方伯篤老，凡取攜書籍皆躬為之，是詎可以屢煩耶。此次臨行購得《太平御覽》、《戴氏遺書》殘本，復從韞公（羅振玉）乞得複本書若干部，而以詞曲書贈韞公。蓋近日不為此學已數年矣。」[18] 信中言及王國維在日本期間缺書閱覽，大多取自羅振玉的大雲書庫，到上海後借書更加困難。

二月十一日，王國維已經到達上海，他在致羅振玉信中說：「別後於神戶、門司、長崎連上三書，想達左右。自過長崎，風浪殊大，一晝兩夜殆不能起，惟不至嘔吐耳。船因風力少阻，至初七日午後二時始抵上海，緯、敬、抗三公與堯香已在埠相候。至滬由堯香照料，一切甚便，堪慰遠念。」[19]

簡單安頓之後，王國維立即投入到學術之中，可見其未忘學人本色。這一年，王國維撰《史籀篇疏證》，三月又撰寫敘錄一篇，其中云：「史籀十五篇，古之遺書，戰國以前未見稱述。爰逮秦世，李趙胡毋本之以作《倉頡》諸篇。劉向校書，始著於《錄》。建武之世，亡其六篇。章帝時王育為作解說，許慎纂《說文》，復據所存九篇，存其異文，所謂籀文者是也。其書亦謂之史篇，即史籀篇之略稱。」[20]

當時王國維還在沈曾植的影響下研究音韻學，繆荃孫在寫給王國維的信中，談及王國維一直在尋找的江有誥《音學十書》，沈曾植處還藏有一本。王國維於沈曾植處借來讀之，此書為咸豐壬子重刊本，其所刊者為《詩經韻讀》、《群經韻讀》等九種。王國維即以其所撰《史籀篇敘錄》同《諧聲表》、《入聲表》、《唐韻四聲正》先後刊入《學術雜誌》。不久，王國維在上海書店裡買到兩冊原刊本，自留一本，另一本贈予羅振玉。王國維曾聽說王雪澄欲購此書數年不得，今購得兩本，實屬奇緣。[21]

而此書的出現，則將王國維、羅振玉、沈曾植三者的關係在一九一六年巧妙地結合起來。王國維在滬上與沈曾植過從甚密，兩人經常縱論學問，對時事談論尤多，而王國維則在書信中將其與沈曾植的談話告知羅振玉，三人在某些問題上的看法，加強了遺老之間的一致性，以至於日後王國維諸事，常常與羅振玉、沈曾植商量之後再行決定，王國維由此成為真正意義上的遺老。

註釋

[1]《王國維年譜長編》，第 118 頁。

[2]《王國維年譜長編》，第 119 頁。

[3] 同上，第 119 頁。

[4] 參見《雪堂自述》，第 88 頁。王國維致沈曾植信藏於嘉興市博物館，轉引自彭玉平：《王國維與沈曾植之學緣》，《中山大學學報》2010 年第 2 期。

[5]《王國維年譜長編》，第 119 頁。

[6] 同上，第 119 頁。

[7] 參見廖名春：《試論古史辨運動興起的思想來源》，《原道》第四輯，學林出版社，1998 年版。

[8]《王國維全集》第十五卷，第 80～81 頁。

[9] 同上，第 143 頁。

[10] 參見《試論古史辨運動興起的思想來源》。

[11]《王國維年譜長編》，第 128 頁。

[12]《王國維年譜長編》，第 128 頁。

[13] 《王國維之死》，第 319 頁。

[14] 同上，第 320 頁。

[15] 《王國維年譜長編》，第 134 頁。

[16] 同上，第 90 頁。

[17] 《王國維年譜長編》，第 135 頁。

[18] 同上，第 135 ～ 136 頁。

[19] 《羅振玉王國維往來書信》，第 28 頁。

[20] 《王國維年譜長編》，第 140 頁。

[21] 同上，第 144 ～ 145 頁。

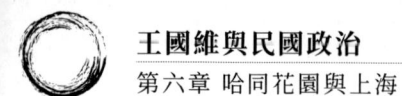

第六章 哈同花園與上海

第六章 哈同花園與上海

▎第一節 初入哈園

　　王國維還在日本期間，同鄉鄒安就曾經給他寫信，請王國維回上海就任哈同花園學術雜誌的編輯，王國維可能當時生計艱窘，回信表示答應，他在日記中曾經記載：「去冬十二月，同鄉鄒景叔太令移書謂，英人哈同君之夫人羅氏擬創學問雜誌，屬余往任其事。其雜誌體例，分字學、禮學、文學、覺學、宗教諸門，並候余到滬商酌。已於去歲函允。」[1]

　　哈同花園正式的名稱乃是「愛儷園」，由上海的猶太富商哈同始於一九〇九年在靜安寺路所建，當年正是宣統元年。民國初年，政府為了表彰這位在生意上非常成功的商人，多次授予哈同嘉禾章。哈同的夫人羅迦陵出生於上海，父親名叫路易，母親姓沈，她父母結合的歷史，可謂「知者不言，言者不知」。[2]

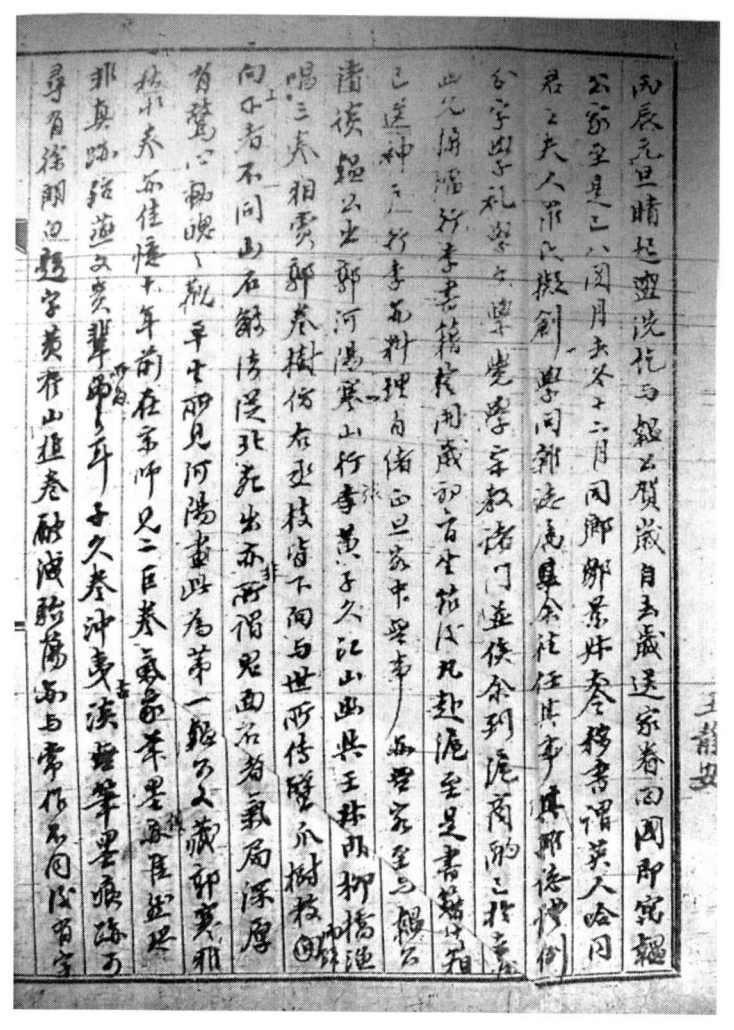

王國維丙辰日記

　　王國維回上海之後，在友人樊炳清、沈曾植那裡首先聽聞了哈同花園的種種軼聞，當然談到了哈同花園的女主人羅氏和管家姬覺彌之間的桃色新聞，王國維對此「殊出意外」。[3] 傳言當然是由來有自，羅迦陵信佛，所以曾經點定兩個和尚入園，第一個是「革命和尚」黃宗仰，曾經與章太炎等革命黨過從甚密，但是民國成立之後「漸入頹唐」，與革命黨人漸漸疏遠，最終在一九一四年去世，後來姬覺彌乘虛而入，成為了愛儷園的總管。[4]

第一節 初入哈園

　　王國維寫信給羅振玉，談到他在哈園初步的觀察：「姬君為人，在滬見敬、抗二公，即略聞不妥，堯香亦知之。及晤乙老，又道其詳。外間或云哈同夫人羅女士之乾兒，乙老則直云羅氏嬖人也。而羅氏者，或云出於上海娼寮，或云廣東鹹水妹，其名譽頗不甚佳。姬君本姓潘，後改姓，皆謂係下等人。」[5] 可見王國維對來哈園一事，開始有些後悔。

　　當時的哈同夫婦為了附庸風雅，居然在姬覺彌的鼓吹之下，想起了辦大學，其首先的舉措便是鼓吹「倉學」。所謂「倉學」，便是取「倉頡造字」的典故，口氣甚大，不僅如此，姬覺彌還要弘揚「倉教」，可謂裝神弄鬼。同時還創辦了所謂的倉聖明智大學，王國維私下斥責姬覺彌「荒謬不經，信口胡謅」。[6]

王國維與羅振玉、哈同等人

　　王國維對姬覺彌和哈同夫婦頗不認同，只是迫於生計，暫時隱忍不發，但是在書信中表達了自己的看法：「堯香謂其（姬覺彌）曾在廣學會，與許默齋共事，後入哈處逐烏目山僧而代之。乙老並言其刻薄傾險，有江西人士黎某在哈處校經，後以不合去，而姬君扣其行李。又言僧某夙以忍辱著，欲藉哈以行其志，亦卒辭去。乙老謂與此種人共事，非與哈親立合約不可。又謂其人為善不足，為惡有餘。看來此人非可與共事者。」[7]

王國維向羅振玉提出瞭解決問題的辦法,等待鄒安來到,與之相見,看其為人,再做打算。王國維認為結局大致有兩種情況,其一為與鄒安嚴定辦事界限,自己每月需要交多少稿子,拿多少潤筆,不問其他。其二則是盡棄前約。王國維認為辦學校的主張頗不可行,加上先前哈園所辦學堂外界非議甚多,所以王國維堅決不予過問。[8]

但是隨後王國維與姬覺彌見面之後,對其印象稍有改觀,王國維認為姬覺彌「似不如所聞之甚」,但是覺得「對其人交涉,須謹慎耳」。[9] 隨後王國維又見到了鄒安,與鄒安和姬覺彌一起參觀了哈園,此次王國維對姬覺彌少許的好感也喪失殆盡,王國維認為姬覺彌不學無術,揮霍無度。姬覺彌甚至蓋好了房子請王國維入住,王國維婉言謝絕。[10]

羅振玉後來回信給王國維,勸其暫作安頓再做定奪,並且誇獎王國維乃是「環顧海內外,能繼往哲開來學者,舍公而誰?此不但弟以此望先生,亦先生所當以此自任者。若能如前此海外四年餘,則再十年後,公之成就必逾於亭林、戴、段,此固非弟之私言也」。羅振玉隨後才道出其如此推崇王國維的原因:「若以天挺之資,而以生活二字了之,豈不可惜?」[11] 極力勸王國維就任其職。

王國維和羅振玉隨後又有幾封書信往返,討論是否就任問題,王國維對此頗為悲觀,但是最終還是聽從了羅振玉的勸告,隨後遷往愛文義路上大興路吳興里三百九十二號新居,就任哈園學術雜誌編輯,主管《學術叢編》。他在致羅振玉信說:「遷居二日,諸事稍定,今日往園,現在已定分三支:一、《學術叢編》,由維任之;二、《藝術叢編》,景叔任之;三、《倉聖大學雜誌》,則沉夔笙任之。」[12]

第二節 學術發展期

王國維還沒有開始編《學術叢編》之前,先在倉聖明智大學教書,據李恩績後來回憶,學堂裡的學生,對於這位拖著辮子的王先生,不大歡迎。還有一層原因則是王國維雖然懂得教育學,但是實施起來並不會高談闊論,做

不出噱頭來，引不起學生的興趣，當時園裡的學生國學程度非常幼稚，更不會瞭解他，後來要編《學術叢編》，就此不再上課。[13]

王國維主編的《學術叢編》每期都印五百冊，開始的時候並不是整部發售，所以整部的在外面留下來的不多。李恩績回憶即便是自己看到哈園所剩下來的，實際上都不齊全。[14] 王國維編《學術叢編》，大大便利了學術著作的發表和出版，同時也提高了哈園的學術聲譽。

這一年四月，王國維代姬覺彌撰《學術叢編》序言，其言曰：「學術之盛衰，其故萬端，而傳播之道亦居其一焉……愛儷園主人產自西土，久客東方，每發思古之情，深知為善之樂。德配羅夫人夙皈正覺，兼嗜外典，二乘祕文，復茲結集，三倉橫舍，於焉宏開。復刊是編，以餉學者。海寧王靜安徵君噬肯適我，出其書，上虞羅叔言參事遠自異邦，假以祕笈，故書新著，萃於一書，月為一編，歲成編帙。佛陀承乏校事，坐觀厥成，冀使子雲絕言盡示其最目，孝公論難漸得夫道真，於流通學術之道，庶幾無憾云爾。」[15]

王國維這一年最重要的學術成就是《毛公鼎考釋》一文，王國維在此文的自序中說：「三代重器存於今日者，器以盂鼎克鼎為最巨，文以毛公鼎為最多。此三器皆出道光咸豐間，而毛公鼎首歸濰縣陳氏，其打本摹本亦最先出，一時學者競相考訂，嘉興徐壽臧明經（同柏），海豐吳子苾閣學（式芬），瑞安孫仲頌比部（詒讓），吳縣吳清卿中丞（大澂），先後有作。明經首釋是器，有鑿空之功，閣學矜慎，比部閎通，中丞於古文字尤有懸解，於是此器文字可讀者十且九八。」[16]

有關於此文的意義，王國維指出：「文無古今，未有不文從字順者。今日通行文字，人人能讀之，能解之。詩書彝器，亦古之通行文字，今日所以難讀者，由今人之知古代，不如知現代之深故也。苟考之史事與制度文物，以知其時代之情狀，本之詩書，以求其文之義例，考之古音，以通其義之假借，參之彝器，以驗其文字之變化，由此而之彼，即甲以推乙，則於字之不可釋，義之不可通者，必間有獲焉。」[17] 王國維此處所言「考之史事與制度文物，以知其時代之情狀；考之古音，以通其義之假借；參之彝器，以驗其文字之變化」，便是其所創「二重證據法」的開端。

王國維此年另外一項重要的學術工作，便是研究魏石經，撰成《魏石經考》。他在致羅振玉的信中說：「近日寫《毛公鼎考釋》畢，後又修改《魏石經考》，尚須重寫一次。其中《魏石經經本考》一篇幾全行改易，其子目為：《漢石經經數石數考》、《魏石經經數石數考》、《魏石經經本考》、《魏石經拓本考》、《魏石經經文考》、《魏石經篇題考》、《魏石經古文考》、《魏石經書法考》共八篇，分為二卷，附以碑圖七。次殆可為定稿矣。」[18]

　　王國維此項學術工作的一項附屬工作，便是《漢魏博士考》。《魏石經考》脫稿後，王國維頗怪漢石經諸經全用今文，而魏時全用古文，因思官學今古文之代謝，實以三國為樞紐。乃考自漢以來諸經立學之沿革，為《漢魏博士考》。[19] 王國維將博士的興起、俸祿多少、歷代變遷等考察得極為詳盡。

　　王國維此間還有一項重要的工作，前文已經述及，便是在沈曾植的影響下研究文字音韻之學，寫成《爾雅草木蟲魚鳥獸釋例》。王國維對沈曾植的貢獻不敢專美，在致羅振玉的信中說：「《爾雅草木蟲魚鳥獸釋例》至前日始脫稿，昨日作一序。書僅十八頁，序乃有三頁，專述乙老口說並與乙老談論之語，因乙老萬無成書之日，非記其說不可也。」[20]

▎第三節 與遺老往來

　　王國維在哈園期間，與滬上諸遺老時相過從，尤其是他幫助羅振玉鑑定書畫，協助羅振玉進行書畫以及古代器物的收購，加深了他與遺老之間的往來。王國維自己也買一些書畫，委託羅振玉在日本出售，王國維羅振玉往來書信中這一類的記載較多。[21] 王國維所在的哈園也定期舉辦古物展，豐富了王國維對於文物的認知和鑑定。[22] 而王國維在此期間，也透過書畫的交易，加強了與遺老如沈曾植之間的往來。

　　王國維自己鑑賞書畫的功力頗為深厚，但實際上卻是頗為自謙。他曾在給羅振玉的信中言及鑑賞一事：「鑑賞一事，非可但憑理想，弟十餘年來，皆憑理想鑑定，近二年來，始有根據。蓋必見古大家名蹟確然可信者數人，以為研究之標準，則源流乃可尋溯，非僅天資理想優勝，便可得之也。」[23] 接著王國維對沈曾植的鑑定水平大加推崇，但卻有些懷疑：「乙老天資高，

理想富，弟所深信，其經驗如何與否，曾得重要之根據否，則尚非與詳論，不能知也。」[24]

王國維後來寫信談及和沈曾植關於書畫的一些交往：「昨朝在乙處見二畫，一明人文通（景泰二年畫）仿周昉《試兒圖》，後有《洗兒圖》。二圖相連，其間《試兒圖》全仿公宋人集冊中物，而題曰仿元人，蓋元人亦有摹本也。又有一卷雪景，樹仿郭河陽，山石仿范中立，氣像甚大，末有千里伯駒四字隸書款（款亦佳），乍觀之似馬、夏一派，用筆甚粗而實有細處。向所傳千里畫皆金碧細皴，惟此獨粗，蓋內畫近景與遠景之不同。此恐千里真本，不觀此畫不能知馬、夏淵源（惟絹甚破碎）。乙甚賞此畫，又甚以鄙言為然，謂得後乞跋之。言價尚未知（必不貴，凡乙處畫皆然），乙告以如渠不留，請為公留之。」[25] 從信中可以看出，沈曾植對於王國維的書畫鑑賞能力，至少極為認同。

但王國維和沈曾植關於書畫的交往，實際上並不都是很愉快，有時候也在與羅振玉書信中對沈曾植頗有微辭，此外還談及王國維幫助羅振玉收購書畫等事：「維之商務股單已售出，並今年利，約近成數。本擬暫存銀行，而出入均須改算銀數，吃虧殊甚，因思購書畫數件，以作將來預備，而苦於眼力未敢放手。乙老之眼雖就近可以請教，然亦出入頗多。此款公如有用處則可行暫用，如將來尊駕抵滬則為代購書畫，此較自購為穩當也。」[26]

王國維在這時已經不知不覺地投入到了遺老圈的活動之中，最典型的例子，便是其與沈曾植的詩酒唱和。王國維平時便經常去沈曾植那裡問安，其間當然有不少關於學術以及時事的探討。而王國維與羅振玉的通信中，更是常常談到沈曾植，羅振玉經常托王國維打聽沈曾植的消息，可見沈曾植在滬上遺老之中的地位，一九一六年末，王國維還在信中抄錄了沈曾植的長詩給羅振玉。[27]

第四節 沉湎禮制之重建

第六章 哈同花園與上海

王國維與鄒安、姬覺彌

　　王國維如此積極熱心與沈曾植往來，很大程度上源於當時復辟浪潮的再起，這一點和當時的政局有著密切關係，而這一點在王國維學術上也有反映，便是這一時期他傾心於研究禮制，這一研究看似無案可稽，實則有跡可查，充分表現了王國維的學術軌跡和現實政治之間微妙的關係。

　　王國維做有關於禮制的研究，是在學術研究不順的情況下的選擇，這或許與當時變幻莫測的政局給予王國維的刺激有關。王國維在一九一六年八月十日寫給羅振玉的信中說：「近成績甚不佳，思作自十餘頁至四五十頁之短文，題目頗不易。數日覓題，擬作《先秦儒術考》，每思儒家獨傳之學在於

第四節 沉涵禮制之重建

六藝，而《書》與《詩》又為儒墨公共之學，惟《易》、《春秋》、《禮》、《樂》乃儒家專門，而講求禮制尤為儒家所獨，其書存者亦最多，如大小《戴記》大半作於先秦之世，凡鄭《禮記目錄》中所云，於《別錄》屬制度吉事喪服祭禮諸篇，尤非漢以後禮家所能作也。」[28]

但是王國維還是覺得此項研究頗為困難，他在隨後寫給羅振玉的信中言及：「前函言擬作《先秦儒學考》，此事頗不易，因擬先作《漢魏博士考》。」[29] 但王國維最後還是開始了這項研究，他在十一月五日與羅振玉的通信中言及：「近日將《禮經》古今文異同寫出，知鄭君所見古文非壁中書，且其所見古文亦非一本，云某字古文或為某者，凡七八處，知古文或有本矣。現擬將兩漢以後所謂古文零星研究，作為一書。」[30]

王國維寫作禮制研究文章的寓意，恐怕多少包含其對於重建道德禮制秩序的考慮。他隨後撰寫了《周書顧命後考》序，序言稱：「丙辰春二月，余草《周書顧命考》一篇，據《禮經》通例及彝器所載冊命制度，以大保承介圭由阼階 為攝成王，以乃受同瑁一節為康王受獻事，以大保受同降盥一節為大保自酢事，以正鄭注（《尚書正義》引）及孔傳之誤。自謂得此解，則《顧命》一篇文字與其儀制，怡然理順矣。」[31]

王國維還對鄭玄的註釋提出了質疑：「若如鄭注，則受冊之禮行於殯所，祭咤之事所以對神，君臣吉服，拜起屍柩之側，獻酢同事，分於二人之手。凡此數者，無一與禮意相合。鄭君，禮學大師，豈宜不見及此？嗣讀《通典》（卷十七）魏尚書所奏王侯在喪襲爵議，（後附奪情議，實則一條，而杜氏分載之）引鄭君又一說，則與《正義》所引鄭注大異，而與余說正合。《通典》此議，當出魏臺訪議，或六朝人所集《禮論》、《禮論鈔》諸書；其後又載王肅駁議，足與鄭說相發明。而自宋王深寧及近世江艮庭、王鳳喈、孫伯淵諸家輯《尚書》鄭注者，全不及此，故取而詮釋之。不獨為古人表微，亦深喜余前說之非無根據也。」[32]

而與此巧合的是，王國維後來在十月份購得明版《孔子家語》，對此頗為欣喜，便取來汲古閣本對勘，王國維寫信告知羅振玉稱：「前晚於坊間以小洋八角得明季刊本《孔子家語》，卷末有歲甲寅（實萬曆四十二年）吳豈

用書,黃周賢金賢刻小字兩行,《天祿琳瑯後目》所謂宋本者即此本,板式精雅似嘉靖景宋本,而刻手較粗。」[33] 而羅振玉手中恰好有此書的日本寬永活字本,後來王國維重新去日本,羅振玉將此書送給了王國維,王國維以之校嘉靖本一卷,乃知寬永本遠優於其他刊本,羅振玉這其中的用意,頗耐人尋味。

註釋

[1]《王國維全集》第十五卷,第 909 頁。

[2] 李恩績著:《愛儷園夢影錄》,三聯書店,1984 年版,第 21～22 頁。

[3] 參見房鑫亮:《王國維丙辰日記注考》,《中華文史論叢》,2006 年第 4 期。

[4] 陳鴻祥著:《王國維全傳》,人民出版社,2004 年版,第 423 頁。

[5]《羅振玉王國維往來書信》,第 28 頁。

[6]《王國維全傳》,第 423 頁。

[7]《羅振玉王國維往來書信》,第 29 頁。

[8] 同上,第 29 頁。

[9] 同上,第 29 頁。

[10] 同上,第 33 頁。

[11]《羅振玉王國維往來書信》,第 28 頁。

[12] 同上,第 40 頁。

[13]《愛儷園夢影錄》,第 59 頁。

[14] 同上,第 60 頁。

[15]《王國維年譜長編》,第 153～154 頁。

[16]《王國維年譜長編》,第 151 頁。

[17] 同上,第 151～152 頁。

[18]《羅振玉王國維往來書信》,第 143 頁。

[19]《王國維年譜長編》,第 169 頁。

[20]《羅振玉王國維往來書信》,第 217 頁。

[21] 同上,第 179 頁。

[22]《愛儷園夢影錄》,第 66 頁。

[23]《羅振玉王國維往來書信》,第 94 頁。
[24] 同上,第 94 頁。
[25]《羅振玉王國維往來書信》,第 78 頁。
[26] 同上,第 134 頁。
[27] 同上,第 179 頁。
[28]《王國維年譜長編》,第 167 頁。
[29] 同上,第 169 頁。
[30] 同上,第 168 頁。
[31]《王國維年譜長編》,第 173 頁。
[32] 同上,第 173 頁。
[33]《王國維年譜長編》,第 173 頁。

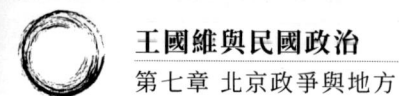

第七章 北京政爭與地方

第七章 北京政爭與地方

第一節 王國維書信中的討袁運動

一九一六年二月二十六日，羅振玉給王國維寫信，談及中國國內政局，頗為悲觀：「近聞北方情形甚悉，土崩不遠，必不能久延。但恐土崩之後，繼以瓦解，仍有悲觀而已。」[1] 三月十五日，廣西宣布獨立，幾天之後，袁世凱被迫取消帝制，仍然稱大總統。羅振玉寫信給王國維，信中言：「此次劫象，瞬將過去，不知來劫，又且如何？」[2]

羅振玉後來又寫信給王國維談及中國國內政局的變幻：「今日抵東寓，閱報知動力大作，然則我等所預策者不虛也。」[3] 羅振玉還談及當時沈曾植希冀借日本人之力恢復帝制，已成泡影：「然又料此次必是新派制勝，遜老與弟既被賣，即江戶寓老亦受軟困，所希望殆歸泡幻矣。天乎人乎，可為痛恨！」[4]

時隔半月，王國維在寫給羅振玉的信中說：「昨寐老言，北方既不能支持，而雲貴兩省蔡鍔、李烈鈞兩黨交鬨不成事體，粵西亦至紛亂，梁某在彼亦無發言權，動則以炸彈手槍互相恐猲，一切狀態與辛壬之間無異。」[5]

時隔一日，王國維又有信致羅振玉：「時局看來，南北皆失敗，其關鍵全在老成諸將態度如何。唯北方趁此時機又可施其機械，不識前途如何？古人所謂民之無辜，並其臣僕，瞻烏爰止，於誰之屋者，語語皆若為今日發也。」[6]

中國國內亂象如此，王國維感慨道：「天下滔滔，恐淪胥之禍遂始於此，可知中國總是此中國，人民終是此人民，雖有聖者亦無可為計，觀近日所經驗者，即可知矣。」[7] 隨後在四月二日寫給羅振玉的信中又言及中國國內局勢：「今日報載馮、張電北方，謂時局至此，無論何人不能當此重任，而下文無一語，不知何意？」[8] 王國維寫此信後不久，廣東和浙江接連宣布獨立。

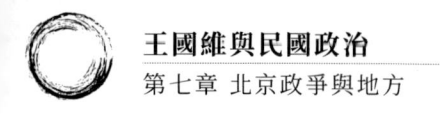

四月十日王國維有信致羅振玉，信中內容極多，尤其值得注意的是，該信談到了升允密謀復辟的舉動。當時升允與青島、上海的諸遺老往來密切，王國維與沈曾植皆參與其中，信中還指責參與其事的劉廷琛成事不足敗事有餘，隨信件還附帶了一份剪報，題目叫做《復辟再運動由來》，內容分為四題：問題發生之由來，浙人真面目，升允來朝，宣統帝復辟問題。[9] 復辟的潮流呼之欲出。

四月十一日，王國維再次致信羅振玉信：「北庭解紐，南勢方張，匹欲鈔辛亥陳文解決時局，凡舊系人物已隱隱成一同盟，黨人聲勢，亦有加無已，而實力終遜於段，將來總以袁退段代，了此一局。揆諸人民厭亂，與各方面畏難苟安之心理，舍此絕不出他途。以後此篇陳文，尚需時時鈔襲，不知尚有大英雄出起而定之者否？滬上一時治安，尚無他慮。今年蠶事又為亂事大有損失，江浙二省所損恐在千萬上下耳。我輩只做蠹魚，別無可為者。」[10]

羅振玉隨後向王國維通報了當時中國國內的情況：「前者掃墓提前，竟得從容往返，今則道阻矣。回思幸甚幸甚。不知滬上近何如狀？滬南能免攻戰之禍否？念公等殊甚。遜老近晤面否？可有所聞否？繆老見否？其議論必有奇特可喜者，其門首私寓字已刮去，可鄙亦可笑也。報紙記嚴又陵近至津沽，下場如何，何苦乃耳！」[11] 信中明確提到了幫助袁世凱復辟的嚴復，嘲笑之意可以想見。

第二節 中國國內局勢的變幻

此日王國維寫信談及當時的中國國內局勢：「粵東適獨立……該處秩序大亂……此間近日戒嚴殊甚，浙省獨立，火車已斷，僅開至松江。至今未接海寧、嘉興等戚串信，恐郵政亦阻滯。不知該處治安如何，殊可念也。」[12] 當時江浙大亂，王國維已經明確感受到了中國國內政爭的山雨欲來。

羅振玉隨後在覆信中，告訴王國維自己打算回國，其意是否參與復辟，頗不能解。王國維隨後有云：「現滬杭不通車已十日矣，小輪尚往來，郵信亦通。浙滬之間，聞已妥洽，不致有戰事，滬上黨人往浙者，聞多為浙黨人所拒，故現在蘇屬頗吃緊，江陰、吳江相繼獨立，馮氏宣言係持中立態度，

第二節 中國國內局勢的變幻

各省亦大略相同，其能保持秩序與否，則須觀其後之措置矣……此間戒嚴已近一月，而法界炸彈時有所聞……一切狀態殆復辛壬之間。」[13]

王國維還談到了遺老之於袁世凱的反應，耐人尋味的是，一向熱中於復辟的張勳依然按兵不動，王國維對此頗為奇怪：「繆老久不悟，唯聞敬公言，其對傅仁兄咨嗟惋惜耳……彭城至今未見其一話一言，殆持老氏之見乎？」[14] 王國維認為傅增湘下場頗為可惜。傅增湘當時是袁世凱政府約法會議的議員，在討袁運動中自然受到影響。

王國維在四月二十三日給羅振玉的信中說：「靜觀大局，亂靡有定，識者多謂此次當烈於辛壬之變。近日乙公亦罵諸馬為奴才，又謂天下書痴唯我輩耳。此言可知經略矣。」[15] 沈曾植信中的「諸馬」，乃是遺老升允的部下，當時是寧夏青海的軍閥。王國維稱沈曾植「可知經略」，對其為人自然是有所保留。

五月三日，羅振玉寫信給王國維談到所謂「投機貿易」，似乎影射張勳。信中言：「所言投機貿易，或遼張即日出張，一面由麟迎縮地子司人入主公司事，何如？」[16] 信中所言，當指袁世凱拉攏張勳的事情，因為信中提到的「麟」，便是袁世凱的心腹鹿鐘麟。

五月初，王國維接連寫給羅振玉兩封信，對時局進行了通報，信中云：「亂事靡定，人思息肩，天下大勢恐遂歸匹之手。以勢力計之，大約段七分，南軍三分。頗聞袁之要人已多歸心匹，然亦可反覆。此人在今日，正如夫己氏之在辛亥，然亦豈撥亂之才哉？至一二年後又當復生變故，恐神州自此已矣。」[17] 所謂匹，指的便是段祺瑞，所謂夫己氏，便是指袁世凱。

王國維在此信中又談及了繆荃孫。一九一四年，趙爾巽被袁世凱聘為清史館館長。趙爾巽後來又聘請遺老柯劭忞、繆荃孫等人參加纂修，繆荃孫當時任清史館的總纂，與其在清季國史館總纂一職，可謂「遙相呼應」。王國維對此嗤之以鼻：「報又載藝風之事，可笑之至，世有此人，真讀書者之羞也。」[18]

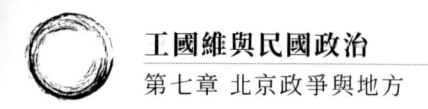

接著，王國維談及盛宣懷已經去世，當時江陰的戰役將要完結，王國維寫道：「昨日《時事新報》謂炮臺變兵已由藝風託人經手以七萬元買收槍炮，前此要求南京不派兵進攻，亦由黨人以勸進事恫嚇老藝，並誘以利，使聯名電寧，寧即以疏通責彼，亦許以酬報，此等恐未必盡實，然空穴來風，亦有以致之也。滬寧車通，滬杭仍未通，唯輪船及郵件尚無阻滯。浙中持柄者與寧滬仍有聯絡，故蘇浙之間想不至有戰事。」[19]

王國維在五月十七日寫信給羅振玉，談及當時中國銀行和交通銀行停止兌現鈔票一事，可見中國國內局勢變幻莫測：「此間銀行風潮尚未過，中國銀行上海鈔票仍舊兌現，可以通行，外埠則否。交通有兌現之說，不知果否？此次諸友中聞緯公所擱鈔票最多，不知已設法換得否也？商務股息，今年得一分五釐，息單公處想已收到矣。」[20]

時隔五日，王國維給羅振玉寫信，再次談及銀行兌換鈔票之事，感慨局勢動盪：「滬上中國銀行風潮已定，交通亦有開兌之說（諸家所有鈔票均無甚損失，惟抗父殖邊損二三元而已，並聞），而市面奇緊。蟬隱外埠生意，以鈔幣故，以後甚不易做，以此為難。中壘已行，時局益混沌，未識亂何時可了耳！」[21]

▌第三節 袁世凱去世之後的政局

一九一六年六月初，羅振玉寫信給王國維，信中篇末言：「諸人競入海求不死之藥，恐亦無效果，諸君仍執迷不悟，何耶？」所謂「入海求不死之藥」，乃是暗指遺老尋求日方支持，以圖復辟。羅振玉在日本居留甚久，因而對此頗有警覺。[22]

一九一六年六月六日，袁世凱憂憤成疾，卒於北京，次日黎元洪接任大總統，重新任命段祺瑞為國務總理。隨後政府申令恢復民國元年約法與舊國會。[23] 羅振玉寫信給王國維，談及袁世凱之死：「晨閱報紙，知袁已伏冥誅，但恐彼偉人者，想率以去矣。此為千金一刻之時機，而某蠻帥則已為接續人，此雖水母，必有群蝦指導之。馬定等必不能下心低首，然如何居心，仍未可知，恐第二羊角風又且作矣。」[24]

第三節 袁世凱去世之後的政局

羅振玉在此信中依然打探遺老的消息:「乙老處有何消息,同人有布置否?」[25] 焦急之心態溢於言表。羅振玉隨後又寫信給王國維談及袁世凱去世之後的政局:「連日閱報紙,知黎邱將妥洽,我輩夙望付諸逝水矣。但曼倩此次眈眈虎視,海陸徵發,意在窺隙而遂其大欲,若黎邱局定,彼之失望,與我輩異轍而同復也。」[26]

羅振玉還言及袁世凱下葬之事:「黎邱新政,決定袁逆用國葬,議費百萬元,此失必應改之。我先皇山陵,由臣工設法,彼盜人之國,乃食報至此者,此何說耶!又張勳等請保袁遺產,而我武英殿所陳列之物,乃皇室私產,袁乃欲以抵押借款,張勳等亦不一言。又諸人持懲罪魁,所謂罪魁者,乃吮疽舐痔之小人耳。罪魁果為何人?乃議決用國葬以寵之者也,放飯流歠,而問無齒決,可笑萬狀。以上所陳,望告節老。若皇室一面,非與黎邱立條約不可。」[27]

王國維回信,對羅振玉深表贊同,繼而告知羅振玉梁士詒與世續暗通款曲:「元兇既斃,雖快人心,然後來之事,仍如長夜。聞夫己氏未死時,梁某曾往世中堂處有所接洽,而世婉謝之。此甚有識。此人真所謂不祥人,『天子蠻,殺御叔』者也。」所謂「世中堂」, 指的是清末大學士兼軍機大臣世續,辛亥革命時曾經起首贊成清帝遜位,參與磋商優待條件,同時出任遜清總管內務府大臣。[28] 梁士詒與世續暗中接洽,顯然與袁世凱去世有直接關聯。

王國維後來又寫信給羅振玉,談及諸位遺老最近「精神甚好」,康有為更是「發奮圖強」,居然幻想組織內閣。但是時局變幻,黎元洪並不能完全掌握大局,只是作為「過渡人」出現,將有如段祺瑞這樣的人物取而代之。[29] 王國維隨意之言,最後變成了現實。

王國維在六月二十日寫給羅振玉的信中談及遺老的行動:「近日此間殊無所聞,南北亦似無調和之望,如東報之言,恐需他力矣。閱報知節旅行由金陵而至彭城,潛庵亦在彼,又聞同甫入都,此君與汴水余肆素稔,或徑出所謂下策,未能詳也。現在人心厭亂已極,唯靜者能得人心,動者反是。至

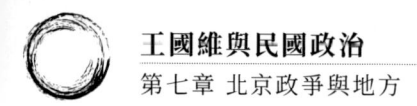

求弭亂而不得，雖至愚者亦有悔悟之日，諸君苦不知之。求仙不得，轉而求魔，不已甚乎！」[30]

第四節 羅振玉的觀望

此時的羅振玉在日本心牽國運，在書信中與王國維互告政治動向。羅振玉給王國維寫信，分析了時局，羅振玉言：「黎邱有敝屣之意，此人殆力不足以勝魔，又疲於津梁，彼為過渡人亦甚合宜，醞釀既久，必自生動力。尊論所云海內厭亂，正可因此得歸正軌。」羅振玉還談及南方想拉攏段祺瑞。羅振玉認為吾輩不必參與其中，以後自然瓜熟蒂落。[31]

一九一六年七月一日，羅振玉寫信給王國維，談及袁世凱去世之前革命黨的動向。革命黨當時聞說袁世凱的密探來上海，便密謀將其除去，而警察居然也甘為袁世凱之鷹犬。當時袁世凱即將舉行國葬，所費甚巨，王國維抨擊此乃「非寸磔不足洩敷天之憤矣」。[32]

三日之後，王國維又寫信告知中國國內政爭的結局：「政爭之事，南方獲全勝，此後只再演王癸舊劇。」此外還談及「樓船之變，亦以賄成，滔天流毒，可謂至巨」，今後不管誰人秉政，「必至無一可恃之人，無一可用之兵，坐待成奴隸耳」。[33]

時隔不久，王國維又寫信論及中國國內政局：「一切已成明日黃花，現在二馬甘為人奴。」二馬意即馮國璋。王國維認為黎元洪和岑春煊都是傀儡，今年下半年肯定有好戲看，並談及有人論及白狼軍，認為白狼軍和袁世凱才算得上是勉強能夠掌控時局之人。[34]

羅振玉在後來的信中，又談及沈曾植和升允密謀依靠日本人復辟失敗之事：「遜輩計畫，付諸東流，素尤可惜，但恐自始至終為魔力所縛，不能覺悟耳。」[35] 王國維回信談及時局紛擾：「時局逾紛糾，昔之歌舞頌禱之報紙，今亦稍有微辭，總有天然淘汰之一日。」[36]

而羅振玉也密切關注沈曾植的一舉一動，顯然袁世凱去世之後，中國國內形勢日漸變幻莫測，復辟派此時蠢蠢欲動，也在情理之中，羅振玉在信中

坦言和沈曾植並非完全一致：「哀家非舊欲借汝以自保，弟雖嫌其非我族類，然猶愈借曼倩之力，逾垣公聞亦在個中，此或有力也。」[37] 曼倩則是代指日本。

　　羅振玉當時尚在觀望是否回國，當時柯劭忞寫信給羅振玉，談及袁世凱去世，羅振玉是否回國：「鄜塢已傾，遼東皂帽曷歸來乎？」羅振玉回信表示：「鄜塢雖傾，李郭尚在。」指的是馮國璋、段祺瑞尚在位。羅振玉亦寫信給繆荃孫表明心跡：「玉海外餘生，所以久久不歸者，蓋以賦性狷隘，其不能容於今之世，必矣。故寧瑣尾流離而不悔，想長者能鑑此哀曲也。」可惜羅振玉並未受到理解，老友吳昌綬便曾寫信給繆荃孫，對羅振玉久不歸國進行了抨擊：「聞叔蘊造屋，欲長做東人耶？」[38]

註釋

[1] 《羅振玉王國維往來書信》，第 43 頁。

[2] 同上，第 47 頁。

[3] 同上，第 48 頁。

[4] 《羅振玉王國維往來書信》，第 48 頁。

[5] 《王國維年譜長編》，第 149 頁。

[6] 同上，第 149 頁。

[7] 同上，第 149 頁。

[8] 同上，第 155 頁。

[9] 《羅振玉王國維往來書信》，第 57 頁。

[10] 同上，第 57～58 頁。

[11] 同上，第 58 頁。

[12] 《羅振玉王國維往來書信》，第 59 頁。

[13] 同上，第 64 頁。

[14] 同上，第 65 頁。

[15] 《羅振玉王國維往來書信》，第 67 頁。

[16] 同上，第 76 頁。

[17] 同上，第 76 頁。
[18] 《羅振玉王國維往來書信》，第 76 頁。
[19] 同上，第 76 頁。
[20] 同上，第 85 頁。
[21] 《羅振玉王國維往來書信》，第 87 頁。
[22] 同上，第 92 頁。
[23] 《王國維年譜長編》，第 164～165 頁。
[24] 《羅振玉王國維往來書信》，第 97 頁。
[25] 同上，第 97 頁。
[26] 《羅振玉王國維往來書信》，第 99～100 頁。
[27] 同上，100 頁。
[28] 同上，102 頁。
[29] 《羅振玉王國維往來書信》，第 104 頁。
[30] 同上，第 103 頁。
[31] 同上，第 104 頁。
[32] 《羅振玉王國維往來書信》，第 108 頁。
[33] 同上，第 110 頁。
[34] 同上，第 114 頁。
[35] 同上，第 113 頁。
[36] 同上，第 118 頁。
[37] 《羅振玉王國維往來書信》，第 117 頁。
[38] 羅繼祖著：《庭聞憶略》，吉林文史出版社，1987 年版，第 67 頁。

第八章 時局的異常與復辟的再起

第一節 遺老的異動

袁世凱去世之後時局異常，紛爭四起，此時遺老更是不遺餘力，企圖借此機會復辟，但是羅振玉和王國維尚在觀望，不時在書信中加以點評，不失為明智之舉。譬如羅振玉便對康有為想借力日本圖謀復辟不以為然：「素仍在阱中，恐永不得出，此次同甫一往而亟返，亦為是故，聞現已他行，再當來此。」[1]

耐人尋味的是，王國維觀察到，素來以精明幹練為繆荃孫所欣賞的友人左子異，在此微妙關頭將辮髮束在頭頂。沈曾植素來與繆荃孫交好，在這一時刻也對繆荃孫政治立場的搖擺破口大罵。[2] 當時南北局勢依然未見調和，加上各地騷亂，王國維對此頗為憂慮：「蜀、湘、粵三省紛亂如麻，恐步其後者尚復不少，且南北二派終有不能調和之日，不知發於何時耳。」[3]

羅振玉隨後在回信中，詢問為何沈曾植與其來信漸少，另談到了對康有為以及日本政府的看法：「素公無出阱日，弟恐相從入井者，尚不止一人，曼倩以善類為芻狗，可恨已極。但忻然為牽線者所弄，不但不自覺，且以為同心者，亦不僅素一人，尤可憾也。」[4] 王國維後來去信，談到了當時海軍獨立的問題，認為乃是謠傳，後來看到報紙，得知南方已經「如願以償」，大約可以歸於無事。二人書信中論學逐漸開始增多，直到沈曾植和康有為爆發衝突，才引起兩人繼續討論時局與時人。

沈曾植和康有為的爭論，後世沒留下相關的資料，所以兩人爭論的內容，也無法考證，但是最後沈曾植和康有為逐漸達成復辟的共識，共同參與張勳復辟，則是人所共知的事實。但是對兩人的爭論，王國維和羅振玉有著極大的興趣。沈曾植給羅振玉寫信提及此事，羅振玉為此還特向王國維打聽兩人爭論的具體內容。[5]

王國維後來在沈曾植家中遇見晚清舊臣、之後出仕民國的容甫，寫信給羅振玉談及此事：「遜老前日一晤，有容甫在座，屬致意。聞南軒聯合諸校，

自為祭酒，亦時勢使然。野王為人奴不成，又轉而向彼，則可笑也。」此處的南軒，便是代指張勳。[6] 復辟此時已經初見端倪。

而此時的政局，正日趨平緩，羅王之間往來書信論政減少，論學較多，唯一例外的是東京發生鼠疫，當時京都人心惶惶，即便如此，羅振玉依然沒有歸國之打算，兩人依然往返書信不斷，討論時局，臧否時人。王國維認為，時局乃是「迥野蟋蛄多切響，高樓腐草有遊魂」，羅振玉對此深表贊同，認為「時局無解救之望」。[7]

第二節 復辟的再起

一九一六年十月，劉鶚之侄劉大猷從北京來上海，與王國維促膝長談，王國維寫信給羅振玉談及此事：「劉秩庭自北方來，云及將來政局將有變動。此事勢所必然，大約武人與黨人互為消長，然於真正之澄清無與也。閱報知康長素在彭城勾留頗久，黨人言梁啟超亦已加入，則恐不然。然果如此，亦勢所或有也。」[8]

羅振玉回信，對中國國內政局亦表關切，進而感慨：「蠻觸之爭，不知胡底。」羅振玉隨後勸王國維再次回日本做寓公，這樣就可以和自己朝夕相處，「弟意公非海濱逐臭之夫，能再來此間，青山皓首，幾杖常青，豈不快哉！」[9]

羅振玉隨後又有信催促王國維回日本，信中倍感焦急：「弟之私意，中邦之離析流離，不知伊於胡底，茫茫神州，絕無我輩閉門之地，公仍以來此卜鄰為最上策。弟往日尚有滬上卜居之念，今已打斷此念矣！弟既不能返國，公又何能居彼？」[10]

王國維給羅振玉回信，對羅振玉的邀約表示感謝，但同時認為「全眷浮海，恐不能行」。[11] 王國維在另外的信中還談到了當時南北政局的一些變動：「時事又似入夢中，有謂須東海出而以調停了事。大約現兩方皆無氣力，其結果恐如是耳。」王國維還談到了當時遺老的一些動向，朱益藩奉詔入宮擔任溥儀的師傅，某些遺老依然為復辟在奔走。[12]

而羅振玉在回信中，也表示「時局誠如尊論」，繼而提到柯劭忞給他寫信，其間有「不甘隱遁之語」，羅振玉稱：「此言恐非虛發，或中央亦有一線索否？」[13] 羅振玉此間還曾經給沈曾植寫信，貌似漫不經心地談書畫鑑賞之事，沈曾植有「仁者用心不同」一語。但是沈曾植此間很少給羅振玉回信，羅振玉頗為焦急。[14]

但是其後中國國內政局尚且平穩，羅振玉王國維往來書信中也以談書畫為主，坊間有傳言羅振玉在東京樂不思蜀頗有因由，王國維將流言告知羅振玉：「京師來者皆言公在東大發財，此亦其一也云云。又云：北宋蔡京黨讕言直傳至王明清、周密輩，國朝人過信宋人野文，當以萬季野用實錄核野文之法正之，語皆有識。」王國維此信中還提及了中國國內政局的微妙變化：「近日浙江又似有事，警察罷站崗，諸將辭職，有謂呂與曲同豐（段黨）謀易諸將帥，有謂呂為黨人所運動而部下反對之，現聞呂已辭職，日內即去杭。大約可暫無事矣。」[15]

第三節 參加淞社

所有王國維研究者似乎都忽略了王國維在一九一六年的冬天加入淞社這一歷史，實際上這是王國維生命歷程中一個帶有標誌性的事件。王國維在這一年首先與錢塘張爾田、吳縣孫德謙訂交，張爾田乃是前清舉人，辛亥革命之後一度閒居滬上，清史館成立，曾經參與撰寫《清史稿》中的樂志，隨後又曾應沈曾植邀請，參加編修《浙江通志》，乃是遺老中的一位重要成員。[16] 而孫德謙則在沈曾植發起孔教會之時寫下長文呼應，更是遺老中的遺老，由於此二人與王國維一樣，對章學誠的《文史通義》頗有研究，所以與王國維並稱為「海上三子」。[17]

在淞社的文人中，前清遺老占了較大的比例，孫德謙是淞社的重要成員，與章梫、勞乃宣等青島遺老往來密切。孫德謙曾有詩贈勞乃宣，其言曰：「勞山遁隱已經年，一室蕭條似磬懸。翻羨巖陵垂釣客，披裘猶有故人憐。」勞乃宣在政治上保守，反對共和，主張還政於清室。辛亥革命後舉家遷居青島，

在德國人衛禮賢辦的尊孔文社進行活動，幫助衛禮賢翻譯《易經》等中國典籍。[18]

王國維加入淞社，乃是因為劉翰怡的約請，而張爾田、孫德謙等都與劉翰怡常有往來，而劉翰怡更是與沈曾植私交頗密。[19] 也就是在這一時期，王國維開始為沈曾植編訂詩稿。王國維在信中對羅振玉言及：「近三日抄乙老詩，得十八頁，計共五十餘頁。」[20] 又言：「連日苦寒，硯池皆凍，以火炙之，始得作書。」[21] 可見王國維之用力甚勤。

有一次王國維在沈曾植的家中，遇見了同為遺老的鄭孝胥，但是對鄭孝胥頗有微辭，他在給羅振玉的信中言道：「前日在乙座，忽見素存不知何時來此，乙頗與之作夢後之談，渠敘康成見解，謂頗與之大同，然其學說頗謬甚，乙頗與之作王肅之諍。然招夢談何容易。此夢若來，亦出於事勢之必然，於人力無與，惟卻慮為人力所壞耳。素本長者，乙亦書生，康成乃謝通、伍被之流耳。乙前作絕句云：『亂世人才可易論，英多雄少浪批根。轍窮漫墮驅車淚，地勝難招自古魂。』所恨方叔、吉甫不可作耳。」[22]

羅振玉隨後回信，對王國維來信中的問候表示感謝，同時表示「弟辛亥之後，無樂生之心久矣，積瘁之身，乃逾半百，故絕不畏死，而畏貞疾之苦。」羅振玉對王國維為沈曾植抄詩頗為贊同，認為「乙老善人，公在滬可談者，此一人而已，寫乙老詩，亦是客中消遣一法」。[23] 可見羅振玉對於沈曾植的高度關注。

第四節 重回日本

王國維和羅振玉多次在書信中表示了與對方朝夕與共、切磋學問的美好願望，對對方的生活也頗為關心，王國維有次寫信頗為動人：「自夏後所得公書，每想見懷抱不暢，邇年心情想亦今茲為劣矣。公書時以家事為言，然此事亦正無法，大抵有可設法補救則補救之，無則姑置之，憤怒憂鬱無補於事，而徒傷於身。公此次胃疾，自中醫言之當以為肝病也，語亦有理。公平日最不喜閒，心常動作，乃係精力兼人之故。故以公之體，用心與動作不能為病，唯鬱結為致病之源，須以動作與閒散二法排遣之。」[24]

第四節 重回日本

　　王國維在此信中還提及柯劭忞、沈曾植等人的身體，勸羅振玉多加保重：「前年《殷虛書契考釋》成時，前印公寫照，維本擬題詩四首，僅成一首，故未題。其詩云：『不關意氣尚青春，風雨相看各愴神。南沈北柯俱老病，先生華髮鬢邊新。』現鳳老不知何如？乙老多痰，然無甚病，尚足支十年。公年力俱尚未艾，此數年中學問上之活動總可以繼續二十年。試思此十年中之成績以度後之二十年，其所得當更何如！公之事業尚未及半，切勿以小事介於懷抱而使身體受其影響，此非維一人之私望也。」[25]

　　王國維最後還是對羅振玉頗為牽掛，遂應羅振玉函招前往日本，與羅振玉共度春節。當時康有為在日本從事復辟活動，謀求日本支持。康有為從日本返回國內後，王國維啟程前往日本，羅振玉在信中提及康有為訪問日本，稱康有為「好夢做成，為時尚早」。[26]

　　康有為的行動，沈曾植對此必然有所瞭解，沈曾植亦有相似之舉動，王國維信中頗多提及。王國維此時已經乘船前往日本，在日本羅振玉以日本寬永活字本《孔子家語》相贈，其用意頗值得深思。當時海上紛擾，王國維的友人程冰泉欲赴粵，但是「盧美德決裂，海上又生阻滯」。[27]

註釋

[1]《羅振玉王國維往來書信》，第 125 頁。
[2] 同上，第 126 頁。
[3]《羅振玉王國維往來書信》，第 126 頁。
[4] 同上，第 126 頁。
[5] 同上，第 133 頁。
[6] 同上，第 136 頁。
[7]《羅振玉王國維往來書信》，第 160～161 頁。
[8] 同上，第 164 頁。
[9] 同上，第 165 頁。
[10]《羅振玉王國維往來書信》，第 166 頁。
[11] 同上，第 172 頁。

[12] 同上，第 167 頁。

[13] 同上，第 169 頁。

[14] 同上，第 180 頁。

[15] 《羅振玉王國維往來書信》，第 221 頁。

[16] 張爾田著：《史微》，上海書店出版社，2010 年版，第 185 頁。

[17] 《王國維年譜長編》，第 187 頁。

[18] 參見郭泮溪：《淞社文人互贈詩作留史痕》，《半島都市報》，2008 年 12 月 4 日。

[19] 《沈曾植年譜長編》，第 408 頁。

[20] 《羅振玉王國維往來書信》，第 225 頁。

[21] 同上，第 227 頁。

[22] 同上，第 228 頁。

[23] 《羅振玉王國維往來書信》，第 229 頁。

[24] 同上，第 223 頁。

[25] 《羅振玉王國維往來書信》，第 223 頁。

[26] 同上，第 231 頁。

[27] 同上，第 234 頁。

第九章 遺老與張勳復辟

▍第一節 沈曾植的蠢蠢欲動

　　一九一七年一月初，張勳與北方各省軍閥聯合舉行第三次「徐州會議」，復辟運動悄然興起，王國維致羅振玉信說：「浙事漸定，徐州會議又開，以後北派勢力當增長，此自然之勢也。」[1] 應該說王國維非常具有預見性。參與張勳復辟中有一人與王國維往來密切，便是沈曾植。

　　沈曾植在近代史上聲名不顯，以至於為人所淡忘，最為直接的原因，在於其述而不作。更重要的則在於，曾經參與張勳復辟，成為他一生最大的汙點。羅振玉之長孫羅繼祖有云：「沈懶不著書，現所見到的只是一毛片甲。祖父中年和沈在上海南洋公學有一度共事之雅，晚年共歷滄桑，沉瀣一氣。」[2] 雖然其言帶有進步史觀的餘味，但還是可見羅繼祖對於沈曾植的不以為然。

　　遺老遺少對於張勳復辟，自然倍加關注。王國維在一九一七年二月六日的書信中，描繪了沈曾植的急切心情：「乙（沈曾植）因久不得北信，慮事中變，分途致書東海（徐世昌），勸以速決，而時局又稍變，本計在趁議會再攻匹之際，徐出而代之，然現議會自知不為天下所右，已降心以迎匹，匹得此遂晏然無退志，故第一著已不甚易。此種事皆在梁某入都之後，而北方內幕更施何策，此間均不能知，故乙意氣頗沮。至於先之以子夏，申之以冉有，乙意亦不謂然。至於依賴根性，乙恐亦終不能脫盡，此與我輩所見大異者也（乙謂自力實他力而後動，此語頗不可解）。士衡入洛，不知作何文章，若此事遂如此消滅，他不必言，諸人將何以對素耶？」[3]

　　羅振玉回信告知王國維日本方面的情況，言及日本已經表態對復辟絕不干涉，但是囑咐張勳「善自為之」。[4] 王國維收到此信的同一日，致書羅振玉又談到了沈曾植：「遜老前日情形亦正著急，已自致書孺子（徐世昌），又令對山（康有為）作書，並和周少樸書，獻以玉玦，不知有效與否？」[5]

　　王國維的書信中，詳細記載了張勳復辟全過程。其重要性，不言而喻。王國維在一九一七年二月十六日致羅振玉的信中，描述了中國國內政治的情

況：「今日各界沒頭於對德交涉，乃有協約國諸使之勸告，將來又種一禍根，而徐、汪諸人亦在其中，尤為可異。彭城不發一言，不知於意云何？聞潛樓至津，對山於元旦致書促北，而其使者至上元尚未到，不知果何意也？」[6]

王國維對於張勳復辟的觀望態度，由此可見一斑。眾所周知，「府院之爭」乃是張勳復辟得以展開的重要原因。一九一六年袁世凱稱帝失敗後，黎元洪成為大總統，但實權掌握在國務院總理段祺瑞手中，而黎段之間在「參戰」問題上發生矛盾，段祺瑞主張對德宣戰，黎元洪與國會則堅決反對。張勳因為德國支持他的復辟主張，反對對德宣戰，但他對黎元洪又不抱好感。所以偽裝成黎段之間的調解人，同時積極為復辟做準備。

王國維在一九一七年二月十九日致羅振玉的函中，再次描述了沈曾植對於時局的熱烈關切，同時提到了康有為與沈曾植的再次爭吵：「乙言素是日到，而於素極多不滿，蓋由用蒙之說為之。然此說恐不可信，蓋有人交構其間也。乙（沈曾植）於時局大有絕望之念，謂梁已預備為第二任總統，此語良然，又大罵徐東海，謂非徒梁之乾兒，乃其親兒也。但不知黃樓（張勳）近來意思如何耳？」[7]

王國維進而評論道：「北系作事全與志士無異，可知芝蘭不生糞壤也。某素寡夢，此次頗覺有酣意，豈知黃粱未炊而先醒耶！然此夢後此必常現，只須於黃樓鍥而不捨，此事在對山與潛夫（劉廷琛）矣。潛聞至津，恐尚未返。」[8]

其中沈曾植的憂心如焚，乃至於在王國維面前的不無失態，破口大罵，都昭顯了其對於張勳復辟急不可待的心態。當年的上海遺老群聚名流，其中試圖復辟甚至希望民國覆亡之人雖然有之，但卻不能構成大多數，而沈曾植乃是復辟派中的領袖人物。王國維與沈曾植於上海私交甚篤，自然對於復辟之事有所耳聞或是有所心動，王國維信中所言「豈知黃粱未炊而先醒耶」，乃是對於復辟之事忽生變故的悲嘆，這其間對於復辟的態度，一目瞭然。

第二節 羅振玉眼中的康有為

這期間羅振玉在日本，對張勳復辟也有所觀察，尤其是復辟遺老東渡尋求日本支持，羅振玉瞭然於心。康有為當時祕密前往日本，與羅振玉有過會晤，羅振玉後來追憶此事，給王國維寫了一封信，通篇談的都是康有為日本之行的成果：「素公適過此，留寒齋夜話。此次交涉，圓滿之至，適如我輩之所望。」日本方面保證對張勳復辟絕不加以干涉：「觀槿對素言，揭明宗旨，絕不干涉，且言此間方針，視將來兩者強弱，孰強則孰與。此與弟等素料吻合。」[9]

羅振玉還談到日本前後兩任首相對於復辟態度之差異：「新令尹所異於舊令尹者，新令尹實行袖手旁觀，不加左右袒（然二者之中，寧偏於袒宗，素公此行，能見當道，而岑欲見，則謝之，且素在東京旅館之費，由彼任之，此其明證也），俟強弱既形，而定方針。舊令尹則宗革皆納交，而煽亂於其間（此所不同也。然皆不出弟等所素料）。故誠能利用此機，則功成指顧。惜諸奴之濡滯不決耳。」[10]

羅振玉繼而請康有為勸張勳早日行動，對康有為的崇敬溢於言表：「弟勸素告黃樓以機不可失，如黃樓仍不決，素可向黃樓借兵自發，以此激之，或有萬一之動機耳。此次又與素邕談，此公實能虛心受益，於弟言無所違，非真堅僻不可化者，深可崇敬。」[11]

羅振玉還言及當時遺老對於張勳的勸說：「渠此次到滬，擬拉合肥說黃樓，合肥若不往，則迅赴青島，仍托潛樓往，不知潛樓今尚在弱方否？素又言潛樓數事，此人見事甚明，絕非昔比，進步之速，亦甚可敬。故弟意，可與謀者，仍素與潛耳。乙老較能變通，而障礙不能盡去，蓋不免因智生障，幸天事甚高，不久旋悟，然轉不如素之能盡言與之談判，為易明也。尊意如何？」[12]

羅振玉還為復辟出謀劃策，可見其立場：「素到滬，想公尚能遇之。弟意素仍以迅返青，由潛與黃樓接洽尤妥（公幸為素言之）。因李雖為智囊，恐前後有不相貫串處。前黃樓屢招李，李未一往也。」[13]

羅振玉後來認為：「乙絕望於素，乃意氣之過。其實素用蒙之說，意未始不可移也。弟勸以借力於黃樓，渠大謂然，即暗移其用蒙之策耳。此意請通知乙老。素心地光明，如白日有時為浮雲所蔽，不可因浮雲而怨白日。」[14] 羅振玉繼而對沈曾植進行了一番點評：「乙因素無心開罪於庸夫，故必為庸夫所構。此君終非善人，乙老信之，恐受禍更過於弟昔日之接漸去吳也。」[15]

後來到了復辟前夕，羅振玉寫信給王國維：「聽榜之事，仍無佳耗，意黃樓隱忍蓄機，未必竟違初衷。此間報章載，黃樓已揭穿宗旨，不知滬上新聞如何？鄙意尚不應遽作悲觀也。」[16] 羅振玉顯然受到了康有為的影響，對復辟太過樂觀。

而後復辟事起，局勢越來越緊張，羅振玉此刻才如夢方醒：「乃聞有托東鄰作調人之說，引虎自衛，以後事事受人干涉，甚或南北從此遂為兩截，分裂之禍，不成於袁世凱時代而成於今日，豈不可痛哭流涕長太息乎？乙老諸人，依賴以成性根。往者以弟為偏，乃以不狂為狂，弟逆料其必致今日之事也。天乎人乎！且此刻抗命者僅段一人，敗段甚易，段敗而觀望者皆革心矣。不求之己，而授人以柄自戕，尚何言耶，尚何言耶！」[17]

第三節 王國維的憂心如焚

王國維對於復辟，雖未親身參與，但是一心嚮往之。一九一六年的四月下旬，對於復辟尚不見任何風吹草動的王國維致書羅振玉責怪張勳「至今未見其一話一言，殆持老氏之見乎」，到了八月，王國維心情為之一振，因其風聞張勳「聯合諸校，自為祭酒，亦時勢使然」。至一九一七年的二月，在致羅振玉的書信中感慨復辟「黃粱夢碎」，由其對於復辟之起伏不定的感嘆，可以觀照出其於整個事件中的心態。

王國維二月二十三日致羅振玉信，對張勳復辟已經有所覺察：「大樹（馮國璋）入都，外間頗有扶正之謠，觀現數日政局皆在新會手中，或徑行去年所主政策，但不知與匹關係如何。今日在遞座見某小將（不知其姓張抑章也），乃黃樓（指張勳）之人，即往返為潛作道地者，聞其語黃樓事，覺黃非無心肝者，亦尚有布置，唯魄力似不如外間所言之大耳。城北已入洹中，

第三節 王國維的憂心如焚

以後恐與新會共運命。振綺亦入此潮流，潛至津招振綺而不赴，蓋已不能自拔矣。素邀李同赴彭城，而李拒之。」[18] 王國維還談到了中國國內政爭與列強之間的關係：「此次外交潮流與英美有益，恐方朔外雖贊成，心必不甘，遜頗思研究此事也。」[19]

羅振玉和王國維隨後的信件中，還就復辟的某些細節做了資訊上的交流，三月初，段祺瑞辭去國務總理一職，王國維致信羅振玉談及此事：「段辭職，黎邱恐不能安於其位，聞乙言，北洋武人頗有欲藉此掃蕩一切者，對山意亦動。而乙則主張持重，以現在外交棘手，不願代人受惡名，所謂此亦一說也。」[20]

羅振玉後來給王國維回信，談及局勢的緊張：「君到滬晤乙老，歸來又增罵東儒之材料矣。加入事，恐更進一步，則必動天下之兵，四次革命之事，恐在彈指間。念之憤然。蒼生之禍，何時可弭耶？」[21]

時隔不久，時局再次發生轉變，王國維致羅振玉信中說：「今晨晤耄翁，知黃樓一局已大有進步，曼倩（代指日本）亦相敦促，以期另造成一世界潮流，乃為自保計，未必遽懷野意。曼意欲於二十日內為之，以轉移內潮，故耄近日心緒又甚活潑。後日掌櫃聞屬對山。耄本擬函公，屬先奉聞。」[22]

時隔二十日，段祺瑞在北京召開各省督軍會議，密謀復辟的張勛參加了會議，王國維致羅振玉信中說：「北京開軍事會議，張勛因東海之招亦往與會，不知此事與議加入外，別有關係否？段內閣屢見破綻，恐將瓦解。聞躍躍欲試者為李經義，不知究竟如何？把晤不遠，余俟面陳。」[23]

王國維在信的結尾，還補寫了幾段，談到拜會沈曾植的情況以及局勢的變幻：「（沈曾植）云三日內不聞他語，云潛樓前自彭來書，頗抱樂觀。北鎮桃徐祖張，已聯為一，匹遂為寡人。北人歡迎善化，善必不允，故歸對山，次則對山南亦同意。大樹因回祿之災，失貲鉅萬，聞大火時，煙土之氣，腥聞於天，又焚去交通鈔四百萬，前此野心乃稍熄。據箇中人觀察，謂可不勞而就。佃某又赴彭敦促，蓋欲以新潮流灌輸世界。不知內情究竟如何？」[24] 王國維還談到聽聞康有為得到錢款欲來上海，岑春煊又有組閣的消息等等。[25]

97

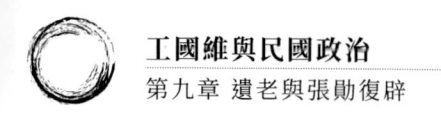

第四節 張勛復辟中的王國維

六月六日乃是張勛率兵進京的前一日，王國維在致羅振玉的信中說：「此次北方事變不能樂觀，公前書言繼起正自有人，自是定論。然繼起者標榜新幟，恐較前人更為可畏也。但願橫渠能（原缺）耳，則較穩健耳。」[26] 時隔半月，王國維又寫信給羅振玉，信中言及沈曾植對於復辟一事的看法：「今晨往海日樓（沈曾植在上海之寓所），主人言此次黃樓北行，宗旨本甚堅定，乃中途為某（某即某君所稱為龍陽君者）所誤，遂爾中變。潛樓已與告絕，而萬某（萬繩栻，張勛復辟時授內閣大臣）留之，謂尚非絕望，故尚留在北。素存已翩然返矣。惟對山尚樂觀，不知究如何也。」[27]

值得注意的是，雖然王國維與沈曾植一樣熱中於光復清室，但在表達方面，一者重言而一者重行。其中的玄機，難以使人認清。這可以認為是王國維天性懦弱，一貫不善於從事社交活動，更惶論親身參與復辟。或許是深知王國維為人之品性，沈曾植在參與復辟的最為重要的一步上，沒有將王國維帶上。在王國維致羅振玉的書函中，這一歷史性的時刻被記錄了下來：「十一日往訪寐叟，其家人云已於初八日赴蘇，詢其何日返滬，則云尚有耽擱。詢其與何人同行，則云朱某（其人乃常奔走於康沈之間者）。而今日報紙載對山已到京，或此老亦向北行耶？蘇游之說自不可信。以此觀之，或尚有聽榜之日耶？近日報紙於橫渠事所記甚略，或暗中有動作乎？」[28]

王國維的記述清晰地向世人表明，七月一日張勛擁戴溥儀在北京復辟，六月三十日王國維函告羅振玉其在六月二十九日拜訪沈曾植不遇的情況。據王國維的分析，沈曾植顯然已經應詔北上，參與張勛復辟，其家人所謊稱的赴蘇州遊玩，顯然缺乏可信度。據此，王國維得出了沈曾植北上參與復辟的結論。值得注意的是，王國維並沒有就此表露其態度，其中的原因，或是源於當時局勢的緊張和戒嚴的開始，七月十四日其在致羅振玉的信中寫道：「前日所寄書，因滬上業經戒嚴，檢查郵信，故無多言，時局恐已於東報中悉之。」[29] 王國維的小心謹慎，由此可見一斑。

七月一日張勛在進京半月後，公然宣布復辟。次日王國維致信羅振玉：「閱報後知榜已揭曉，但未得其詳。報載對山於初九抵京，有沈某、王某同

行，而不言其名，則乙老實與對山同行矣。此間報紙所載寥寥，東報當更詳，然不能盡其內容則一也。維初六晨晤乙老，尚不言及北行。報言對山之行，係黃樓所招，當信然也。東方通信社電云黃樓為首揆，亦事理所必然也。」[30]

局勢很快發生變化，段祺瑞以討逆軍總司令名義討伐張勳，響應者雲集。王國維在致羅振玉的信說：「此間局勢近日始明，後事如何，尚難預睹。大約北方反對者為段祺瑞，惟李長泰馬廠之師從之，此軍在津浦道上，或發生戰事亦未可知。南方則馮之態度，今日報紙始有表示。彼依據約法，欲自為大總統，而滬上黨人與海軍反對極力，欲迎黎南下，在上海立政府，二者之間必生內訌。滬與浙均受馮意，聲言北伐。然其兵（楊之一部）乃由寧南下，駐江浙間，其意可知。段於北方舊勢力早悉為王士珍所有，王張合一，段恐不能為祟。南方則武人與黨人共事，後必有冰炭。恐將來全局之定，不以干戈而以策略，此亦近來一習慣也。滬上報紙狂熱不可形容，而兩粵卻尚未有真切表示，大約黨人、武夫之形，名雖攜手，而其相戒備，乃較防敵為甚。馮雖移檄北伐，而禁止招兵與粵東同，事可知矣。海上人心浮動，以後便擬簡出，恐招意外之侮辱也。」[31]

王國維隨後補寫道：「今日情勢大變，北軍多已應段，戰爭即將起於京津間，張軍中斷，結果恐不可言。」並為赴北京參與復辟的康有為、沈曾植、勞乃宣、劉廷琛諸人擔心說：「北行諸老恐只有一死謝國。曲江之哀，猿鶴沙蟲之痛，傷哉……不忍再書矣。」[32]

註釋

[1] 《羅振玉王國維往來書信》，第 231 頁。
[2] 參見《沈曾植康有為參與丁巳復辟》。
[3] 《羅振玉王國維往來書信》，第 232 頁。
[4] 同上，第 232 頁。
[5] 同上，第 233 頁。
[6] 《羅振玉王國維往來書信》，第 236 頁。
[7] 同上，第 237 頁。

[8] 同上，第 237 頁。

[9] 《羅振玉王國維往來書信》，第 235 頁。

[10] 《羅振玉王國維往來書信》，第 235 頁。

[11] 同上，第 235 頁。

[12] 同上，第 235 頁。

[13] 《羅振玉王國維往來書信》，第 235 頁。

[14] 同上，第 238 頁。

[15] 同上，第 238～239 頁。

[16] 同上，第 263 頁。

[17] 同上，第 269 頁。

[18] 《羅振玉王國維往來書信》，第 239 頁。

[19] 同上，第 239 頁。

[20] 《羅振玉王國維往來書信》，第 244 頁。

[21] 同上，第 251 頁。

[22] 同上，第 253～254 頁。

[23] 同上，第 260 頁。

[24] 《羅振玉王國維往來書信》，第 260 頁。

[25] 同上，第 261 頁。

[26] 同上，第 262 頁。

[27] 《羅振玉王國維往來書信》，第 262 頁。

[28] 同上，第 264～265 頁。

[29] 《羅振玉王國維往來書信》，第 270 頁。

[30] 同上，第 265 頁。

[31] 《羅振玉王國維往來書信》，第 267～268 頁。

[32] 同上，第 268 頁。

第十章 復辟之後

第一節 面對殘局

張勳復辟失敗後，王國維致羅振玉信說：「此次之變，段、馮、梁三人實為元惡，馮思為總統，段則欲乘此機以恢復其已失之勢力，梁為幕中畫策之人。然其結果已可逆睹，首則必為國會與馮、段之爭，而國會與民黨必敗；繼則為馮、段之爭，為軍人與進步黨之爭，此種局面不能支持一年，可預決也。」[1]

王國維繼而感慨：「人心險詐，乃至天理盡絕。黃樓微日通電見於報中，托君美持上，可以知此次真像。蓋事前均有按約，臨時並不通知，此二語足以盡之。末日即在今明。乘輿尚可無事。此次負責及受職諸公，如再然南歸，真所謂不值一文錢矣。諸公中以橫渠為最可惜，素公、玉老當能不忘久要，寐叟於前日已有傳其南歸者，此恐不確也。止庵乃無心肝，竟有電辨明心跡，甘與犬羊為伍，豈不痛哉！」[2] 王國維進而安慰羅振玉：「公病新愈，尚期自寬，因此後尚有種種責任，不可為無益之傷感也。」[3]

而王國維對於張勳復辟後的時局，亦有頗多洞見之語。令人感慨的是，王國維在張勳復辟失敗之後，居然流露出了輕生之念，在一九一七年七月十七日致羅振玉的信中，情緒低沉，甚至一度談到了自盡：「惟永所惓惓者，不在公前恙之未去，而慮連日外界惡耗，甚不與公體相宜，祈自寬假為荷……報紙記北方情形，惟在軍事一面，而寐叟等蹤跡均不一一紀，唯一紀陳、伊二師傅，一投繯，一赴水，不知信否？黃樓赴荷使署，報言系西人迎之，殆信。又言其志在必死，甚詳，此恰公道，三百年來乃得此人，庶足飾此歷史。餘人亦無從得消息。此等均須為之表彰，否則天理人道均絕矣。」[4]

王國維隨後寫道：「此次取巧之人，自以為得意，然實無利益可言。馮覬正位，而仍不敢行；黎衛隊有變，仍往奔使館。段之總理，則黨人已證明其偽造黎命，雲南已發電鳴其罪，進步黨人欲加入段閣，然亦逡巡不敢。浙江岌岌，畏內變猝發，他省恐不可免。試問此種結果，何一非自取之？徐世

王國維與民國政治
第十章 復辟之後

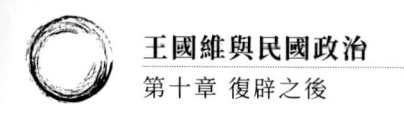

昌入京,外間有總統之說,亦非無因。生民之禍,不知何底耳。北征諸公,報上不載一字,不知究竟如何。」[5]

隨後王國維又有一信致羅振玉,信中提及中國國內局勢:「報載南北決裂,而於過去之事甚略。存中諸君消息,均不可知。橫渠不踐小節,亦未始非福也。」[6] 時隔半月又談到:「前日聞蜀叟與楚少已歸,寐叟尚留京,又有移寓津沽之說。敬公訪之確未歸。有人見蜀叟述橫渠事,與公述玉牒言相同。」[7] 存中諸君代指沈曾植等參與復辟諸人,而蜀叟代指康有為,楚少疑指遺老陳毅,玉牒則借指清宗室寶熙。[8]

八月底,王國維在致羅振玉的信中談及遺老的最新動向:「抗父前日來談,氣色復佳,甚可喜也。遜翁處仍無消息,緯公與君美想已到矣。前日與抗談,謂橫渠事若成,則一切凶人皆聲名俱泰,乃無天道,自今以後可知不顧一切而自以為巧者,乃天下之至拙。不身受此報,固不能悟也。」[9] 時隔四日,又寫信給羅振玉說:「實齋聞已返滬,遜老秋後可到,聞修志之脩亦照送,天下事固有不可解者,非我輩所能料也。」[10]

與王國維在滬上對於遺老的關心與讚譽不同,羅振玉隨後在回信中,談及繆荃孫和出仕民國的董康,評價極低:「積余亦為人所啖,繆種則不足言。弟年來甚薄廣川,以為全無心肝。然此人不過無心肝而止,繆種則遠在廣川之下矣。公以擬中將,殆其倫乎?為之浩嘆!」[11]

第二節 《遊仙》存哀思

王國維在這一年八月十八日寫給羅振玉的信中曾經言及近作《遊仙》一首,詩云:「如蓋青天倚杵低,方流玉水旋成泥。五山峙海根無著,七聖同車路總迷。員嶠自沉窮發北,若華還在鄧林西。含生總作微禽化,玄鶴飛鴉自不齊。」[12] 陳永正認為,此詩用典極多,加上張勳復辟失敗的背景,恐怕王國維乃是有感而發。[13]

詩中「如蓋青天倚杵低,方流玉水旋成泥」,寫天地巨變,很明顯的指涉張勳復辟的失敗。而「五山峙海根無著,七聖同車路總迷」則更有深意,

寫的則是參與復辟的康有為、沈曾植諸人。「員嶠自沉窮發北，若華還在鄧林西」，寫的是夸父逐日的故事，指涉張勳復辟的功虧一簣，而最後一句「含生總作微禽化，玄鶴飛鴞自不齊」，指的則是參與復辟的諸位遺老的結局。[14]

王國維對張勳復辟失敗之後的政局非常不滿意，他在一九一八年初寫給羅振玉的信中大發牢騷：「永居上海二年，於此間社會情形乃稍詳悉，無論公私，皆腐敗顛頇至無可言。如吳下曹君者，蔣孟平延之校書，乃終年未有一字。編《通志》者亦大半如是……至於政局，則係此種腐敗局面之放大而又極端者。不知我羲黃之子孫、周孔之後裔，乃有此現象。然若在二十年前，則堯香所見此等人，當有彭剛直、沈文肅者處以極刑矣。現在竊鉤竊國，同一無罪，此後不為安南、高麗人不可得矣。」[15]

而王國維此種牢騷，在他參加浙江桐鄉人沈絃的喪禮上，表現得尤其明顯。他寫了兩幅輓聯，一幅自作，一幅是代羅振玉作，代羅振玉所作的輓聯中寫道：「問君胡不歸，赤縣竟無乾淨土；斯人宜有後，丹心喜見鳳皇雛。」王國維自撰的輓聯寫道：「壯志竟何為，遺著銷煙，萬歲千秋同寂寞；音書淒久斷，舊詞在篋，歸遲春早意纏綿。」[16]

第三節 寄寓殷周之際

張勳復辟失敗後，日本漢學家、京都大學教授小川琢治博士來上海，見到王國維，勸王國維剪掉辮子，王國維極為不快，致信羅振玉說：「小川博士過滬見訪一次，永以不出未能往答，因告以不出之由，彼云：『此甚不便，何不去此障礙物？』殊可笑也。」[17]

或許是此事的刺激，王國維寫下了《殷周制度論》。此文頗有淵源，他在致羅振玉信中說：「前日擬作《續三代地理小記》，既而動筆，思想又變，改論周制與殷制異同：一、嫡庶之制；二、宗法與服術（此二者因嫡庶之制而生）；三、分封子弟之制；四、定天子諸侯君臣之分；五、婚姻姓氏之制；六、廟制。此六者，皆至周而始有定制，皆至周之所以治天下之術，而其本原則在德治。」[18] 此可以看作其寫《殷周制度論》的起始。

時隔一週,王國維寫成《殷周制度論》,致信羅振玉說:「《殷周制度論》至今日始脫稿,約得二十紙。此文根據《尚書》《禮經》與卜辭立說。惟近久不為名理之文,故尚嫌未能暢發,且存此以待後日修補耳。」[19] 又言:「《殷周制度論》於今日寫定。其大意謂周改商制一出於尊尊之統者為嫡庶之制,其由是孳生有三:一、宗法,二、服術,三、為人後之制。與是相關者二:一、分封子弟之制,二、君天子臣諸侯之制。其出於親親之統者,曰廟制。其出於尊賢之統者,曰天子諸侯世,而天子諸侯之卿大夫皆不世之制(此殆與殷制同)。又同姓不婚之制,自為一條,周世一切典禮皆由此制度出,而一切制度典禮皆所以納天子諸侯卿大夫士庶人於道德,而合之以成一道德之團體。」[20]

王國維在信的最後,指出此文的真實意圖:「政治上之理想,殆未有尚於此者。文凡十九頁,此文於考據之中,寓經世之意,可幾亭林先生。惟文字未能修飾盡善耳。」[21] 可見此文的寫作,與張勳復辟的失敗,多少存在著聯繫。

《殷周制度論》對於殷周之際中國政治文化之變革作出細心考察,指出「中國政治與文化之變革,莫不劇於殷周之際」的歷史事實。王國維指出「特如商之繼統法,以弟及為主,而以子繼輔之,無弟然後傳子」,終於導致中丁以後的動亂,到了周代,鑑於商代的歷史教訓,遂由周公訂立舍弟傳子之法。

王國維寫出《殷周制度論》除卻其學術上的日漸精進之外,對於國家前途命運的關切或許也是此文的深刻寓意。作為目睹中國數十年來動亂的親身經歷者,王國維深知國家長治久安的重要性,他認為社會不安定源於紛爭,而解決紛爭最直接的辦法就是建立秩序,王國維由此對於周公建制大加褒揚。王國維雖然史識極深,但於西方政治文明之精要,茫茫然不知其所以然。而他所醉心的周公建制,以德治為中心,欲求國家之長治久安,恐怕也存在頗多問題。

王汎森認為,王國維的《殷周制度論》影響深遠,如傅斯年的《夷夏東西說》便很明顯受到了王國維的影響。王汎森進而指出,傅斯年的《夷夏東

西說》，不只批判性地運用文獻，而且隨處以新出土之甲骨作為證據，論證相當細密。傅斯年這一篇文字的思想源頭是多方面的，有人認為他可能是受了哥廷根大學漢學家哈隆（Gustav Haloun）的影響，但王汎森傾向於認為傅斯年原有一些東、西二分的模糊看法，而王國維的《殷周制度論》深刻化他原先的觀點。[22]

第四節 心期上古

或許正是對於時局的不滿，王國維在寫完《殷周制度論》之後，並沒有在上古史這一領域停止腳步，接著寫下了《兩周金石文韻讀》和《漢書藝文志舉例後序》。[23] 而早在此前，他的《殷卜辭中所見先公先王考》、《殷卜辭中所見先公先王續考》也陸續完稿，王國維這一年的研究構成了一條完整的學術鏈。

王國維在寫《兩周金石文韻讀》時，曾經給羅振玉一封信，信中說：「近日寫《兩周金石文韻讀》以充九月報稿。《禮經記篇目考》或《戴記考》不能遽成，材料已抄撮及半，此書成或需兩卷也。」[24] 隨後王國維在《兩周金石文韻讀》的序言中說：「余比年讀諸家韻書，竊嘆言韻至王、江二氏，殆毫髮『無遺憾』。惟音分陰陽二類，當從戴、孔。而陽類有平無上去入，當從段氏。前哲所言，固已包舉靡遺，因不復有所論述。惟前哲言韻皆以《詩》三百篇為主，余更搜周世韻語，見於金石刻者，得數十篇。中有杞、鄫、許、邾，徐、楚諸國之文，出商魯二《頌》及十五《國風》之外。其時亦上起宗周，下迄戰國，亙五六百年。然其用韻，與三百篇無乎不合，故即王、江二家部目譜而讀之。雖金石文字用韻無多，不足以見古韻之全，然足證近世古韻學之精密，自其可征者言之，其符合固已如斯矣！」[25]

而《漢書藝文志舉例後序》也是這一時期王國維學術方面的代表作，此文乃是王國維應友人孫德謙之邀為其著作《漢書藝文志舉例》所寫的序言，序言中說：「丁巳秋，益庵復出所撰《漢書藝文志舉例》，索予一言，余謂益庵之書精矣，密矣，其示後人以史法者備矣……竊嘆世之善讀書者，殆未有過於益庵者也。顧曩讀《漢志》，有未達者數事，今略舉之……此三疑者，

第十章 復辟之後

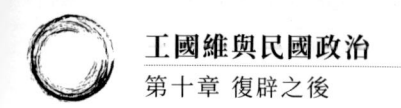

蓋久蓄於余心，求之此書所舉例中，亦未得其說，既讀此書，爰舉以相質，以益庵之善於讀書，必有以發千載之覆也。」[26]

郭沫若雖然對王國維曾有暗襲之處，但是對王國維依然給予極高的評價，他曾經指出：「卜辭的研究要感謝王國維，是他首先由卜辭中把殷代的先公先王剔發了出來，使《史記殷本紀》和《帝王世紀》等書所傳的殷代王統得到了物證，並且改正了它們的訛傳。如上甲之次為匚乙、匚丙、匚丁，而非報丁、報乙、報丙，主壬、主癸本作示壬、示癸，中宗乃祖乙而非大戊，庚丁乃康丁之訛，大丁以文丁為是，均抉發了三千年來所久被埋沒的祕密。我們要說殷虛的發現是新史學的開端，王國維的業績是新史學的開山，那樣評價是不算過分的。」[27]

註釋

[1] 《羅振玉王國維往來書信》，第 270～271 頁。

[2] 《羅振玉王國維往來書信》，第 270～271 頁。

[3] 同上，第 271 頁。

[4] 同上，第 271～272 頁。

[5] 同上，第 272 頁。

[6] 《羅振玉王國維往來書信》，第 273 頁。

[7] 同上，第 279 頁。

[8] 同上，第 273～279 頁。

[9] 同上，第 285 頁。

[10] 同上，第 286 頁。

[11] 《羅振玉王國維往來書信》，第 287 頁。

[12] 《王國維詩詞箋注》，第 246 頁。

[13] 同上，第 247 頁。

[14] 同上，第 247～249 頁。

[15] 《羅振玉王國維往來書信》，第 323 頁。

[16] 同上，第 360 頁。

[17] 同上，第 286 頁。

[18] 《羅振玉王國維往來書信》，第 288 頁。

[19] 同上，第 289 頁。

[20] 同上，第 290 頁。

[21] 同上，第 290 頁。

[22] 王汎森著：《中國近代學術與思想的譜系》，河北教育出版社，2001 年版，第 264 ～ 265 頁。

[23] 《王國維年譜長編》，第 218 ～ 223 頁。

[24] 《王國維全集》第十五卷，第 344 頁。

[25] 《王國維年譜長編》，第 223 頁。

[26] 同上，第 224 頁。

[27] 郭沫若著：《十批判書》，東方出版社，1996 年版，第 4 頁。

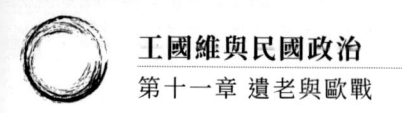

第十一章 遺老與歐戰

第十一章 遺老與歐戰

第一節 王國維的預言

　　一九一七年第一次世界大戰爆發，王國維同樣對此有所觀察和評論。時羅振玉受邀前往歐洲鑑賞文物，羅振玉邀請王國維同往，但是因為一戰爆發而終止。羅振玉後來回憶：「予在海東，公先歸國，英法學者斯坦因、沙畹諸博士，邀予遊歐洲列邦，予請公同往，將治任矣，而巴爾幹戰事起，予告公行期將待戰後。公覆書言，歐洲近歲，科學已造其極，人欲亦與之競進，此次戰事，實為西政爆裂之時，意歲月必久長，公此行或不果邪？」[1]

　　王國維在一九二四年上溥儀的奏摺中，再次論證了歐戰之後歐洲意識形態的破產：「原西說之所以風靡一世者，以其國家之富強也。然自歐戰以後，歐洲諸強國情見勢絀，道德墮落，本業衰微，貨幣低降，物價騰湧，工資之爭鬥日烈，危險之思想日多。」[2] 王國維口中的危險思想，指的便是共產主義。

　　王國維繼而對歐洲之於中國的「文化侵略」大加撻伐，可見遺老立場的日趨堅定：「中國此十二年中，紀綱掃地，爭奪相仍，財政窮蹙，國幾不國者，其源亦半出於此。臣嘗求其故，蓋有二焉。西人以權利為天賦，以富強為國是，以競爭為當然，以進取為能事，是故扶其奇技淫巧，以肆其豪強兼併，更無知止知足之心，浸成不奪不饜之勢。於是國與國相爭，上與下相爭，貧與富相爭，凡昔之所以致富強者，今適為其自斃之具。此皆由貪之一字誤之也。西說之害根於心術者一也。」[3]

　　王國維在一九一七年三月，曾經寫下《海上送日本內藤博士》一詩，長久以來論者以為此詩以論文入詩，詞語艱澀，學究氣太濃，誠非佳構。[4] 王國維在此詩的起首標註：「湖南先生北遊赤縣，自齊魯南來，訪余海上，出贈唐寫古文《尚書》殘卷景本，賦詩志謝，並送其北行。」[5] 因此絕不能將此詩看作交遊詩予以忽略。

與此詩相類似的是王國維寫於一九一二年的《送日本狩野博士遊歐洲》，當時狩野直喜遊歷歐洲尋訪敦煌遺物，王國維以此詩勸勉狩野在歐洲學有所成，並在寫給鈴木虎雄的信中言及此詩：「惟詩中語意，於貴國政治前途頗有隱憂。」[6] 時隔五年又寫下《海上送日本內藤博士》，顯然會讓人想起當年寫給狩野的詩，而「於貴國政治前途頗有隱憂」一語，也必然會聯繫到歐戰中日本的抉擇，因此此詩中的諸多「中國元素」，恐怕是事出有因。

王國維在詩中寫道：「南下彭城過梁楚，飆輪直邸黃歇浦，回車陋巷叩蓬戶。」寫的是內藤湖南的行程。「送君西行極漢滸，遊目洞庭見娥女。北轅易水修且阻，困民之國因殷土。」[7] 詩中的「困民之國」，恐怕有王國維本人的政治立場在內。「君今渡河絕漳滏，眼見殷民常鬷假，歸去便將闕史補。明歲尋君道山府，如瓜大棗儻乞與，我所思兮衡漳渚。」意即您如今渡過黃河，橫越漳水滏水，會親眼看到殷地的人民穿著殷代的禮服，回到日本後便可把有缺漏的歷史填補。[8] 這其中中國文化本位的立場，再清楚不過。

第二節 沈曾植與羅振玉的激辯

辜鴻銘晚年追憶沈曾植，曾經有一段頗為生動的描述，當時俄國哲學家赫爾曼·凱塞林伯爵來中國，辜鴻銘介紹沈曾植與其認識，辜鴻銘在《碩儒沈子培先生行略》中將凱塞林伯爵的旅行日記摘錄出來，其中凱塞林對沈曾植讚不絕口：「余今竟得如願以償見沈先生也矣。余在北京時，每與諸華友談論歐洲事，余常從旁證其謬誤，彼輩必相顧而言曰：沈子培先生告我等亦如是，然我等以為沈先生學問雖深博，而對於歐洲文明所見恐未免膚淺也。因是余始知沈先生未嘗實地考察，而所言所知能如此正確，其人必非庸碌者流可知也。」[9]

當時沈曾植與羅振玉之間有一場激辯，羅振玉描述了自己之於歐戰的看法，與王國維的看法高度吻合，但是與沈曾植的看法卻頗有迥異之處：「後數月，予返滬上，沈乙庵尚書觴於海日樓，語及歐戰，予以公語對。尚書曰，然此戰後，歐洲必且有大變，戰勝之國，或將益擴大其國家主義，意謂德且

勝也，予曰否，此戰將為國家主義及社會主義激爭之結果，戰後恐無勝利國，或暴民專制將覆國家主義而代之，或且波及中國。尚書意不謂然。」[10]

由王國維對於歐戰的預見，直至羅振玉對於戰後世界格局的預測，這一帶有相承意味的歷史預言，顯然由王國維發其肇始。即便是沈曾植這樣對天下大勢瞭然於胸的舊學鴻儒，對於歐洲政局方面亦是不甚明瞭，甚至說出德國勝出的歷史笑話，可反襯出王國維的過人之處。

後世學人在論及王國維的政治態度時，往往以簡單的激進與保守之分或是治學之方向將其歸類為保守派，殊不知這位看似思想「落後」的舊式學人，實際上心懷天下。張蔭麟若干年後追憶王國維，感慨王氏眼光的獨到：「先生之治學方法，視並世諸家，有一特具之優長，即歷史眼光之敏銳是也。」[11] 而羅振玉雖然與王國維在相交後期不無意氣之爭，但在對於王國維的評價方面，無疑獨具慧眼，乃是知己之言：「世人獨驚公之學，而不知公之達識，固未足以知公，而公重節行，不知公乃知仁兼盡，亦知公有未盡也。」[12]

而羅振玉與王國維之間的交往，亦多次談到歐戰：「渠研究加盟事，此甚有研究之價值。此邦於我加盟事，原有兩派，其實無定見，因彼對英對德，從違恐有大轉紐，非於我無一定方針。我於此時以各貨加稅事與列國相商，愚不可及，微論不能得快諾，即得快諾，亦不過虛名少實。況以後德國方面尚不知如何乎？群盲謀動，可哀可憚。」[13]

羅振玉對中國參戰與美國之關係有著深刻的洞察：「此次加入問題，由於為美之牛後（此舉已甚卑劣，蓋欲與美通財。其實美人放債主義，固無論加入不加入，但觀我之當道根本之安固否。我安固則放債，不安固則不放債。今不於安固是謀，而為此姑妄主義，可痛可嗤）。今美德之交且無斷絕之勢矣，群盲乃尚營營不已，可為捧腹。公謂如何？請與乙言其理。」[14]

▎第三節 辜鴻銘的批評

歐戰爆發前夕，素來好出驚人之語的辜鴻銘則旗幟鮮明地反對中國參戰。當時的日本希望攫取德國在山東的侵略權益，所以反對中國參戰，而西方列

111

第十一章 遺老與歐戰

強則希望中國參戰,以緩解戰爭壓力。中國國內經過黎元洪與段祺瑞的政爭,最終由段祺瑞決定中國參戰。[15] 當時英國記者辛博森在《京報》上寫文章陳述參戰利害,竭力促使中國參戰,辜鴻銘寫文章對此提出批評:「近者中國對於德國潛水艇無限制攻擊之通告有抗議,使專為尊重人道起見,出於忠告之誠心,誠不失為義舉。而北京《京報》新聞記者辛博森氏輒欲中國加入協約國戰團,侈陳種種利害,以相勸誘。辛博森氏為英人,其用意自別有在。而中國策士者流,乃亦深信其說,亟圖利用此謀為冒險投機之事業,則蒙竊有惑焉。」[16]

辜鴻銘接下來分析了國際形勢,指出中國參戰毫無道理:「我與德邦交素睦,初無深仇夙怨,又無航行西方之商船足以受德潛艇之攻擊,顧動於戰後之利,受協約國之勸告,遽加入戰團,與之為敵,使戰禍益延長而不可遏,征以君子之道,得為武乎?今人動言國際法,不復知有君子之道。然在英國遊戲規則中,其義尚有存焉者。」[17] 言辭中已經將君子之道看作終結戰爭的不二法門。

辜鴻銘接著追憶昔日往事,感慨中國參戰的越俎代庖與出師無名:「憶昔在蘇格蘭公學時,其校中遊戲規則,凡合眾力而搏一童者,雖是童在校中為至頑劣,勝之亦不武。英童所視為不武者,辛博森氏轉稱為雄舉,不已左乎?西人動欲教我以國際法,不知中國自孔子以來自有真實切用之國際法在。其言曰:『以禮讓為國。』又曰:『遠人不服,則修文德以來之。』又曰:『師出必以名。』今我出師抗德,其名安在?規利以崇仇,附眾以敵寡,揆諸禮讓之道,修文德之義,當乎不當?若徒徇西人之所謂國際法,則中國固無力足以判德之是非而加之罰,徒為協約國所牽率投入漩渦。此後無厭之要求,應擔之責任,皆無可逃免。稍或不慎,越俎代庖者立至,恐歐戰未畢,而我已不國矣!」[18]

辜鴻銘在參戰之爭甚囂塵上的時候,明確表示反對參戰:「今者歐洲列國傾竭人民之脂膏,糜爛人民之血肉,以爭勝於疆場者,只此競利之心相摩相蕩,遂釀成千古未有之戰禍。迨至精疲力盡,兩敗俱傷,飽受夫創巨痛深之苦,而追溯其恃強逞忿之私,必有大悔其初心之誤用者。中國兵備不充,

軍氣不振，無可諱言。即使勵精圖強，極意整頓，俾陸海皆有用武之實力，必非旦夕所能期。然則目前所恃以禦侮而救亡者，獨有以德服人之一理而已。我誠採用戈登將軍之言，事事蹈義而行，不為利誘，不為威怵，確守其中立不倚之道。對於列強無所左右於其間，則可謂君子之國矣。」[19]

辜鴻銘還指出歐戰之不義，提出以中國君子之道以救世界文明：「列強以競利之故，互相吞噬，窮極其殘暴不仁之武力。而環顧世界中猶有一國焉，其人口四百兆，獨能以君子之道自處，而並欲以君子之道待人，未有不內愧於心而敬之重之者。夫至敬之重之，而又從而侮之，此為事理之所必無，可斷言也。中國禦侮救亡之道，舍此豈有他哉！美人阿姆遜之言曰：『尚武者，吾見其必敗。以仁義為械者，足令世界相觀相感而遷於善。』今日黷武窮兵之禍，歐人親受之痛苦，不啻自塗其腦，自剝其膚，蓋已有廢之不及者。吾誠善用阿姆遜之良械，仁以愛人，義以斷事，發揮而光大之，庸詎不足使世界改惡遷善，而息爭解紛耶？吾故曰：當茲有史以來最危亂之世，中國能修明君子之道，見利而思義，非特足以自救，且足以救世界之文明。」[20]

第四節 鄭孝胥與梁啟超的反應

歐戰爆發，鄭孝胥全程都有關注，並在日記中留下了大量的記載。一九一四年七月二十九日之日記中記載：「報言，塞已發炮擊奧，〈奧〉遷都避之。英集各國公使欲和解之，德未答。」[21] 時隔七日，又在日記中寫道：「竟日歐洲無來電，西人皆惶惶，知英德海軍在北海決戰。」[22]

一九一七年四月二十日《鄭孝胥日記》中記載：「俄奧媾和，日本報紙頗研究此事。」[23] 時隔四日，又在日記中記載：「言聞俄德已停戰。日本總選舉已畢，政府黨多五十一票，內閣已鞏固。」[24]

圍繞中國是否參戰，段祺瑞和黎元洪紛爭不已。鄭孝胥在五月十二日日記中記載：「政府以宣戰案交國會，懼其反對，集無賴數千人，稱公民請願，圍議院、毆議員以脅之。國民黨甚憤，進步黨則助政府，亂甚亟。」鄭孝胥繼而聽友人丁衡甫言「北京或有異舉」。[25] 鄭孝胥不愧為老謀深算之輩，立即看出時局之中隱藏的玄機：「西人皆言：『張勳入京，必議復辟。』余曰：

王國維與民國政治

第十一章 遺老與歐戰

彼等以爭權樹黨之際，借復辟為擋箭牌耳。適成為加入宣戰之口實。復辟則皇室甚危，此曹真堪千斬萬段也。」[26]

後來歐戰三週年之際，鄭孝胥在《神州日報》上看到《歐戰三年之統計》一文，便將其剪貼在日記中，此文記載了歐戰的若干大事，並統計了相關數據。[27] 可見鄭孝胥對於歐戰之關心。當時鄭孝胥還看到美國柏來士的《日本在中國之勢力》一書，前面有留美哈佛大學學生會序言，文中有「日本挑成中國之內亂」之說，鄭孝胥大加抨擊：「實則中國亂臣賊子自甘以國與人，日本不足怪也。使中國有良政府，亦何足怪也。」[28]

與鄭孝胥之於歐戰的關心相似，梁啟超也同樣關心，就是否參戰問題，曾經接受英國記者採訪，並表示：「總統對德問題意見猶疑，迭次更變，最後則主保中立，段氏因向總理聲明內閣負責之說，而總統亦不為之動……事雖至此，然絕非無希望，使總統信任閣員，用其政策，大局必無何種之阽危，現國會至少有五分之四贊成中德絕交，而後繼之以宣戰，北京有九大政團，幾全體一致加入。勢既如此，總統雖不許，亦不可得。」[29]

梁啟超同時還身體力行，親自在歐戰之後與蔣百里、丁文江等人遊歷歐洲，儘管其當時已經嘔血，身體狀況大不如前，但是依然寫下了《中國國際關係之改造》一文，為國是呼籲。[30] 並在此期間寫下了《歐遊心影錄》，得出了歐洲文明即將崩潰的結論。這一點倒是與王國維頗為相似。

張朋園先生曾指出，梁啟超遊歷歐洲，對於中國國內知識界影響甚大，民國十二年所爆發的「科學與人生觀」的論戰，便是梁啟超遊歷歐洲之後發其肇始。梁啟超將歐戰的爆發歸結於只圖物質享受和互相競爭，而這一觀點深刻影響了隨他一起遊歷歐洲的弟子張君勱，張君勱的「人生觀」演講，其間便有很濃重的梁啟超的影響。[31]

註釋

[1] 《王國維年譜長編》，第 515 頁。

[2] 《王國維年譜長編》，第 517 頁。

[3] 同上，第 517 頁。

[4] 《王國維詩詞箋注》，第 250 頁。

[5] 同上，第 250 頁。

[6] 同上，第 150 頁。

[7] 《王國維詩詞箋注》，第 256 頁。

[8] 同上，第 258 頁。

[9] 《沈曾植年譜長編》，第 366 頁。

[10] 《王國維年譜長編》，第 515 頁。

[11] 張蔭麟著：《素痴集》，百花洲文藝出版社，2005 年版，第 196 頁。

[12] 《王國維年譜長編》，第 516 頁。

[13] 《羅振玉王國維往來書信》，第 242 頁。

[14] 同上，第 242～243 頁。

[15] 孔慶茂著：《辜鴻銘評傳》下冊，百花洲文藝出版社，2010 年版，第 163 頁。

[16] 黃興濤編：《辜鴻銘文集》下冊，海南出版社，1996 年版，第 227 頁。

[17] 同上，第 228 頁。

[18] 《辜鴻銘文集》下冊，第 228 頁。

[19] 同上，第 229 頁。

[20] 《辜鴻銘文集》下冊，第 229～230 頁。

[21] 《鄭孝胥日記》第三冊，第 1524 頁。

[22] 同上，第 1525 頁。

[23] 同上，第 1658 頁。

[24] 《鄭孝胥日記》第三冊，第 1658 頁。

[25] 同上，第 1661 頁。

[26] 同上，第 1662 頁。

[27] 同上，第 1676 頁。

[28] 同上，第 1682～1684 頁。

[29] 丁文江、趙豐田編：《梁啟超年譜長編》，上海人民出版社，2009 年版，第 561 頁。

[30] 同上，第 561 頁。

[31] 張朋園著：《梁啟超與民國政治》，吉林出版集團，2007 年版，第 153～160 頁。

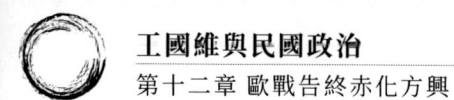

第十二章 歐戰告終赤化方興

第十二章 歐戰告終赤化方興

第一節 歐戰與赤化

　　一九一七年歐戰即將結束，俄國革命爆發，共產主義第一次由理想變成了現實，引起了歐戰列強的極大恐慌，中國亦不例外，只是反應稍顯遲鈍。在一九一九年，北洋政府督辦邊防事務處駐滿聯絡員王興文曾有密電傳至北洋政府，電文聲稱：「昨奉藤井師長面告：現過激派主義傳染甚速甚烈，聞有阻留歐俄之華工萬人，已悉附激黨，由列寧政府出款五千萬盧布，畀此華人，使潛回國內鼓吹社會主義。日前沙河子煤礦已發見此等華工三名，當即逮捕。日軍對此極為注意，尚望中國亦嚴加阻範，於蒙古、新疆各邊界尤宜注意，勿任傳播，害及東亞，實為至盼。」[1]

　　隨後不久，曾經擔任吉林督軍的鮑貴卿電告國務院以及參戰處等部門，信中亦曾提到俄國布爾什維克收買中國勞工諸事，言辭激烈：「現在過激派主義傳染甚速，聞在歐俄之華工萬餘人不能歸國，因受過激派之運動，已悉數加入該派，並由列寧政府提出五千萬盧布，付與華工，令其潛行回國鼓吹過激派主義，以使世界益臻紊亂。日前沙河子煤礦已發現華工三名，確受過激派之傳染，由西伯利亞歸來者，現在該處大肆鼓吹，幸發現尚早，未成巨患，特請貴國對於新疆及各邊省應特別警戒。東亞幸甚！並我軍隊對於此事亦非常注意。」[2]

　　俄國革命的成功，象徵著工農革命這一口號不再是空想。工農革命對於現政權的威脅，政府早有提防。維金斯基來華，中國共產黨已經成立，北洋政府顯然對此有所反應。督辦邊防事務處曾經發布過查禁上海組織中華全國農工聯合會的訓令，訓令的發布者便是段祺瑞，訓令稱：「十二月三十日，探聞美國過激派來滬，聯絡中國工黨首領及全國工界協進會主任陳家鼎、于亞龍並孫文等，在法租界貝勒路原總會地址組織農工聯合會，其宗旨以社會共產主義為目的。一俟組織完全後，即擴充為全國農工聯合會，以厚其勢力。茲將該會擬定草章一併報告前來，除飭該營嚴密偵查外，理合將該會草章開

第十二章 歐戰告終赤化方興

列於左,密報鑑核等情,暨抄錄該會擬定草章到部。查過激主義實為召亂之媒,亟應嚴密查禁,以消隱患。除分行外,相應抄錄該會草章,咨請查照,飭屬嚴禁等因。」[3]

訓令還附錄了一份《中華全國農工聯合會草章》,草章稱中華全國農工聯合會以農工為直接統治機關,中央及地方之權力,皆以農工聯合會掌之。中華農工聯合會以民族自由結合為基礎,合全國平民自由團體而成一聯邦。宗旨為防止人類剝削人類,與夫社會中階級之區分,且為施行社會主義之組織,與夫確定各國中社會主義之勝利。[4]

內務部同時也對革命的東來頗感憂慮,在致江蘇督軍、省長、淞滬護軍使關於查禁蘇俄「過激黨人」來華活動的電文中稱:「俄過激黨員來滬,聯絡工界協進會主任陳家鼎、曹子祥等,曾假法界貝勒路全國工商聯合會集議,議定辦法。一、各縣遍設工商聯合會及農工聯合會,以厚勢力。一、各省組織農工商演講團,赴各村鎮演說平民自由主義。一、先從西南各省實行。一、暫假上海各農工商團體為總辦事處。等情。應請查禁等語。事關激黨構煽圖亂,自應切實查禁,請查照辦理等因。除分行外,特電請查照,飭屬認真辦理。」[5]

盧永祥隨後覆電,對查明的相關情況進行了通報,電文聲稱:「先後據探報:俄激黨近因其勢力已達於西伯利亞及海參崴、雙城子等處,與中國接壤,亟欲傳播其主義於中國內地,以期擴張勢力,特由該黨首領保的保夫派其黨徒羅薩諾夫等二十餘名,挾帶巨款來滬,意圖設法聯絡本埠農工商學各界及各軍隊,聞已與全國各界聯合會代表陳家鼎、姚作賓、曹亞伯、許德衡等接洽,於本月一日假法界義和裡全國學生聯合會開祕密會議一次,民黨要人孫伯蘭、戴天仇等均到會,共同議定在上海組織總機關,以立基礎而通聲氣;並刊印鼓吹過激主義之書報,暗行散布,使一般人均洞悉過激主義之精神及共產之利益;一面分派黨徒赴天津、濟南、漢口、南京、廈門、杭州等處,與各該地農工商學各界聯絡,籌設各分會,散發印刷品,組織演講團,務期全國人民一致進行。等情。業經密令軍警一體注意查禁,並責成各軍隊

官長，對於所部士兵務須隨時認真查察，以杜煽惑；一面商請租界捕房協助偵查矣。」[6]

而從長遠來看，此事不僅關係內政，對於外交亦有深刻影響。外交部內務總長曾發公函給外交部稱：「關於俄過激黨在滬傳播過激主義一事，準四月二十八日函稱，等因。當經本部派員詳告法使，請其注意。該使允即電致駐滬法領查詢。除得復再達外，相應函覆貴部查照。」[7]

這些電文和函件封封言辭急切，加上收到美國《芝加哥憲報》訪員亨德的說帖，國務院最後發布了一封電文，聲稱：「頃接美國《芝加哥憲報》訪員亨德關於防止過激主義說帖一件，內稱：為中國計，欲防止過激主義之鼓吹，首在監察與中國人民有特別關係之俄人，禁止過激主義之書籍，監視東清路界內之華工，其中國人曾服務激黨而回國者，因其接近國人較易，尤須嚴為約束。等語。查所陳不為無見，堪備採擇，特電查照，希即飭屬嚴密防範為要。」[8]

外交部等部門隨後緊急行動，查禁蘇俄代表在上海等地宣傳「過激主義」的活動，相關的公函稱：「關於俄過激黨在滬傳播過激主義一事，業於五月五日函達在案。茲准英館稱：據駐滬英領報告：上海有俄人組織機關，運動宣播廣義主義，並有華人附和等因。除由本部電達上海特派員密查外，相應函達貴部查照，希轉達該處地方官設法嚴重取締為荷。」[9]

關於赤化、過激主義的問題，徐世昌在軍中的心腹王懷慶上書請制定取締「過激黨人」專條公函，函中聲稱：「自俄國擾亂以來，社會無政府共產主義傳播中土，過激潮流方興未艾，而首都重地竟有散布刷印傳單書冊等件，任意煽惑勞工，主張共產，反抗政府，邪說橫行，其禍甚於洪水猛獸，外省地方亦多有此項文字鼓吹。查社會無政府主義原係歐洲一種不良學說，各國政府以其有礙國家政治進行，均嚴加防範，以遏亂萌，俄之紛擾，足為殷鑑。」[10]

王懷慶進而指出：「中國邊境與俄毗連，於是此種謬說乘機流傳，當此時局蜩螗，中原多故，南則干戈擾攘，禍亂迭乘，北則五省旱荒，饑民遍野，深恐黨人利用機會，擾亂治安，蒿目時艱，杞憂易極。此等越軌言論，本屬

內亂罪範圍,自可援用刑律條文,惟事關國家安危,又未可與普通犯罪同日而語,非議訂專條,從嚴懲辦,恐不足以資制止。查民國初元,各省土匪蜂起,刑律懲罰未足示儆,袁前大總統特頒懲治盜匪法,治亂世用重典,故不數月而萑苻斂跡,過激黨人之言行,雖不能以盜匪相衡,而宗旨悖逆,危害國家,則有甚於盜匪之行為。擬請飭下院部議訂懲治過激黨人專條,並將為該黨印刷運送之人一併擬定懲治附條,提交國務會議,一俟通過,請以教令頒布,俾便各省一體遵守,而保公安。」[11]

第二節 羅振玉的憂慮

歐戰結束之後的一九一九年,羅振玉啟程回國,日本友人設宴為之送行,席間犬養毅對羅振玉言:「公居此邦,平日但言學術,不及政治。今垂別,破例一言可乎?」羅振玉謙虛道:「辱承下問,敢不以對?」隨後斷言:「今歐戰告終,赤化遽興,此平日不謀均安之效也。此禍或且延及東方,願貴邦柄政諸公幸早留意。」犬養毅對此大不以為然,認為「此雖當慮,但東方素無此等思想,似不至波及」。羅振玉隨後言及:「歐洲開化遲,今日所謂新思想,在中國則已成過去。不但曾有此思想,且實行實驗,蓋試而不能行,故久廢也。即如今日蘇俄所倡產業國有及無階級政治,中國固早已行之,而早滅矣。」犬養毅對羅振玉的回答頗感震驚。[12]

羅振玉隨後解釋道:「井田之制,非產業國有乎?阡陌開,而井田廢矣。《孟子》言『貉之為國,無君臣、上下、百官有司』,非無產階級政治乎?此等政治僅見於《孟子》書中,不見他載籍。蓋至孟子時,廢且久矣。竊謂今日為國,不謀均安而騖富強,則蘇俄其前車也。」犬養毅對此表示贊同。羅振玉晚年追憶此次會面,不禁悲從中來:「今去予返國甫逾十年,而東方少年思想日異,予當日所慮者,乃不幸而中矣。」[13]

有趣的是,王國維後來也將共產主義比喻為井田制,顯示了王國維與羅振玉的高度契合。王國維在一九二四年上溥儀的奏摺中痛陳:「井田之法,口分之制,皆屢試而不能行,或行而不能久。西人則以為不足,於是有社會主義焉、有共產主義焉,然此均產之事,將使國人共均之乎?抑委託少數人

使均之乎？均產以後，將合全國之人而管理之乎？抑委託少數人使代理之乎？由前之說則萬萬無此理；由後之說，則不均之事俄頃即見矣。」[14]

林志宏指出，返抵國門後的羅振玉，由於某些因緣和機遇，在二十年代初，曾經由遺老升允私下的介紹，兩度前往青島、旅順，會見當時流亡的白俄軍事首領謝米諾夫，還有拍照留存紀念。謝米諾夫向來主張君主立憲制，經常活動出沒於東亞地區，圖謀恢復沙皇帝制，羅振玉之所以會風塵僕僕趕來面晤謝米諾夫，當中意態頗值注意。除了有恢復中俄兩國帝制做為共同信念外，防止赤化恐怕亦是無法忽略的理由之一。[15] 這一趨向顯示了遺老之於歐戰之後赤化加劇的恐慌和憂慮。

羅振玉之孫羅繼祖也曾經提及羅振玉會見謝米諾夫之事：「祖父己未、庚申兩年間幾次前往青島、旅順都是為了會見謝，曾經拍照留念。」[16] 羅繼祖繼而提到：「祖父素來對軍閥不抱幻想，而對謝卻寄有很大希望，以為他是沙俄遺黎，和謝的下屬如多布端（漢名包文淵）、王式等人都有聯繫。」[17]

第三節 溥儀的「反赤復國」

晚年經歷過思想改造的溥儀曾經如此回憶謝米諾夫：「謝米諾夫是沙俄的一個將軍，被蘇聯紅軍在遠東擊潰以後，率殘部逃到中國滿蒙邊境一帶，打家劫舍，姦淫燒殺，無惡不作。這批土匪隊伍一度曾想侵入蒙古人民共和國，被擊潰後，想在中蒙邊境建立根據地，又遭到中國當地軍隊的掃蕩。到一九二七年，實際上成了人數不多的股匪。這期間，謝米諾夫本人往來於京、津、滬、旅順以及香港、日本等地，向中國軍閥和外國政客活動，尋找主顧，終於因為貨色不行，變成了純粹的招搖撞騙。」[18]

據溥儀回憶，謝米諾夫起先乃是由升允和羅振玉向溥儀推薦，由於陳寶琛的反對，自己沒有見他。後來鄭孝胥經羅振玉的介紹，和謝會了面，認為謝是大可使用的「客卿」人才，鄭孝胥向溥儀吹噓了一通，主張不妨先把謝介紹給張宗昌認識，當時正是溥儀對張宗昌抱著希望的時候，因此同意了鄭孝胥的辦法。在鄭孝胥的直接活動下，張宗昌接受了謝米諾夫提供的外國軍火，擴大了白俄軍隊，後來張、謝之間還訂了一項《中俄討赤軍事協定》。[19]

經過鄭孝胥的慫恿，一九二五年溥儀曾經在張園和謝米諾夫會面，溥儀當時很滿意這次談話，相信了謝米諾夫的「犯難舉事、反赤復國」的事業必能實現，並且給了謝米諾夫五萬元以助其行，後來鄭孝胥、謝米諾夫、畢瀚章、劉鳳池等人在一起照了相結成盟兄弟，表示一致矢忠清室。[20]

溥儀回憶，那時正是繼十四國進軍蘇聯失敗，世界上又一次出現大規模反蘇反共高潮之時，溥儀記得謝米諾夫和鄭孝胥曾經和他談起過，英美日各國決定以謝米諾夫作為反蘇的急先鋒，要用軍火、財力支持謝米諾夫，「俄國皇室」對謝米諾夫正抱著很大希望，皇室代表曾與鄭孝胥有過來往。溥儀回憶，當時謝米諾夫和多布端準備使用他們在滿蒙的黨羽和軍隊，奪取滿蒙地區建立起「反赤」根據地，由溥儀在那裡就位統治，這或許就是偽「滿洲國」構想的最初由來。[21]

為了供應謝米諾夫活動費，溥儀專門為謝米諾夫立了一個銀行存摺，由鄭孝胥經手，隨時給他支用。謝米諾夫曾經表示，他本來並不需要溥儀供給他活動費，因為他將要得到白俄僑民捐助的一億八千萬盧布，以後還會有美英日各國的財政支援。但是，這些錢一時還拿不到手，故此先用一點溥儀的錢。後來他屢次因為「錢沒到手」，總是找鄭孝胥支錢，而每次用錢都有一套動人的用途。[22]

溥儀記得曾經有一次謝米諾夫說，日本駐津司令官高田豐樹給他聯絡好了張作霖，他急待去奉天商討大計，一時沒有川資；又一次說，蘇聯的駐滬領事奉上級命令找了他，為了取得妥協，表示願把遠東某個地區給他成立自治區，他因此需要一筆路費，以便動身到東京研究這件事。謝米諾夫究竟拿去了多少錢，溥儀已經無法計算，只記得直到「九一八」事變前兩三個月，還要去了八百元。[23]

第四節 小朝廷內部的分歧

在謝米諾夫和溥儀來往期間，出現了不少的中間聯絡人物。其中有個叫王式，乃是謝米諾夫的部下，此人自稱和日本要人及中國軍閥均有密切關係，溥儀從他嘴裡最常聽到的是這幾句話：「這是最緊要的關頭」，「這是最後

第四節 小朝廷內部的分歧

的機會」,「此真千載一時之機,萬不可失」,「機不可失,時不再來」等等,總是把溥儀說得心眼裡發癢。[24]

王式曾經上書溥儀,奏摺中提及謝米諾夫在滬上與其相見,彼此以至誠相感,而訂互助之口約,始終不渝。尤其到了 1929 年春末,謝米諾夫始獲得蘇俄擾亂滿蒙及朝鮮日本的確據,向王氏出示。王式進而聲稱:「日本此刻才有所覺悟,毅然決然為其(謝米諾夫)招募朝鮮子弟八千人,一切餉糈器械,悉已完備,更欲為其招募俄國白黨萬餘人,現散處於滿蒙一帶者,其餉糈器械等等亦已籌備。」[25]

王式亦稱當時已經獲得列強支持:「英國人首先與蘇俄絕交,同時表示願以香港匯豐銀行所存八千萬元,俟調查實在即予提取,故特電英國政府派遣參謀部某官至奉天,候其同往察看。法意二國亦有同情均願加入;美國則願先助美金五百萬元,後再接濟,共同在滿蒙組織萬國反赤義勇團,推其為盟主,共滅赤俄。」[26]

隨後王式認為:「今聞臣張宗昌已歸順朝廷,曾遣臣金卓至大連,訂期面商,加入團中,兩月之間成軍可必,成軍之後即取東三省,迎鑾登極,或俟赤俄削平,再登大寶。所擬如此,不敢擅專,囑臣請旨遵行。臣又同日臣田野豐雲,彼國政府慮赤禍蔓延將遍中國,中國共和以來亂益滋甚,知中國必不能無君,張學良勾結南京偽政府,必不能保三省治安,必不能為中國之主,故朝野一致力助謝米諾夫,使謝米諾夫力助皇上,光復舊物,戡定大亂,共享承平。」[27]

據溥儀回憶,王式寫這幾個奏摺的日期,正是鄭孝胥不在張園的時候,由於陳寶琛、胡嗣瑗這一派人的阻攔,他不僅進不了張園,並且遇到了最激烈的攻擊。攻擊王式最激烈的是胡嗣瑗,因為凡是有人要見溥儀或上書,必先經胡嗣瑗過濾一下,胡嗣瑗最反對溥儀和鄭、羅等人接觸。他看見了王式的摺子,就給溥儀逐條分析王式和謝介石等的言行前後矛盾之處,指出這純粹是一場騙局。加上陳寶琛也很不滿意鄭孝胥和這些人的來往,溥儀被他們說動了心,決定不理這個王式和謝米諾夫的任何代表,可是鄭孝胥一回到天津,經他三說兩說,溥儀又信了他的話,又拿出了錢供客卿們花用。[28]

123

溥儀記得後來鄭孝胥還推薦過一個叫阿克第的奧國人和一個叫羅斯的英國人。阿克第是奧國從前的貴族,在天津奧國租界工部局任過職,據他自稱在歐洲很有地位,可以為溥儀在歐洲展開活動,取得復辟的聲援。因此溥儀派他做顧問,叫他到歐洲去活動,並且一次支給了這位客卿半年俸金一千八百元。羅斯是個記者,說要復辟必得有報,要溥儀拿兩萬元給他辦報。溥儀給了他三千元,後來以《誠報》為名出版,可是沒幾天就關了門。溥儀晚年追憶這些事,感慨當時不少人只要是拿著「聯絡軍人、擁護復辟」這張「門票」,便可走進張園。溥儀指出,特別是從一九二六年起,一批批的光桿司令和失意政客湧進了租界,溥儀的門客更是有增無減。[29] 而一九二六年,恰恰是王國維所言「赤化之禍,旦夕不測」、「聯俄聯共」與北伐轟轟烈烈得以展開的年份,小朝廷的悲劇,由此註定。

註釋

[1] 中國第二歷史檔案館史料編輯部編:《五四愛國運動檔案資料》,中國社會科學出版社,1980 年版,第 613 頁。

[2]《五四愛國運動檔案資料》,第 613〜614 頁。

[3] 同上,第 616 頁。

[4]《五四愛國運動檔案資料》,第 616〜617 頁。

[5] 同上,第 618 頁。

[6]《五四愛國運動檔案資料》,第 618〜619 頁。

[7] 同上,第 620 頁。

[8]《五四愛國運動檔案資料》,第 620 頁。

[9] 同上,第 621 頁。

[10] 同上,第 623 頁。

[11]《五四愛國運動檔案資料》,第 624 頁。

[12]《雪堂自述》,第 46 頁。

[13]《雪堂自述》,第 46 頁。

[14]《王國維年譜長編》,第 518 頁。

[15]《民國乃敵國也——政治文化轉型下的清遺民》,第 312 頁。

[16] 《庭聞憶略》，第 71 頁。

[17] 同上，第 91 頁。

[18] 溥儀著：《我的前半生》，中華書局，1977 年版，第 221 頁。

[19] 《我的前半生》，第 221 頁。

[20] 同上，第 221 頁。

[21] 同上，第 222 頁。

[22] 《我的前半生》，第 222 頁。

[23] 同上，第 222 頁。

[24] 《我的前半生》，第 222 頁。

[25] 同上，第 223 頁。

[26] 同上，第 223 頁。

[27] 《我的前半生》，第 223 頁。

[28] 同上，第 225 頁。

[29] 《我的前半生》，第 226～228 頁。

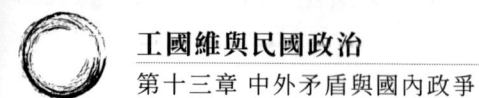

第十三章 中外矛盾與國內政爭

第十三章 中外矛盾與國內政爭

第一節 內政與外交

　　一九一八年是一個敏感的年份，夾在十月革命與五四運動之間，羅志田注意到了一九一八年的特殊性，曾經指出，當時第一次世界大戰以協約國戰勝而結束，中國雖號稱參戰，其實只派出一些勞工，卻因此而成了戰勝國，頗有些喜從天降的感覺。[1]

　　羅志田進而指出，曾因鼓吹參戰而被政敵詬罵的梁啟超並不特別分享這「熙如春釀」的陶醉狀態，反而相當精闢地指出這一次「普天同慶的祝賀」，不過是「因為我們的敵國德意志打敗仗」，換言之，敵國被他人打敗未必即中國真正戰勝，與之相反的則是當時的北大學生許德珩晚年還記得那時「公理戰勝強權」等口號「激動了每一個青年的心弦，以為中國就這樣便宜的翻身了」。[2]

　　從當時的中國國內政局來看，正是相對平穩的時期，張勳復辟失敗之後，遺老的復辟圖謀也相對收斂，羅振玉王國維也知道復辟的可能極為渺茫，書信往來中提及復辟之後的政局，也只能空發感慨，而羅振玉因與沈曾植的來往函件銳減，對此極為在意，同時也請王國維提防內藤湖南，因為內藤湖南乃是日本密使。[3]這一定程度上也可以折射出當時時局平靜背後的波濤暗湧。

　　羅振玉對當時的國際形勢亦有觀察：「羅刹（代指俄國）戰事消息甚惡，巴黎亦有欲和之說。」[4]這年年底王國維寫信給羅振玉，談及尚存一絲希望的復辟：「夢事果係泡影，不出吾輩所料。然此後爭端方烈，恐湖南博士所謂業已定者，亦未必然耳。」[5]羅振玉隨後覆信，亦談及歐戰和復辟：「閱此間報章，俄德和約想不日可成，草間之夢，必俟歐戰了時乃熟，不知彼夢夢者盲動之結果如何？」[6]

　　此類的討論，依然在書信中延續，十二月八日羅振玉寫給王國維的信中談及日本友人田中慶太郎對歐戰的議論：「昨田中慶君來此，言中島君（端

近著一書,論歐洲戰局,痛斥英美諸國所謂人道主義者名是實非,又言美國謀東方甚急,不如日德俄三國單獨講和,諸厄自解。當道禁其書不許流行(此為外交之故),而陰為其說所動。然則後藤主義當復活矣。」[7]

羅振玉對歐戰的關心依然如故:「歐戰似已將就畢,今德軍全集西部,英人果受重懲,或即天心悔禍之日乎?」[8] 王國維對此深表贊同,但更為關心俄國革命之動向:「羅刹分裂,殆不復國,恐隨其後者尚有數國,始知今日滅國新法在先破其統一之物,不統一則然後可惟我所為。至統一既破之後,欲恢復前此之統一,則千難萬難矣。」[9]

王國維對於俄國革命的關心,最終演變為對布爾什維克的憂懼:「俄德過激黨事,英法俱有戒心,恐日本亦未必不然。然至今不聞諸國有翦除之計。乙老謂威爾遜恐有與德過激黨有密約,故不能致討,理或有之。然對此種人食言而肥有何不可。德利用之以傾俄,終受其禍,乃甘蹈其覆轍而不悟耶!長此以往,則全世界將受其禍。前日致鳳老一書言之,次日又作一函致同鄉之某說以利害事,恐未必有效。如此則大禍不遠矣。魏人之中恐懷此主義者甚多,中國報紙亦復陰贊其說,我生不辰,如何如何!」[10]

後來王國維的信中,依然對此頗為憂慮:「德、俄單獨媾和已成,不知東方此後政策已決定否?俄過激黨之危險,德人似已覺之,不知以後政策何如?德利俄之分,然不願其國傳染此疫也。」[11]

第二節 羅振玉的幻想

在此期間,遺老的復辟活動,實際上依然在暗中進行,王國維在一九一八年初拜會沈曾植,歸來之後將其與沈曾植交談的內容寫信告知羅振玉。沈曾植認為徐世昌的謀略已經成熟,目前以調節龍濟光和陸榮廷之間的關係為要務。鄭孝胥日記中亦記載,沈曾植其實對復辟依然痴心不改,曾經將元代朱玉摹《靈武勸進圖》拿出請鄭孝胥補書題字。[12]

沈曾植這年恰好六十九歲,做九不作十,這一年沈曾植的壽宴相當熱鬧,遺老群集,沈曾植的孫子剛滿月,自然是喜上加喜。王國維也參加了拜壽,

第二節 羅振玉的幻想

楊子勤還專門向鄭孝胥求字祝賀沈曾植的壽誕，鄭孝胥的賀壽聯寫道：「宣南勝流，幽人碩果，海濱遺老，高節白頭。」[13]

羅振玉當時和諸多遺老一樣，依然對復辟存有幻想，在一九一八年初致王國維的信中言：「時局如公之所聞，此間報紙久經喧騰，絕非子虛。惟鄙意，非至勢窮力竭，不能就軌。小兒嘗言三月帝星見。小兒之語往往勝預言家，或將至其時乎？」[14]

羅振玉當時在日本也蠢蠢欲動，希望早日回國，共圖復辟大計，在給王國維的信中自陳：「弟之涉海，忽已六年，首尾則八年矣。初到此間，尚可閉門造述，並略料理生計，今既久處，知此邦之人猶吾大夫，乃有去志。及德俄戰局將告終，此間乃有累卵之勢。中國今為亂邦，彼亦且由安而危，由危入亂（俄之前事是其明證），於是去意日切。」[15]

羅振玉還談及了去年的張勛復辟：「去年之事，弟深恐捲入漩渦，今彌復不及，不能不迴翔審慎。此次之行，乃借放振之名，而覘北方之人心及內幕。若復辟之事已發表，則弟命兒輩返國為謀食之計，弟則徐徐為居北之計，半歲閉門，半歲為訪古之遊。若尚未發表，與此夢不成，則弟於謁陵之時，於梁格莊尋一墓地，為異日葬身之所。」[16]

在此信的結尾，羅振玉感慨：「人生不能無末日，若長此時局，不能歸首淮安，尚得葬身先帝寢宮之旁，可以無憾。一面入京乞一陵差，而以鬻印刷品為食之助，往來京與海東，而仍留家居於東寓。倘夢成，則弟絕不願廁身其中，與噲等為伍也。」[17]

羅振玉對歐戰也有鮮明預見：「本月十七日北京白虹亙天，由西而東北，至南方而滅，鄙意白者金象，殆兵事由歐東漸之兆，滿蒙及海東兵事，殆不可免矣。至南而滅，意兵事至印度而後止乎？現德俄締約，高加索全歸德人，德可由波斯而窺印度，若印度竟借德勢力而獨立，蘇格蘭與英分離，加拿大並於美，或竟獨立。意者尚有天道乎？此雖稱心之談，然一年前之俄人，固金甌無缺，而今日何如焉？」[18]

王國維與民國政治

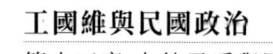

第十三章 中外矛盾與國內政爭

後來徐世昌當選總統，由於徐乃是前清忠臣，加上民國之後和溥儀常有聯繫，這重新燃起了遺老的復辟熱情，羅振玉致王國維信中心潮澎湃，居然主張明目張膽、大張旗鼓地舉行復辟，羅振玉亦和柯劭忞談及復辟的具體細節，比如電詢各派勢力等等，[19] 羅振玉的糊塗，由此可見一斑。

第三節 中國國內政局與國際局勢

羅振玉對於中國國內政局的關心，實際上和其對於國際局勢的觀察同樣細緻入微，一九一七年末，羅振玉在書信中談及康有為向日本謀求支持復辟一事：「今日閱報，知素等向東邦借兵費二百萬元，實行南伐主義。聞阪商某已磋商債事。報又記前段之馬廠軍費，係借三菱百萬元，乃得舉兵。然則大樹外交，仍段不改，而此邦宗旨，亦仍舊不移，雙方皆可謂天下之至愚矣。」羅振玉繼而提到了友人來書，稱今日之時代乃是朱梁時代，他對此深表贊同，繼而指出，現在已經是石晉時代。[20] 可見羅振玉對當時的政局相當不滿。

羅振玉還提到了日本忽然召回日本駐華公使林權助，對此頗為疑惑，加上當時康有為即將去往日本，讓羅振玉更為憂慮，羅振玉認為此時適合靜觀其變。對於段祺瑞極力主張參戰，羅振玉認為此乃自斃之道路，可見羅振玉對於中國參戰問題是抱持反對態度的。[21]

王國維回信中不無深意地談到了沈曾植對其講起坊間傳言中國國內軍事方面的消息，還言之鑿鑿地稱乃是柯劭忞和沈曾植談起，當時柯劭忞正託友人向王國維詢問可否讓其子跟隨王國維學習。[22] 王國維信中所言柯劭忞和沈曾植的談話內容，應該不是毫無根據之言，可見當時遺老之間聯繫的加劇，再次復辟的浪潮已經暗中湧動。王國維還談到當時傳言康有為遠赴西北，並認為康有為此舉毫無意義，可見王國維對於復辟的悲觀。[23]

羅振玉後來還談到了俄、德交涉協定，大為惶恐，連忙致信沈曾植、柯劭忞言及此事。王國維認為如果西方局勢牽涉到了東方局勢，羅振玉應該早做預備。復辟之事不管能否成功，希望徐世昌與德國不至於有所衝突，意即中國以不參戰為宜。[24]

王國維認為歐洲局勢的變動，似乎對東方沒有太大影響，日本政府和政黨都很穩練，應該不至於為無益之爭。但是歐洲報紙極為震動，認為德國和日本都很可怕，一方面慫恿中國出兵，一方面對中國加以限制。但是王國維認為即便日本出兵，也不至於爆發戰爭，中國參戰本來就是對內緩解矛盾，絕對沒有興師動眾之意，總之中國應該看日本的行動採取對策。[25]

當時遺老對於徐世昌即將出任總統歡欣鼓舞，王國維便曾經和沈曾植談及此事：「今日詣寐叟談，知政局將有變，東海將出，乙與南軒接洽，匹則立傍觀地位，各方面已接洽，惟傳單報言安慶有事，此亦野王之一掉尾也。康成之子從百粵歸，言象山意甚佳期，未知可信否？果爾，則將來大局略定，我輩尚得偷安，不致遭兵革之禍也。」[26]

第四節 南北局面的僵持

此一時段王國維與羅振玉書信中所談論的問題除了歐戰、復辟之外，南北權勢的對壘也是重要的內容。一九一八年三月羅振玉在致王國維的信中曾言：「南北之爭，恐且益烈，此尚不足畏，若滬有時疫感冒，則真可畏也。」當時南京也爆發了鼠疫，羅振玉對此頗為憂心。[27]

王國維在回信中談到當時段祺瑞的隱忍不發：「匹於歐戰未結束前，當仍保現實權力，此後變動不知何若，大約其部下有力者，當自圖一安全之法，爾時或有一線光明，其餘皆幻想也。」[28] 羅振玉時遊歷京師，與柯劭忞頗有往來，曾經和柯劭忞言及時局：「渠與黃樓及東海皆莫逆，言黃樓不日可自由，東海無他腸，其詳俟返滬面告矣。」柯劭忞與徐世昌乃是同年，而且私交頗為密切，所以羅振玉相信徐世昌能夠幫助復辟，張勳即將獲得自由，也暗示了遺老之於復辟重新燃起的希望。[29]

由於內政關係著外交，王國維與羅振玉書信中亦談到此，比如羅振玉曾經給王國維寫信言及：「此間外交乃無所聞，而對我則條約已簽字，德人兵力似無變化，惟報章載其將由波斯及土耳其斯坦援印度，將來或成事實，至此則不得不媾和也。」[30]

隨後羅振玉亦提到當時國際局勢的微妙變化：「東約簽字後，留學生陸續返國，不知滬上近日景象如何？閱報知商會拒約，此或出於馮仇段之一策。時局混頓，無有畔岸。德奧重締盟約，且聯合土耳其、波斯而東聯俄，勢力日漲，恐聯合國之聯合，不久將解體。天心厭亂，此其時乎？」[31]

羅振玉對於時局的關切，絕不止步於此，隨後在信中對於復辟大為期許，對社會上的謠言也是無法容忍：「連日此間報紙異聞甚多。如張謀復辟，一也。俄皇流瑞士，二也（此何異放虎？此中消息可味。獨人暗中主持可知）。此間異論，以日支共同動作，為日支同盟之先聲，三也（將來必有俄、德、日、支四國同盟事）。寺內口中，漏言日支同盟四字，四也（獨戰又勝四也）。」[32]

羅振玉隨後亦提到德國軍隊連續勝利，北方政局又有分裂的態勢。[33] 羅振玉和柯劭忞談到北京權貴都傾向於推舉徐世昌為大總統，而徐世昌本人也有確然之志，加上張勳也被證實安然無恙，使得遺老群體更加歡欣鼓舞。[34] 但是王國維回信表示：「時事山窮水盡，然尚未到窮途，必至國會不能成時或有變化。而現在兩派競爭至烈，若一方勢勝，一方必以消極之法抵制之，恐將來結果必出於此，故此時或有戲看耳。」[35]

王國維亦提到陸建章被徐樹錚槍斃，認為此乃歷來未有之事，或者此中別有變化。[36] 王國維所言的變化，不久之後便成為現實。當時羅振玉將勞乃宣給自己的一封信抄給王國維，信中勞乃宣提及康有為的西北之行頗有成效，復辟所需要的乃是等待時機。[37]

羅振玉接連在書信中分析中外政局變化之時，王國維並沒有太多的意見，反倒是這一「變化」的出現，使得王國維論政之熱情大為增長，王國維隨後寫信談到：「北方近派使者入桂，聞與在野某巨公有關，或用柯亭之說耶？然所談何事則不可知，未必能如天下所期望也。」王國維還提到了俄國的近況：「俄事報紙傳說不一，想東方亦無確信，蓋全國分裂為六七，各相祕密故也。」[38]

羅振玉又提到藤田豐八告訴他日本外務省讓鄭孝胥之子鄭垂去廣東辦報，囑咐羅振玉為之留意主筆之人。羅振玉認為此報名為中日親善，其實不過是機關報而已。另外提到了日本對於中國的種種侵略，表示拋開個人與日

第四節 南北局面的僵持

本人的私交不談，本人乃是道道地地的排日黨，[39] 可見其對於甲午海戰以來日本對於中國的欺壓，加上在復辟問題上的搖擺不定，至今耿耿於懷。羅振玉在其後的信中還提及日本出兵參戰導致其國內局勢發生巨變，物價飛漲，暴民四起之事：「日本米價風潮想漸平息，恐此後政府或有變動，當國者或為西園寺歟？此間政局亦殊無可捉摸，所可知者孺子諸人非有臣靡之心，今亦非此機會。」[40] 在分析政局之後，發出了「興也勃焉亡也勿焉」的感慨。

此外，王國維還談到了中國國內政局的變化：「一月以後，南北或暫時統一，維持汴水滔天時代情狀耳。寐叟至近日亦復不甚樂觀，但偶有一二奇論耳。小徐失勢，匹遂無能為，此二人之敗亦天道，而寐於小徐時有愛護希望之詞，不審何故？」[41]

王國維還對於當時國際局勢做出判斷：「歐戰不知何時可了，戰後紐約恐將代倫敦而執天下之牛耳。」當然王國維亦提到了中國國內局勢：「魏人益孤立，丁某狂易之言，或有時而信，如此則太平之世非我輩所及見矣。」[42] 隨後寫信言及：「對山近赴匡廬遊歷，而報紙謂其至京。至於遼張或藉此為恫喝之一術。今日報紙謂，內家深畏此舉，而甚滿意於東海之當選，此語當得其實。頃遼張歸巢，謠言亦當漸息，此際不獨南北互謠，北方諸派中造謠尤甚，即彼士人亦在此漩渦中也。」[43]

註釋

[1] 參見羅志田：《從新文化運動到北伐的文化與政治》，《社會科學研究》，2006年第4期。

[2] 參見《從新文化運動到北伐的文化與政治》。

[3] 《羅振玉王國維往來書信》，第299頁。

[4] 同上，第306頁。

[5] 同上，第310頁。

[6] 同上，第313頁。

[7] 《羅振玉王國維往來書信》，第314頁。

[8] 同上，第317頁。

[9] 同上，第 324 頁。

[10] 同上，第 321～322 頁。

[11] 同上，第 354 頁。

[12]《沈曾植年譜長編》，第 461 頁。

[13] 同上，第 461 頁。

[14]《羅振玉王國維往來書信》，第 351 頁。

[15]《羅振玉王國維往來書信》，第 352 頁。

[16] 同上，第 352 頁。

[17] 同上，第 352 頁。

[18]《羅振玉王國維往來書信》，第 354 頁。

[19] 同上，第 410～417 頁。

[20] 同上，第 318 頁。

[21]《羅振玉王國維往來書信》，第 318 頁。

[22] 同上，第 322～323 頁。

[23] 同上，第 323 頁。

[24] 同上，第 339～341 頁。

[25]《羅振玉王國維往來書信》，第 342 頁。

[26] 同上，第 344 頁。

[27] 同上，第 358～359 頁。

[28] 同上，第 362 頁。

[29]《羅振玉王國維往來書信》，第 366 頁。

[30] 同上，第 368 頁。

[31] 同上，第 368 頁。

[32] 同上，第 371 頁。

[33]《羅振玉王國維往來書信》，第 372 頁。

[34] 同上，第 377 頁。

[35] 同上，第 377～378 頁。

[36] 同上，第 378 頁。

[37] 同上，第 383 頁。

[38] 同上，第 387 頁。

[39] 《羅振玉王國維往來書信》，第 388 頁。
[40] 同上，第 404 頁。
[41] 同上，第 404 頁。
[42] 同上，第 405 頁。
[43] 《羅振玉王國維往來書信》，第 408 頁。

第十四章 遺老與共產主義

第十四章 遺老與共產主義

第一節 晚清士人與俄國

　　有關於清遺老與赤化、共產主義、俄國的話題，學界一向討論較少，但是自晚清以來，士人多數對俄國存在敵視，這與當時的時局有關。一八九六年六月，李鴻章在彼得堡與沙俄簽訂《中俄密約》，沙俄勢力進一步伸入中國東北地區。一八九七年沙俄簽訂條約強占旅順大連。[1]

　　一八九七年十二月七日，王國維父親王乃譽在日記中記載：「靜兒攜借到《時務報》四十五六冊歸家。」由此可見王國維已經極為關心時事，並且傾向新學，「於是棄帖括而不為，論舉業而不就」。而此年十二月，康有為第五次上書光緒帝，陳述亡國之危險。[2]

　　一八九八年，英俄兩國競相借款中國。英俄對中國之虎視眈眈，王國維都極為關注，並對於包括沙俄在內的帝國主義國家，態度大都極為仇視。這也為其日後對於俄國的日益反感，埋下了意味深長的伏筆。

　　王國維在與許默齋的通信中，多次提及沙俄侵略中國一事，對於沙俄的反感躍然紙上：「膠事了後，英俄起而爭借款之事一再，幾至決裂。現聞政府擬兼借兩國之債，或可稍紓日前之禍，總之，如圈牢羊豕，任其隨時宰割而已。」[3]王國維後來在致許默齋的信中又言：「此日英俄各報均言無意於瓜分中國，然俄在吉林邊界之兵日增，又放一頭等鐵艦東來……然俄苟不先發難，想各國也不至先動手也。」又言：「膠事已結，俄法踵起要脅，聞政府許租大連灣，而不許旅順，未識能無事否耳。」[4]

　　王國維在一八九七年前後之於沙俄的厭惡，並非一個單純的個案。實際上早在很久之前，林則徐就已經表達出了對於俄國的反感：「英夷何足深慮，其志不過鴉片及奇巧之物劫取中國錢帛而已！余觀俄國勢力強大，所規劃布置，志實不小。俄夷包我邊疆，南可由滇入，陸路相通，防不勝防，將來必有大患。」林則徐的反俄，在其晚年仍然有所反映：「終為中國患者，其俄羅斯乎？吾老矣，君等當見之。」[5]

第十四章 遺老與共產主義

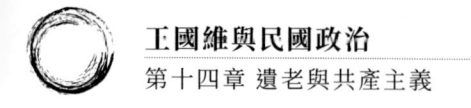

但是如林則徐這樣對俄羅斯反感極為明顯的士大夫，依然只是少數。李鴻章晚年日益親俄，黃遵憲記載道：「公之使俄羅斯也，遵憲謁於滬上，公見語曰：『聯絡西洋牽制東洋，是此行要策。』及膠州密約成，歸又語遵憲曰：『二十年無事總可得也。』」話音未落，俄羅斯便出兵侵占了江東六十四屯，黃遵憲為此有輓聯云：「老來失計親豺虎，卻道支持二十年。」[6] 其中的悲涼，不言而喻。

無獨有偶，曾在一八九七年創辦《國聞報》、《國聞彙編》的嚴復，也表達了與王國維同樣的反俄態度：「俄名仗義扶鄰，而實則視滿洲為禁臠。既樹德於中國，又以遂東封之圖。俄之計得，於斯為極。」[7] 晚清士人對於俄國的敵視，由來有自。

▍第二節 關注俄國革命

從晚清士人對於沙俄的憂懼，至一九一七年俄國革命，身處其中的王國維同樣有所關注和評論。一九一七年俄國的二月革命方興未艾，王國維在致羅振玉的書信中寫道：「俄國革命事起，協商諸國內情可見。此事於東方內政外交影響甚大，以後各國國體政體均視同盟與協商之勝敗為轉移耳。」

王國維在二月革命之後，立即斷言了其對於東方內政外交的影響，更為重要的是，他以此為據，指出其後各國政體取向上的走勢。一九一七年的十月革命之後，王國維再次致書羅振玉談到了俄國之局面與世界大勢：「西方和局或不甚遠。此間並有俄都已陷之謠，不知東報所載如何？」

王國維提及俄國都城失陷，其所意指，乃是布爾什維克武裝力量攻克聖彼得堡。雖然王國維在行文中並沒有準確地認識到，所謂的二月革命與十月革命，完全是截然相反的兩次運動。但他卻對其中隱藏的不為人所注意的暴力傾向，表示了本能的反感。十月二十二日王國維致信羅振玉談及俄國革命：「羅剎戰事消息甚惡，巴黎亦有欲和之說。」信中還順帶提了一下中國國內政局：「大樹之謠如真，恐亦與此事有關。」[8]

第二節 關注俄國革命

十月革命的當天，劉鏡人在致北京政府外交部的電報上說：「近俄內爭益烈，廣義派勢力益張，要求操政權，主和議，並以暴動相挾制。政府力弱，鎮壓為難，恐變在旦夕。」發報時起義正在醞釀中，尚未爆發。電報中說的「廣義派」，就是布爾什維克。隨後劉鏡人又發了一個電報，報告了起義的消息：「廣義派聯合兵、工反抗政府，經新組之革命軍事會下令，凡政府命令非經該會核准，不得施行。昨已起事，奪國庫，占車站……現城內各機關盡歸革黨掌握，民間尚無騷擾情事。」[9]

而在十月革命之後，《新青年》登出馬克思主義專號，歌頌十月革命。胡適與陳獨秀發生分歧，進而陳獨秀離開北大，與此思想上的分歧不無關聯。但是胡適終究是謙謙君子，在陳獨秀離開北大的事情上，從未暗中作祟，時隔多年，胡適在致湯爾和的信中，痛斥在陳獨秀離去北大之事上造成十分惡劣作用的湯爾和：「獨秀因此離開北大，以後中國共產黨的創立及後來國中思想的『左』傾，《新青年》的分化，北大自由主義者的變弱，皆起於此夜之會。獨秀在北大，頗受我和孟和的影響，故不十分『左』傾。獨秀離開北大之後，漸漸脫離自由主義的立場，就更『左』傾了。此夜之會，雖有尹默、夷初在背後搗鬼，然子民先生最敬重先生，是夜先生之議論風生，不但決定北大的命運，實開後來十餘年的政治與思想的分野。此會之重要，也許不是這十六年的短歷史所能論定。」[10]

在一九一七年末，王國維再次對俄國革命保持高度警覺：「俄德過激黨事，英法俱有戒心，恐日本亦未必不然。然至今不聞諸國有翦除之計。乙老謂威爾遜恐有與德過激黨有密約，故不能致討，理或有之。然對此種人食言而肥有何不可。德利用之以傾俄，終受其禍，乃甘蹈其覆轍而不悟耶！長此以往，則全世界將受其禍。前日致鳳老一書言之，次日又作一函致同鄉之某說以利害事，恐未必有效。如此則大禍不遠矣。魏人之中恐懷此主義者甚多，中國報紙亦復陰贊其說，我生不辰，如何如何！」[11]

將德國的皇帝專制，與蘇俄的紅色政權相提並論，稱作「過激黨」，王國維對於此種政治勢力的暴力傾向，表現出了不敢苟同的意向。當時即便是如魯迅之深刻者，也認為俄國革命乃是「新世紀的曙光」，而恰恰是這個被

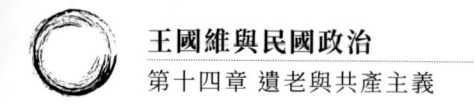

人視作「因循守舊」的王國維，出人意料指出了十月革命的歷史暴虐，並由此衍生出「我生不辰」此類絕望的嘆息。

羅振玉後來追思王國維，感慨王國維的先見之明：「已而俄國果覆亡，公以為禍將及我，與北方某耆宿書言，觀中國近狀，恐以共和始，而以共產終。」[12] 此信已佚，但是王國維在致羅振玉的另一封信中曾提及此信：「前致敬仲（柯劭忞）書，已得其復……永書中有『始於共和，終於共產』語，乃行文配襯之筆，而敬仲乃反覆此語，將其他要言忘卻，殆神明已衰矣。」[13]

周錫山先生在《王國維集》的前記中對王國維如此天才預見大加褒揚：「王國維對於古代史的卓越史識，已經為世界公認。他對於中國二十世紀的歷史發展趨勢，亦有令人驚嘆的驚人預見……雖然當時的共產黨還未成立，但以學者觀世，能夠如此預見，充分體現了一代歷史學家的遠見卓識。」[14]

第三節 遺老眼中的赤化

前文已經提到，王國維、羅振玉對於歐戰之後共產主義東來的趨勢滿含憂慮，林志宏則指出，幾乎在同時，劉廷琛、陳曾矩等遺老也深慮赤潮的影響，一九二一年劉廷琛在給吳佩孚的信中，表示民國紛亂的最大原因，係「今人大抵假新說以徇私，雖亡國不恤」。形形色色的學說非但造成了人心浮動，更令國家難以長治久安，劉廷琛信裡同時還對過激的共產主張乃至大同之說，最感憂憤，他明白地指稱「侈言大同，直夢囈耳」，顯見反對之意。劉氏認為唯獨整肅綱紀一途；而維繫綱常，則又非篤信孔孟之說，故他乃言：「吾黨，孔孟耳！」堅持採用孔教來對抗赤化問題。[15]

而林志宏研究的另一位清遺民陳曾矩，也對共產主義有所觀察，陳在《論世運之轉變》中檢視當時人們的心態，對民主政體和共產赤焰，既崇尚又感徬徨，尤表不以為然，以為如此將致使「迷惘危殆不安之象，至斯而極」。陳氏看法只有訴諸孔子之道，「為能得其當由之路耳」。陳非特肯定孔教的功能，甚至還預測此刻正是大行的時機，說其目的「非徒以為中國，亦將以拯全球於倒懸也」。[16]

另外與王國維私交甚密的沈曾植，也曾在言談中提到了馬克思。沈曾植深諳佛學，將馬克思的學說比作佛教中象徵仇視、怨恨的瞋。沈曾植與王國維往來密切，學術上也有教學相長之盛事。但在某些細節方面，兩人的觀點有所出入，沈氏曾在一封致友人的書信中如此說道：「近世歐華糅合，貪瞋痴相，倍倍增多，曰路德之瞋，曰羅斯伯爾之瞋，曰托爾斯泰之瞋，曰馬克思之瞋；吾國天性主讓，而近世學說貴爭，既集合上四者而用之，變其名曰專制之瞋，官僚之瞋，軍閥之瞋，資本之瞋，又為之枝葉曰涼血之瞋，曰不順潮流之瞋，曰迷信之瞋，曰頑舊腐敗之瞋，曰民智不開之瞋，廣張八萬四千均，而吾華四萬萬民，無一非可瞋之物矣，惟政客為造瞋之主，惟報為瞋傳之媒，僕於歐亞之瞋辨之至微，而於雜糅之瞋尤視之若風馬耳。」[17]

沈曾植與王國維思想相比較，更顯示出遺老的保守性。王國維更為看重托爾斯泰反抗暴政的決絕果敢，這期間當然包含著他早年對於沙俄的反感在內，而沈曾植對托爾斯泰與馬克思則不以為然，認為其實動亂的因素，則是清遺老之於暴民造反本能的反感，王國維對於義和團的反感也正是如此。至於對待馬丁路德的態度，王氏與沈氏的區別在於，沈氏篤信佛學，深究佛理，因而對於宗教改革這種帶有破除宗教色彩的激烈行為，保持不理解的態度。

遺老雖然普遍對共產主義較為反感，但是依然有對蘇俄革命津津樂道者，林志宏便曾經注意到當時的馬一浮相當熱中所謂的新經濟，讀了很多相關的書籍，甚至能夠與學生高談闊論俄國的新主義。[18] 但是馬一浮僅僅是極少的個案，大多數遺老對於共產主義，基本上保持敵視態度。

第四節 奏摺中的赤化問題

一九二四年，已入值南書房的王國維獲遜帝賞賜，特許可在紫禁城中騎馬，這一榮譽在王國維看來，當然是萬千寵愛於一身。或許正是因為這樣的原因，當王國維再三推辭最終勉強答應北大研究所國學門通訊導師後不久，因為《北大學報》所刊登的抨擊遜帝毀壞文物的文章一事，毅然決然地辭去這一職務。就這一年度王國維與羅振玉通信中所談論的宮中諸事而言，王國維對於清帝，無疑感恩戴德。而其對於清帝的忠心，從他生前留下的

第十四章 遺老與共產主義

一九二四年的兩封奏摺，可以管窺一二。這兩封奏摺，一者寫於五月十八日，一者寫於五月二十六日，兩封奏摺的內容，其中頗有雷同，即由諸事所引之感慨，闡釋新舊文化之變。

值得注意的是王國維的第二封奏摺，在這封奏摺中兩次以俄國為反例，論證西方文明最終必將走向沒落，這段材料對於理解王國維一貫的反俄態度，具有極為重要的提示作用：「然自歐戰以後，歐洲諸強國情見勢絀，道德墮落，本業衰微，貨幣低降，物價騰湧，工資之爭鬥日烈，危險之思想日多，甚者如俄羅斯赤地數萬里，餓死千萬人，生民以來未有此酷。」又言：「井田之法，口分之制，皆屢試而不能行，或行而不能久。西人則以為不足，於是有社會主義焉，有共產主義焉，然此均產之事，將使國人共均之乎……俄人行之，伏屍千萬，赤地萬里，而卒不能不承認私產之制度，則囂之洶洶又奚為也。」[19]

此奏摺名為《論政學疏》，乃是王國維為數不多的政論文字。原文已佚，此文乃是羅振玉在王國維去世後，自王國維遺稿中錄出。據羅繼祖云：「祖父說『錄其大要』，實則僅略去頭尾而已。」後羅振玉將此文定名為《王忠愨公別傳》。錢基博所著《中國現代文學史》中，收入此文，但是所收乃是羅振玉「去頭尾」的部分。郭湛波《近三十年中國思想史》中，錄入了王國維此文結尾中被刪去的部分，這段文字對於透視王國維一九一七年至一九二四年思想方面的細微變化，或許不乏深義：「我昏不知，乃見他人之落井而輒追於後，爭民施奪，處士橫議，以共和始者，必以共產終！」[20]

羅振玉之所以要刪去王國維此稿尾部，乃是因為《王忠愨公遺書序》一文中，結尾已有「觀中國近狀，恐以共和始，而以共產終」一語，《論政學疏》如以全貌錄入，難免給人以重複之感。故而羅振玉稍微做了些技術處理，但這一處理並不高明。王國維一九一七年所言「始於共和，終於共產」或「觀中國近狀，恐以共和始，而以共產終」，說到底還僅僅只是帶有感慨推測意味，到一九二四年他在上書溥儀的奏摺中重提「共和共產」，卻以決然的口吻說：「以共和始者，必以共產終。」其對於民國的態度，以及對於俄國革命之於中國的「荼毒」，反感可見一斑。

第四節 奏摺中的赤化問題

王國維自一九一七年至一九二四年之於俄國的反感，除卻政治上的原因之外，學術上的轉型恐怕也是重要的原因之一。王國維在一九一七年末，逐漸與元史專家柯劭忞過從甚密。而王國維在晚年恰恰開始轉向西北元史的研究，他在一九一七年末致柯劭忞的信中說：「新撰《元史》，漸次寫定，甚盛甚盛。」[21]

但王國維卻對弟子徐中舒說：「《元史》乃明初宋濂諸人所修，體例初非不善，惟材料不甚完備耳，後來中外祕笈稍出，元代史料漸多，正可作一部《元史補正》，以輔《元史》行世，不必另造一史以掩原著也。」[22] 王國維敢於對元史權威提出質疑，足見其元史造詣已臻造化。研究元史，必將涉及北方異族之邊疆塞外之史，也肯定要接觸更多有關沙俄的史料，或許王國維對沙俄態度日趨激化，已經在其學術轉向上埋下了伏筆。

註釋

[1] 《王國維年譜長編》，第 10～12 頁。

[2] 同上，第 12～13 頁。

[3] 《王國維年譜長編》，第 14 頁。

[4] 《王國維全集》第十五卷，第 2～4 頁。

[5] 參見歐陽昱：《見聞瑣錄後集》卷四，轉引自馮玉軍《史論結合見微知著——〈俄羅斯政治與外交〉序》，《俄羅斯中亞東歐研究》，2009 年第 3 期。

[6] 錢仲聯箋注：《人境廬詩草箋注》下冊，上海古籍出版社，1981 年版，第 143 頁。

[7] 王栻編：《嚴復集》第三冊，中華書局，1981 年版，第 50 頁。

[8] 《羅振玉王國維往來書信》，第 306 頁。

[9] 參見中研院近代史研究所編：《中俄關係史料》，中研院近代史研究所，1960 年版。

[10] 耿雲志、歐陽哲生編：《胡適書信集》，北京大學出版社，1996 年版，第 666 頁。

[11] 《羅振玉王國維往來書信》，第 321～322 頁。

[12] 《王國維年譜長編》，第 516 頁。

[13] 吳澤主編：《王國維學術研究論集》第一輯，華東師範大學出版社，1983 年版，第 403 頁。

[14] 參見周錫山編：《王國維集·前記》第一冊,中國社會科學出版社,2008 年版。

[15] 《民國乃敵國也—— 政治文化轉型下的清遺民》,第 312～313 頁。

[16] 同上,第 313 頁。

[17] 《沈曾植年譜長編》,第 509 頁。

[18] 《民國乃敵國也—— 政治文化轉型下的清遺民》,第 310 頁。

[19] 《王國維年譜長編》,第 517～518 頁。

[20] 郭湛波撰：《近三十年中國之思想史》,上海古籍出版社,2005 年版,第 53 頁。

[21] 《王國維全集·書信》,第 231 頁。

[22] 《王國維之死》,第 20 頁。

第十五章 十月革命與中國知識界的分野

第一節 《晨報副刊》的左右之爭

俄國十月革命的爆發，在中國知識階層中引起了極大的爭論，當時的《晨報副刊》在二十年代共產主義東來這一背景下更換主編，便是極好的例子。《晨報副刊》乃是《晨報》的一個副版，《晨報》原名《晨鐘報》，創刊於一九一六年八月十五日，創辦者是中國資產階級政團研究系領導人湯化龍、梁啟超，某種程度上而言，《晨鐘報》是研究系的機關報，帶有濃厚的改良主義色彩。[1] 李大釗在副刊創辦伊始，曾擔任《晨鐘報》的編輯主任，他在創刊號的《晨鐘之使命——青春中華之創造》一文中，慷慨激昂，大有《少年中國》之氣勢，其言曰：「《晨鐘》自身無所謂使命也，而以青年之使命為使命，青年不死，即中華不亡。」[2]

這種帶有激進色彩的文字，註定要與以「改良」色彩著稱的《晨鐘報》發生衝突，加諸李大釗越來越顯現出來的政治熱情，讓《晨鐘報》的負責人憂心忡忡，僅僅過了二十幾天，李大釗便辭去主任一職，埋首專注於研究馬克思主義。[3]

但李大釗雖然去職，《晨鐘報》依然難逃查封，一九一八年九月，因揭露段政府以出賣主權為代價向日本政府借款而遭查封。同年十二月易名為《晨報》復刊，翌年二月，李大釗再次進入《晨報》主持副刊，由此開創了《晨報副刊》的李大釗時代。[4]

李大釗時代的《晨報副刊》，一言以蔽之，迅速左傾，與《新青年》相呼應，成為宣揚馬克思主義的重要陣地。三月二十四日，李大釗發表《列寧》一文，四月一日發表《馬克思奮鬥之生涯》一文，四月四日發表《地底的俄羅斯》一文，四月十九日至八月底連載《俄國革命史》，五月三日發表《社

會主義的派別》一文，五月四日更是以「馬克思研究專欄」連載河上肇的《馬克思的唯物史觀》、《勞動與資本》兩書。[5]

而同一時期，李大釗發表大量文章，鼓吹「過激主義」，如《戰後之世界潮流》，《過激派的引線》，言辭之中對於暴力的迷戀，已經不可遏制，一九一九年五月至十一月，更是寫下萬字長文，宣揚馬克思主義，這就是那篇著名的《我的馬克思主義觀》。[6]

李大釗的歡呼俄國革命，宣揚馬克思主義，與其自身的激進秉性，顯然不可分割，他早在一九一七年二月革命時便寫下了《俄國革命的遠因與近因》，歡呼俄國革命的偉大勝利。[7] 而同時代的魯迅，更是在《聖武》一文中以「新時代的曙光」對俄國革命褒揚有加，[8] 這一「曙光」說，與李大釗歡呼「俄國革命為新世紀開一新紀元」可謂異曲同工。

儘管如此，李大釗依然離開了《晨報副刊》。離開的原因莫衷一是，汪暉在《現代中國思想的興起》中將其歸結為五四一代「同一性的破裂」。[9] 這一點似乎稍顯牽強，反倒是張濤甫先生的說法更為準確，他傾向於認為李大釗主持《晨報副刊》像《新青年》的另一個版本，走的精英化的「小眾化」道路，因而難以持久。[10]

繼任李大釗的孫伏園，一改李大釗的啟蒙衝動，開始以趣味為宗旨，同時不放棄啟蒙使命，在此之中尋求中道，尤其是他與周氏兄弟這兩位文章高手的私誼，更使得《晨報副刊》辦得有聲有色，而林語堂、郁達夫、徐志摩諸人的文章，更為《晨報副刊》增添亮色，孫伏園的追求在「學理與趣味」之間，獲得了明顯成效。他也是《晨報副刊》做主編時間最長的一位，從一九二一年到一九二四年，整整四年多，由此奠定了《晨報副刊》的卓著名聲。[11]

而徐志摩在孫伏園之後接管《晨報副刊》，成為副刊歷史上一個標誌性的轉折，副刊在徐志摩的主持下，爆發了著名的「赤白仇友之爭」。[12] 這一思想史上難以忘卻的事件，成為徐志摩人生歷程的巔峰。他一改李大釗時期的激進色彩，激烈地批評蘇維埃政權和共產黨，若干言辭雖然當時看起來駭

人聽聞，但是直至今日，依然發人深省。因此有必要對徐志摩的政治思想，尤其是他對蘇聯的態度做一番考察。

第二節 徐志摩的思想轉變

徐志摩出生在浙江一個城市家庭，自幼接受的是新式教育，因而思想開放，晚清種種變革以及革命運動，他都有所關注，還曾為革命軍的失敗而痛苦，由此可見其在早年便已具備追求自由的因素。[13] 日後他留學英國成為自由主義信徒，便是順理成章。他曾在文章中感慨：「今自出海以來，身之所歷，目之所觸，皆足悲哭嗚咽，不自知涕之何從也，而何有於樂？」[14] 可見其在求學過程中，亦有不少苦惱，這些苦惱，尤其表現在政治態度的矛盾。

徐志摩去英國求學，主要是想追隨羅素讀書，但是事與願違，羅素因戰時主張和平，被劍橋大學除名。[15] 後來徐志摩與羅素雖有交往，但是二人在思想上有較大區別。當時徐志摩的老師是著名的費邊主義思想家拉斯基，因而其自由主義信仰中帶有濃厚的左翼色彩。因而當蘇聯崛起之時，徐志摩熱烈歡呼；列寧去世，還寫詩悼念。[16] 尤其是一九二四年，他對蘇聯國旗盛讚有加：「那紅色是一個偉大的象徵，代表人類史裡最偉大的一個時期，不僅標示俄國民族流血的成績，卻也為人類立下了一個勇敢嘗試的榜樣。」同時他對蘇聯的成立歡呼雀躍：「在那旗子抖動的聲音裡，我不僅彷彿聽出這近十年來那斯拉夫民族失敗與勝利的呼聲，我也想像到百數十年前法國革命時的狂熱，一七八九年七月四日那天巴黎市民攻占巴士底獄時的瘋癲：自由、平等、友愛！」[17]

徐志摩與羅素的分歧就此埋下，一九二〇年，早於徐志摩四年訪問蘇聯的羅素，對蘇聯提出了尖銳的批評，徐志摩對此展開了反駁：「羅氏不常言基爾特社會主義乎，奈何健忘若此？」[18] 「羅氏為科學家，常抑情感求真理，然一涉意氣，即如泉湧蓬生而不已。」[19] 但意氣用事的，恰恰是徐志摩本人，他在一九二二年的《羅素與中國》一文中，將羅素的《中國問題》一書，大加挖苦。[20] 時隔一年，他在文章中，又引用吳稚暉的話激烈抨擊羅素：「說羅素只當我們是小孩子，他是個滑頭大騙子。」[21]

轉折發生在一九二五年，這一年徐志摩主持《晨報副刊》，爆發了「赤白仇友之爭」，這是一個意味深長的事件。尤其值得注意的是，曾在《晨報副刊》工作的瞿秋白，在此之前曾以特派記者的身分與俞頌華一起訪問蘇聯，隨後寫下了名動天下的《餓鄉紀程》、《赤都心史》，對於蘇聯，一再表示深深的憂慮。[22]

而更加令人深思的是，一九二四年初，國民黨在廣州召開一大正式改組，國共合作正式形成，這一局面的寓意不言而喻。沈志華先生指出：「這一政策在很大程度上決定了此後中國社會長達幾十年的基本政治格局，而這一政策的提出和推動，自然又是莫斯科在起作用。」[23]

第三節 徐志摩的蘇聯之行

徐志摩在國共合作的背景下對於蘇聯的讚頌，帶有鮮明的趨時而動的痕跡，這種情況一直持續到一九二五年他親身訪蘇。在《歐遊漫錄》中詳細地記載了他對於蘇聯的看法，對無產階級革命及其專政，包括中國走十月革命道路的問題，表達了自己深深的憂慮。在《歐遊漫錄》一開始，徐志摩便表示出自己的矛盾：「你答應了一件事，你的心裡就打上了一個結，這個結一天不解開，你的事情一天不完結，你就一天不得舒服。」[24]

表面上看，徐志摩是表達不能及時給《晨報副刊》供稿的苦惱，實際上卻是對於親歷蘇聯表達自己惶恐不安的心情。親身遊歷蘇聯終於讓徐志摩開始清醒，對蘇聯也由一味地讚頌，轉為激烈地批評。

徐志摩原本想像中的莫斯科，多麼富有魅力，然而及至他親臨紅場才明白自己的可笑：「這裡沒有光榮的古蹟，有的是血汗的近跡；這裡沒有繁華的幻景，有的是斑駁的寺院；這裡沒有和暖的陽光，有的是泥濘的市街；這裡沒有人道的喜色，有的是偉大的恐怖與黑暗。」[25] 因而徐志摩驚呼：「旅行人！快些擦淨你風塵瞇倦了一隻眼，仔細地來看看，竟許那看來平靜的舊城子底下，全是炸裂的火種！」[26]

第三節 徐志摩的蘇聯之行

　　而在文中，徐志摩又提及了兩件事情，進一步體現了他對於蘇聯的懷疑，為他的右轉提供了巨大的契機：「我在京的時候，記得有一天，為《東方雜誌》上一則新聞，和朋友們起勁的聊了半天，那新聞是列寧死後，他的太太到法庭上去起訴，被告是骨頭早腐了的托爾斯泰，說他的書，是代表波淇洼的人生觀，與蘇維埃的精神不相容的，列寧臨死的時候，叮囑他太太一定得想法取締他，否則蘇維埃有危險。法庭的判決是列寧太太的勝訴，宣告托爾斯泰的書一起毀版，現在的書全化成灰，從這灰再造紙，改印列寧的書，我們那時大家說這消息太離奇了，或許又是美國人存心誣毀蘇俄的一種宣傳。但同時托洛斯基為做了《十月革命》那書上法庭被軟禁的消息又到了，又似乎不是假的，這樣看來，蘇俄政府什麼事情都做得出，托爾斯泰那話竟許也有影子的。」[27]

　　而徐志摩隨後拜會了托爾斯泰的女兒，更確定了他對蘇俄的懷疑：「我當然問起那新聞，但她好像並沒有直接答覆我，她只說現代書鋪子裡他的書差不多買不著了，不但托爾斯泰，就是屠格涅夫、杜斯妥也夫斯基等一班作者的書都快滅跡了；我問她現在莫斯科還有什麼重要的文學家，她說全跑了，剩下的全是不相干的。」[28]

　　徐志摩隨後更親身領教了蘇聯的專制政治，晚上他與友人去聽戲，經歷了戲劇性的一幕：「我們一到門口票房裡沒有人，一問說今晚不售門票，全院讓共產黨俱樂部包了去請客，差一點門都進不去。」[29] 蘇聯的高度集權，由此可見一斑。

　　而參觀列寧遺體陳列館，讓他對蘇聯的懷疑最終達到了頂端，也讓他對羅素產生了由衷的歉意：「我先前挖苦了他，這回我自己也到了那空氣裡去呼吸了幾天，我沒有取消信仰的必要，因我從不曾有過信仰，共產或不共產但我的確比先前明白了些，為什麼羅素不能不向後轉。」[30]

　　而徐志摩本人更是陷入了深深的自責：「有時候我簡直是一個宿命論者——例如我覺得這世界的罪孽實在太深了，枝葉的改變，是要不到的，人們根本不悔悟的時候，不免遭大劫，但執行大劫的死者，不是安琪兒，也不是魔鬼，還是人類自己。莫斯科就彷彿負有那樣的使命，他們相信天堂是有

149

的，可以實現的，但在現世界與天堂的中間隔著一座海，一座血汗海，人類泅得過這血海，才能登彼岸，他們決定先實現這血海。」[31]

最後，徐志摩對於中國國內諸如李大釗這樣宣揚馬列主義的左翼知識分子，實施了最堅決的清算：「我不是主張國家主義的人，但講到革命，便不得不講國家主義，為什麼自己革命自己做不了軍師，還得要外國的主義來策劃流血？那也是一種可恥的墮落……革俄國命的是列寧——你們要記著，假如革中國命的是孫中山，你們要小心了，不要讓外國來的野鬼鑽進了中山先生的棺材裡去！」[32]

第四節 徐志摩與陳毅之爭

一九二六年初，陳毅在列寧學會發表演講，高調紀念列寧逝世兩週年，講稿《紀念列寧》以曲秋的筆名發表。在此之前，陳毅將演講稿寄給《晨報副刊》，意在刊發。早前陳毅便以曲秋為筆名在《晨報副刊》上發表過文章，那時的主編是與陳毅私交甚密的李大釗，而陳毅文章的責編則是對陳毅頗為看重的王統照，王統照曾經向陳毅一再約稿。[33] 但此時擔任主編的徐志摩將陳毅的文章扣下，旋即寫下《列寧忌日——談革命》一文，對陳毅進行了毫不留情的批駁：陳先生的「是一個鮮明的列寧主義信徒的論調」。[34]

接著徐志摩表達了他對於馬克思階級學說的質疑：「我個人是懷疑馬克思階級說的絕對性的，兩邊軍隊打仗的前提是他們各家壁壘的分清；階級戰爭也得有這個前提。馬克思革命論的前提是一個純粹工業主義化的社會……但至少就近百年看，就在馬克思時代最工業化的國家，他的預言——資本集中，中等階級消滅並不曾靈驗。」[35]

而對於陳毅關於「共產黨是列寧指導的第三國際黨的中國支部」這一說法，徐志摩嘲諷道：「那也不壞，但這樣一來豈不是我們革命的領袖不是中國籍的孫文或是別人，而是一個俄國人，那原來是，共產黨的眼裡，據說只認識階級，不認識種族，誰要是在這種地方挑眼，無非洩露他自己見解的淺薄。」[36]

第四節 徐志摩與陳毅之爭

　　在文章的最後，徐志摩絲毫不否認列寧的偉大，但是他對列寧，依然存在恐懼：「我卻不希望他的主義傳播，我怕他，他生前成功的一個祕密，是他特強的意志力，他是一個 fanatic，他不承認他的思想有錯誤的機會，鐵不僅是他的手，他的心也是的，他是一個理想的黨魁，有思想、有手段、有決斷。他是一個製警句編口號的聖手，他的話裡有魔力，這就是他的危險性。」[37]

　　而對於中國國內的青年一味地擁護列寧，謳歌十月革命，徐志摩非常痛心，他指出：「青年人，不要輕易謳歌俄國革命，要知道俄國革命是人類史上最慘烈苦痛的一件事實，有俄國人的英雄性才能忍耐到今天這日子的。這不是鬧著玩的事情。」[38]

　　而徐志摩對於青年人的告誡，似乎也沒有造成多大的作用，二十年代訪蘇的胡適，便在莫斯科中山大學遭到青年學生的質疑，雖然胡適極力誇讚蘇聯的巨大成就，但僅因為他對蘇聯的未來提出憂慮，便與當時共產黨的少壯派蔡和森發生激烈爭論。[39] 二三十年代的激進左翼的感染力，於此顯露無疑。

　　與徐志摩與陳毅的爭論、胡適與蔡和森的爭論相似的是，當時在北大讀書，後來成為哈耶克學生的周德偉，在當時便是一個與徐志摩類似的反潮流者。當時多數新青年對李大釗所宣傳的馬克思主義興趣濃厚，但是周德偉卻對《新青年》極為反感，周德偉後來在回憶錄中認為：「《新青年》給時代影響甚大，但我不大喜愛，我嫌《新青年》的文筆太潑辣，分析及陳述不如《甲寅》及嚴氏譯述之精密而有系統。」

　　而周德偉對於新青年以及馬克思主義不以為然的原因，則直接源於早期共產黨人羅章龍的刺激。周德偉回憶道，鄧中夏、羅章龍曾經邀請自己加入馬克思學說研究會，研究會由李大釗主持，周德偉心想入會研究也未嘗不可。當時工讀互助團成立不久，有一次鄧中夏請周德偉每週去長辛店講課，周德偉言：「余讀書之不暇，何有時間去教書？」鄧曰：「無階級意識乎？」余受儒書及心理學之影響甚深，乃曰：「余只知個人方有意義，階級乃一集體空名，不能衣，不能食，不能思考，何來意識？」[40] 左右之爭，其實早已有之。

註釋

[1] 張濤甫著：《報紙副刊與中國知識分子的現代轉型》，廣西師範大學出版社，2007年版，第29頁。

[2] 李大釗著：《李大釗全集》第二卷，河北教育出版社，1999年版，第365頁。

[3] 《報紙副刊與中國知識分子的現代轉型》，第33頁。

[4] 同上，第34～35頁。

[5] 同上，第37頁。

[6] 《李大釗全集》第三卷，第47頁。

[7] 同上，第47頁。

[8] 錢理群，王得後編：《魯迅雜文全編》，浙江文藝出版社，2007年版，第47頁。

[9] 汪暉著：《現代中國思想的興起》下卷，第二部，三聯書店，2008年版，第1206頁。

[10] 《報紙副刊與中國知識分子的現代轉型》，第67頁。

[11] 《報紙副刊與中國知識分子的現代轉型》，第29頁。

[12] 參見章進編：《聯俄與仇俄問題討論集》，文海出版社，1961年版。

[13] 徐志摩著：《巴黎的鱗爪——徐志摩回憶錄》，華夏出版社，2008年版，第9頁。

[14] 《巴黎的鱗爪——徐志摩回憶錄》，第16頁。

[15] 同上，第38頁。

[16] 參見高力克：《胡適與徐志摩的蘇俄之爭》，《浙江大學學報》，2010年9月。

[17] 徐志摩著：《徐志摩全集》第三卷，廣西民族出版社，1991年版，第14頁。

[18] 《徐志摩全集》第四卷，第50頁。

[19] 同上，第56頁。

[20] 同上，第78頁。

[21] 同上，第198頁。

[22] 瞿秋白著：《赤都心史》，廣西師範大學出版社，2004年版，第5頁。

[23] 沈志華著：《中蘇關係史綱》，社會科學文獻出版社，2011年版，第23頁。

[24] 《徐志摩全集》第三卷，第24頁。

[25] 同上，第258頁。

[26] 《徐志摩全集》第三卷，第266頁。

[27] 同上，第 266 頁。

[28] 同上，第 269 頁。

[29] 《徐志摩全集》第三卷，第 271 頁。

[30] 同上，第 285 頁。

[31] 同上，第 285～286 頁。

[32] 《徐志摩全集》第三卷，第 288 頁。

[33] 劉樹發編：《陳毅年譜》上冊，人民出版社，1995 年版，第 64～65 頁。

[34] 《徐志摩全集》第三卷，第 61 頁。

[35] 《徐志摩全集》第三卷，第 63～64 頁。

[36] 同上，第 65 頁。

[37] 同上，第 66 頁。

[38] 同上，第 66 頁。

[39] 參見羅志田：《激變時代的文化與政治》，北京大學出版社，2006 年版。

[40] 參見周德偉著：《落筆驚風雨》，遠流出版社，2011 年版。

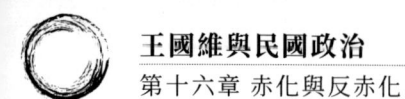

第十六章 赤化與反赤化

第十六章 赤化與反赤化

▌第一節 「赤白仇友之爭」的臺前幕後

徐志摩回國之後接管孫伏園留下的《晨報副刊》,「赤白仇友之爭」因此興起。有關這場論爭的研究,中國國內史學界上存在著很多空白,但相關的史料集早已編就,即是收入《近代中國史料叢刊續編》第八十七輯的《聯俄與仇俄問題討論集》,由章進編就,國民黨元老吳稚暉撰寫序言。[1]

這場論爭的起因是陳啟修在《晨報》社會週刊上發表了《帝國主義有白色和赤色之別嗎?》作為中國第一位翻譯《資本論》的學者,陳啟修乃是地道的親俄派,他指出:「指赤色的蘇聯為赤色的帝國主義,簡直可以說牛頭不對馬嘴了,蘇聯用盡它的力量,到世界各國宣傳共產主義,到各被壓迫的民族中去宣傳反帝國主義,這是事實。」[2] 言之鑿鑿,已經透露出為蘇聯辯護到底的趨向。

然而時隔兩天,張奚若在《晨報副刊》上發表了《蘇俄究竟是不是我們的朋友》,對於陳啟修大加討伐,張奚若指出:「帝國主義的國家僅吸取我們的資財,桎梏我們的手足,蘇俄竟然收買我們的良心,腐蝕我們的靈魂⋯⋯還要說他不是我們的敵人!我倒要問不是敵人是什麼?」[3]

對於張奚若的反駁,徐志摩深表贊同,旋即在《晨報副刊》上發起論爭,十月十日,主持《晨報》社會週刊的劉勉己發給徐志摩《應怎樣對蘇俄》一文,徐志摩因而寫下了《又從蘇俄回講到副刊》一文,在文中特別指出:「中國對蘇俄問題乃至共產主義與中國,和中國國內共產黨一類問題,到今天為止,始終是不曾開刀或破口的一個大疽。」[4] 「這回的問題,說狹一點,是中俄邦交問題,說大一點,是中國將來國運問題,包括國民生活全部可能的變態。」[5]

劉勉己《應怎樣對蘇俄》一文看似持中,實際上對蘇俄革命表示難以苟同,他指出:「我個人信念上不是贊成共產主義,尤其反對赤色的共產主義。對於赤色的蘇俄,我雖然從科學上無法判決他為『有帝國主義的可能』的信

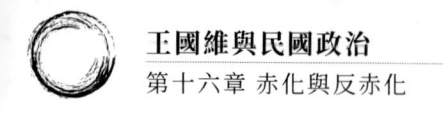

念，然而從政治外交方面認為蘇俄對外所慣行的暴力手段，和國家利益衝突時，（這時期卻到了）我們為戰略起見，也不妨大呼『赤禍』乃至『赤色帝國主義禍』。」[6]

敖光旭先生在《國家主義與聯俄與仇俄之爭》一文中指出：「聯俄與仇俄之爭發生的近因和直接原因，可歸結為五卅滬案及由此引起的共產派與非共產派、親俄派與非親俄派衝突之加劇。」[7] 此論甚為切中要害，徐志摩主持「赤白仇友之爭」後不久，報館便遭左翼勢力焚毀。而同時代的工農運動正進行得轟轟烈烈，五卅運動更激化了共產派與帝國主義以及資產階級的矛盾，共產黨人在五卅反帝運動中痛感：「資產階級不革命。」[8]

即便是報館被焚，徐志摩依然不改初衷：「我生平經歷雖則不深，可是人事浮淺的變異輕易危害不了我，嚇不倒我。」[9] 於是有了次年徐志摩與陳毅的筆戰，這次筆戰標誌著自由主義者徐志摩與共產主義者陳毅之間的歷史分歧。而胡適在此時遊歷蘇俄，他與蔡和森的爭執恰恰可以與此相參照。

第二節 胡適的誤入歧途

一九二六年，胡適訪問蘇聯，得出了與徐志摩截然相反的結論，他的《歐遊道中寄書》給知識界以極大的震動。李大釗等親俄派為此歡呼雀躍，甚至出了一個策略性的方法：「我們應該寫信給適之勸他仍舊從俄國回來，不要讓他往西去打美國回來。」[10] 言下之意，不希望取道美國的胡適再度右轉。而錢端升、徐新六等人則對胡適的「左轉」，提出了各種各樣的質疑。[11]

在此之中，胡適的老朋友徐志摩反應最為激烈。他將胡適的旅俄書箋一一摘錄，一一加以駁斥，加了長篇按語在副刊上發表，顯示了他自由主義立場日益堅定。徐志摩指出：「俄國革命所表現的偉大精神與理想主義，我想誰都不能否認⋯⋯我們應得研究的是進一步的問題，我們應得研究的是蘇俄所懸的那個『烏托邦理想』在學理上有無充足的依據。」[12]

而對於胡適高度讚揚蘇聯的新教育，徐志摩更是難以苟同：「就我所知道的，他們的教育幾乎完全是所謂『主義教育』或是『黨化教育』，他們都

拿馬克思與列寧來替代耶穌，拿資本論一類書來替代聖經，階級戰爭一類觀念來替代信仰——這也許是適之先生所謂世界最新教育學說的一部吧。」[13]

後來成為中國共產黨內知名法學家的張友漁，斯時叫做張象鼎，他看了徐志摩對胡適的批評，立即寫信與徐志摩商榷。張象鼎言之鑿鑿：「其實依我看來，黨化教育便是新的教育，世界的新國家裡，除非你甘為『老大帝國』，不論他是共產黨專政，或者別的黨執政，都應該採取這種教育政策。」[14] 他還援引國民黨的事例為共產黨辯護：「譬如中國國民黨，也主張黨化教育，而一部分國家主義者，亦相當贊成此政策，可知共產主義和黨化教育的關係，正如徐志摩和吃米飯的關係相同。」[15]

徐志摩對於張友漁的商榷不以為然：「你的思想一朝進入一個劃清的方向，正如你愛上一個人，或是信了一種教，你就不得不專注。」[16] 徐志摩進而對於胡適之於黨化教育的認同痛心疾首，大聲疾呼：「當然在共產主義的統治下，你可以得到不少的自由，正如在中世紀教皇統治下，你也可以得到不少的自由，但你唯一的自由——思想的自由——不再是你的了。」[17]

第三節 青年黨的奮起

在赤白仇友之爭中，當時的青年黨人也扮演著重要角色，王奇生便曾經指出，在 1920 年代，國共兩黨和青年黨乃是當時中國的三大政黨，正是這三大政黨的鼓吹，不僅「革命」一詞成為二十年代中國使用頻率極高的政論辭彙之一，而且迅速匯聚成一種具有廣泛影響且逐漸凝固的普遍觀念，即革命是救亡圖存、解決內憂外患、實現國家統一和推動社會進步的根本手段，改良及其他救國途徑（如教育救國、實業救國、學術救國等）被視為緩不濟急和捨本逐末，革命高於一切，甚至以革命為社會行為的唯一規範和價值評判的最高標準，「革命」話語及其意識形態開始滲入到社會大眾層面並影響社會大眾的觀念和心態。[18]

王奇生進而指出，中國青年黨反對與蘇俄親善，認為共產國際由蘇俄發起，受蘇俄操縱，以蘇俄利益為中心，是蘇俄藉以稱霸世界之利器，青年黨

第十六章 赤化與反赤化

還指責蘇俄「派兵占領我外蒙，侵犯我中東路權，虐待我旅俄僑胞，干涉中國內政，翻悔其既承認取消之不平等條約」。[19]

當時中國青年黨創立不久，青年黨人鄒剛如無意間發現《共產黨加入國民黨之祕密決議案》油印小冊，交給了當時的青年黨黨魁曾琦，曾琦以為事關重大，立即與法國國民黨人王寵惠、蔡元培等人商議，言及聯俄容共之危險，但是王寵惠和蔡元培等人皆不以為然。[20]

而在「赤白仇友之爭」當中，青年黨的刊物《醒獅》和《學燈》扮演了重要的角色。敖光旭指出，其實早在「赤白仇友之爭」爆發之前，前奏戰已經在中國共產黨和青年黨之間展開，因而後來論爭爆發之後，青年黨儼然以反共反蘇之先知先覺者自居，大有著姍姍來遲之感。[21]

而國民黨一大召開，國共合作正式開始，國民黨內元老派對此強烈質疑，國民黨中央監察委員會委員張繼和謝持等人提出彈劾，此事與曾琦有著密切關係。而後孫中山去世，曾琦發表長篇悼文，肯定孫中山的革命貢獻，但是言辭之中依然對孫中山的聯俄聯共不肯原諒。[22]

第四節 章太炎的討赤努力

就在徐志摩、曾琦等人身陷爭論之中不可自拔的時候，革命元老章太炎也奮起反抗赤潮的侵襲。羅志田便曾經指出，二十年代內政與外交打成一片，章太炎和孫中山都認同俄國對於中國的作用，但是五卅事件的刺激，使得其在論政時關心外患壓倒了內憂，起初他不過是想聯合早年的革命力量在北洋統治的區域發揮作用，但是五卅事件之後，章太炎頓時激烈地反對「聯俄聯共」。[23]

章太炎在孫中山聯俄聯共進行得轟轟烈烈的時候，致信黃郛聲稱：「中山擴大民族主義，聯及赤俄，引為同族，斯固大謬。惟反對他國之以不平等遇我者，是固人心所同。滬漢變起，全國憤然，此非赤化所能鼓吹。斯時固當專言外交，暫停內哄。大抵專對英人，勿牽他國，專論滬漢，推開廣州（兩政府本不相涉）則交涉可以勝利。但恐當局借交涉為延壽之術，國民軍悙交

第四節 章太炎的討赤努力

涉為緩兵之策，唯以延長時日為務。此則但有消極主張而不有積極為國家計，則犧牲數十命，耗棄千萬錢，皆付之虛牝矣。」[24]

此時反對孫中山聯俄聯共的馮自由等人由粵來滬，聚集在章太炎的寓所中共謀對策，由章太炎起草了《護黨救國宣言》，堅決反對孫中山的政策。[25]而孫中山去世之後，章太炎更是參加了由國民黨右翼組成的辛亥同志俱樂部，更加積極地反對聯合蘇俄。[26] 同時章太炎還極力反對將南京改名為中山城，其中一個重要的理由就是孫中山聯俄，更是搬出了明太祖的例子，對改名之事加以駁斥。[27]

康有為在此時也顯示出了對於共產革命的憂懼，他曾經痛斥孫中山和馮玉祥對於溥儀的壓迫：「南孫北馮，屬行俄化。」[28] 章太炎隨後與之呼應，認為「觀馮玉祥左右任使之人，素多濡染赤化，而軍實大半運之俄國」，進而認定「俄人勢力集於中央，與他國商人販槍者異，自非主義相同者，又豈肯以軍實輸之？」章太炎隨後更指出馮玉祥與蘇俄存在密約的傳聞絕非毫無來由：「此次北京騷動，共產黨手執紅旗，鹿鐘麟統師在京，佯為不觀。近又北京勒捐紳富，下及優伶，形同綁票，則共產之說，已見實行。最近在北京觀戰者，且謂馮軍部內，現有赤俄，以此數者參會，故對於馮俄密約信之為真。」[29]

羅志田指出，北伐前後的章太炎不僅大發政論，更或直接或間接奔走於各軍政勢力之間。其在北伐前夕本來支持黎元洪聯合奉系打擊吳佩孚，後來見奉軍的張宗昌部用白俄軍隊打中國人，即以為張宗昌乃是「叛國之罪」，旋即聯吳反奉，到世傳馮玉祥接受蘇俄援助後，章太炎於一九二五年末發表通電，說馮玉祥既「與俄通款」，則其「叛國之罪既彰，外患之罪斯立」。他的結論是：「中國主權，重在法統之上；蘇俄侵軼，害居關東之前。」[30]

也就在章太炎發表通電的同一年，章太炎在上海國民大學胡樸安的主持下進行了一場演講，激烈地反對共產黨，反對蘇聯：「我們現在所要反對的，就是要反對共產黨。共產是否適合我們的國情，還在其次。現在的共產黨，並非共產黨，我們可以直接稱他『俄黨』。他們不過藉著『共產主義』的名目，做他們活動之旗幟，什麼『共產』、『不共產』，那簡直是笑話。現在廣東

159

王國維與民國政治

第十六章 赤化與反赤化

的黨政府——什麼『黨』、『不黨』，簡直是笑話，直是俄屬政府——藉著俄人的勢力，壓迫我們中華民族，這是一件很可恥的事。我們應當反對借俄人勢力壓迫中華民族的共產黨。最後，凡是借外人勢力來壓迫中華民族的，我們應當反對他，這便是我們最後的責任。」[31]

而北伐興起之後，章太炎更是積極奔走，成立「反赤救國大同盟」和「國民外交協會」，立場堅定地反對蘇聯，遭到了當時共產黨領袖陳獨秀的嚴厲批評。[32] 北方的孫傳芳等軍閥喜出望外，試圖使章太炎的討赤努力以及相關的言論發揮作用，讓章太炎成為對付南方革命黨的代言人，尤其是孫傳芳本人，更是積極拉攏章太炎，但是章太炎不為所動，後來孫傳芳邀請章太炎參加修訂禮制會成立大會，並且專門舉行了雅歌投壺之禮，但是章太炎避而遠之，魯迅聽聞此事之後在文章中對曾經的老師章太炎大加嘲諷，大有「謝本師」之意，並在文中將章太炎比作革命的馬車伕，前半生往前拉，後半生往後拉，意即章太炎違背革命潮流。[33]

但是魯迅晚年，其實對於共產革命本身，已經產生了深刻的疑慮，長崛佑造曾經指出，魯迅晚年曾經對增田涉談及中央蘇區富田事變和肅 AB 團運動，言辭之中頗為憂慮。長崛佑造更援引晚年魯迅和胡愈之的談話，指出魯迅當時病重，卻拒絕去蘇聯療養，甚至和馮雪峰笑言革命黨來了恐怕會先殺了他，惹得馮雪峰急忙解釋，魯迅晚年內心的矛盾，由此可見一斑。[34]

註釋

[1] 參見《聯俄與仇俄問題討論集》。
[2] 同上，第 6 頁。
[3] 參見《聯俄與仇俄問題討論集》，第 10 頁。
[4] 《徐志摩全集》第四卷，第 337 頁。
[5] 同上，第 363 頁。
[6] 《徐志摩全集》第四卷，第 342～345 頁。
[7] 參見敖光旭：《國家主義與「聯俄與仇俄」之爭——五卅運動中北方知識界對俄態度之解析（上）》，《社會科學研究》，2007 年第 06 期。

[8] 楊奎松著：《中間地帶的革命》，山西人民出版社，2010年版，第98頁。

[9] 《徐志摩全集》第四卷，第396頁。

[10] 參見《胡適與徐志摩的蘇俄之爭》。

[11] 同上。

[12] 《徐志摩全集》第四卷，第541頁。

[13] 同上，第543頁。

[14] 同上，第560頁。

[15] 《徐志摩全集》第四卷，第563頁。

[16] 同上，第565頁。

[17] 同上，第557頁。

[18] 參見王奇生：《「革命」與「反革命」：一九二〇年代中國三大政黨的黨際互動》，《歷史研究》，2004年第5期。

[19] 同上。

[20] 陳正茂著：《曾琦先生年譜》，國史館印行，1996年版，第76頁。

[21] 參見《國家主義與「聯俄與仇俄」之爭——五卅運動中北方知識界對俄態度之解析（上）》。

[22] 《曾琦先生年譜》，第83～86頁。

[23] 參見羅志田：《中外矛盾與國內政爭——北伐前後章太炎的「反赤」活動與言論》，《歷史研究》，1997年第6期。

[24] 沈亦雲著：《亦雲回憶》上冊，傳記文學社，1968年版，第236頁。

[25] 姜義華著：《章炳麟評傳》，南京大學出版社，2002年版，第248頁。

[26] 同上，第248～249頁。

[27] 參見《中外矛盾與國內政爭——北伐前後章太炎的「反赤」活動與言論》。

[28] 參見湖南《大公報》，1924年12月6日，轉引自《民國乃敵國也——政治文化轉型下的清遺民》，第313頁。

[29] 湯志鈞著：《章太炎年譜長編》，中華書局，1979年版，第837～838頁。

[30] 參見《中外矛盾與國內政爭——北伐前後章太炎的「反赤」活動與言論》。

[31] 參見章念馳編：《章太炎演講集》，上海人民出版社，2011年版。

[32] 《章炳麟評傳》，第257頁。

[33] 同上，第259頁。

[34] 參見長崛佑造：《魯迅對富田事變與肅 AB 團的反應》，《「五四與中國現當代文學」國際學術研討會論文集》，2009 年 4 月，北京大學。

第十七章 新文化運動的衝擊

▎第一節 文化保守主義者的質疑

實際上前幾章所提到的種種政治、思想的紛爭,和發端於一九一七年的新文化運動,存在著密不可分的關係。陳獨秀、胡適等人發起的新文化運動,尤其是那場深刻地改變了中國人話語方式的白話文運動以及其後的諸多思潮的蜂起,引起了遺民群體的集體反彈。[1] 這其中最顯著的例子,就是作為新文化運動反對派的林紓與辜鴻銘。

頗有意思的是,林紓和辜鴻銘對於時代潮流的拒斥,具體而微到行為方面是令人瞠目結舌的,體現出了遺老在民國中特立獨行的姿態。林紓在表達他對於胡適之所宣導的白話文運動的反感時,寫下了商榷文章《論古文之不當廢》,但是論爭並未充分展開,等到錢玄同和劉半農策劃了一出遺老與新民爭論的雙簧戲,辜鴻銘隨即被「引蛇出洞」,繼而採用了影射手法,撰寫了諸如《荊生》、《妖夢》之類帶有鮮明人身攻擊痕跡的小說文字,對陳獨秀、蔡元培等人進行了赤裸裸的影射。[2]

而辜鴻銘在表達他對於時代風俗的不認可時,以固守綱常名教的姿態對清季風俗予以踐行,諸如一夫多妻,喜歡纏足女人,留辮子之類,不一而足。當時辜鴻銘還在北大教書,常常在課堂上宣講中國文化,而且以舊禮約束學生,時在北大讀書的羅家倫後來回憶:「辜先生雖然是老復辟派的人物,因為他外國文學的特長,也被聘在北大講授英國文學。因此我接連上了三年辜先生講的『英國詩』這門課程……到了教室之後,他首先對學生宣告:『我有三章約法,你們受得了的就來上我的課,受不了的就趁早退出:第一章,我進來的時候你們要站起來,上完課要我先出去你們才能出去;第二章,我問你們話和你們問我話時都得站起來;第三章,我指定你們要背的書,你們都要背,背不出不能坐下。』我們全班的同學都認為第一第二都容易辦到,第三卻有點困難,可是大家都懾於辜先生的大名,也就不敢提出異議。」[3]

林紓也在白話文運動甚囂塵上的時候寫下《致蔡鶴卿書》，一片坦蕩地慷慨相陳自身對於新文化運動的意見以及對於白話文日漸普及的憂慮之心，林紓痛陳：「若盡廢古書，行用土語為文字，則都下引車賣漿之徒，所操之語按之皆有文法。凡京津之稗販，均可用為教授矣。」以示對於白話文的不認同，而林紓不知道的是，蔡元培的父親恰恰拉過車賣過豆漿。[4]

　　林紓進而表明了自己赤誠的遺民立場：「蓋今公為民國宣力，弟仍清室舉人，交情固在，不能視為冰炭，故辱公寓書，殷殷於劉先生之序跋，實隱示明清標季，各有遺民，其志均不可奪也。弟年垂七十，富貴功名，前三十年視若棄灰，今篤老，尚抱守殘缺，至死不易其操。前年梁任公倡馬、班革命之說，弟聞之失笑。任公非劣，何為作此媚世之言？馬、班之書，讀者幾人？殆不革而自革，何勞任公費此神力？」[5]

　　與林紓具有相似意味的辜鴻銘，則有著更為深刻的遺老淵源，辜鴻銘曾任張之洞的幕僚，卻明顯於歷史的識見高於張之洞。辜鴻銘從自身對於傳統文化的深刻洞察，寫出了諸如《春秋大義》、《中國的牛津運動》之類張揚東方文化普世價值的著作。[6] 新文化運動時期，辜鴻銘當時拖著辮子，羅家倫晚年回憶，當時他曾經開玩笑說：「有沒有人想要立刻出名，若要出名，只要在辜先生上樓梯時，把他那條大辮子剪掉，那明天中外報紙一定都會競相刊載。」[7] 此雖笑言，可見當時新舊之爭的激烈。

第二節　王國維與北大的分分合合

　　王國維在一九一七年收到了北京大學的邀請，請其出任北大教職。此事在王國維的書信中有所記載：「前日蔡元培忽致書某鄉人，欲延永為京師大學教授，即以他辭謝之。」[8] 此信中所提到的「某鄉人」，指的是王國維的舊時同窗，時任北大教員馬衡的長兄馬幼漁。王國維表面上稱「辭謝」，實際上卻以此先後與羅振玉、沈曾植二位商議。[9]

　　沈曾植對此持贊同意見，他認為：「其如有研究或著述事囑託，可以應命。」同時認為王國維「可乘此機北行作二月勾留」。[10] 但是王國維內心深

第二節 王國維與北大的分分合合

處有一個繞不開的坎，那便是在張勳復辟之時，王國維與北大立場迥異，陳獨秀等人都極力反對復辟，此事可作為解讀王國維內心世界的一個註解。[11]

到了一九二四年，王國維已經辭去北大通訊導師，和北大處於若即若離的地步，當時日本人準備利用庚子賠款在北京籌辦國學研究所，而北大想在此基礎上推薦王國維擔任所長，可見北大對於王國維的尊重，王國維也曾經在致蔣汝藻的信中告知此事：「東人所辦文化事業，彼邦友人頗欲弟為之幫助，此間大學諸人，亦希其意，推薦弟為此間研究所主任（此說聞之日人）。但弟以絕無黨派之人，與此事則可，不願有所濡染，故一切置諸不問。大學詢弟此事辦法意見，弟亦不復措一詞。觀北大與研究系均有包攬之意，亦互相惡，弟不欲與任何方面有所接近。近東人談論亦知包攬不妥，將來總是兼容辦法。兄言甚是，但任其自然進行可耳。弟去年於大學已辭其脩，而尚掛一空名，即以遠近之間處之最妥也。」[12]

王國維最終還是在馬衡的牽線下與北大有過短暫的結緣。在一九二三年之時，蔡元培還曾經多次前往王國維在上海的居所造訪，雙方走動頻繁：「四月二十六日，往愛儷園。訪王靜安住處不得，但知其仍往園中授課，因投以一函，囑約期晤談，擬借《隸續》，並託購日文《陶偶錄》。」「四月二十九日，王靜安來。」「五月一日，看靜安。彼對於西洋文明很懷疑，以為不能自救（因我告以彼等已頗覺悟），又深以中國不能防止輸入為慮。我詢以對於佛學之意見，彼言素未研究。詢以是否取孔學，彼說大體如此。彼以為西人之病根在貪不知止。彼以為科學只可作美術觀，萬不可應用於實際。」[13] 王國維斯時與北大的關係，於此可見一斑。

但時隔不久，由於北大考古學會在報紙上發表了《保存大宮山古蹟宣言》一文，此文以極為急促的語氣，指責皇室破壞古蹟。對於王國維而言，皇室乃是其生命精神之寄託，辛亥革命後其對於清室的感念便可說明，指責皇室，無異於對王國維的羞辱。因而王國維立即去信沈兼士、馬衡，提出強烈抗議[14]：「昨閱報紙，見北京大學考古學會《保存大宮山古蹟宣言》，不勝駭異。大宮山古蹟所在地是否官產，抑係皇室私產；又是否由皇室賞與洵貝勒，抑係洵貝勒自行購置，或竟如《宣言書》所謂強占，均有研究之餘地。因洵貝

勒之毀壞磚塔,而即謂其占據官產,已無根據;更因此而牽涉皇室,則尤不知學會諸君何所據也?至謂『亡清遺孽,擅將歷代相傳之古器物據為己有』,此語尤為弟所不解。」[15]

王國維繼而指出:「又優待條件載民國人民待大清皇帝以外國君主之禮,今《宣言》中指斥御名至於再三,不審世界何國對於外國君主用此禮也?諸君苟已取消民國而別建一新國家則已,若猶是中華民國之國立大學也,則於民國所以成立之條件與其保護財產之法律,必有遵守之義務。況大學者全國最高之學府,諸君又以學術為己任,立言之頃不容鹵莽滅裂如是也。」同時表示:「二兄素明事理,於此《宣言書》竟任其通過發表,殆偶失之不檢,故敢以意見陳諸左右。」[16]

此外,王國維還寫道:「弟近來身體屢弱,又心緒甚為惡劣,所以二兄前所屬研究生至敝寓諮詢一事,乞飭知停止。又研究所國學門導師名義,亦乞取消。又前胡君適之索取弟所作《書戴校水經注後》一篇,又容君希白抄去金石文跋尾若干篇,均擬登大學《國學季刊》,此數文弟尚擬修正,乞飭主者停止排印,至為感荷。」[17] 王國維與北大,就此決裂。

第二節 王國維與北大的分分合合

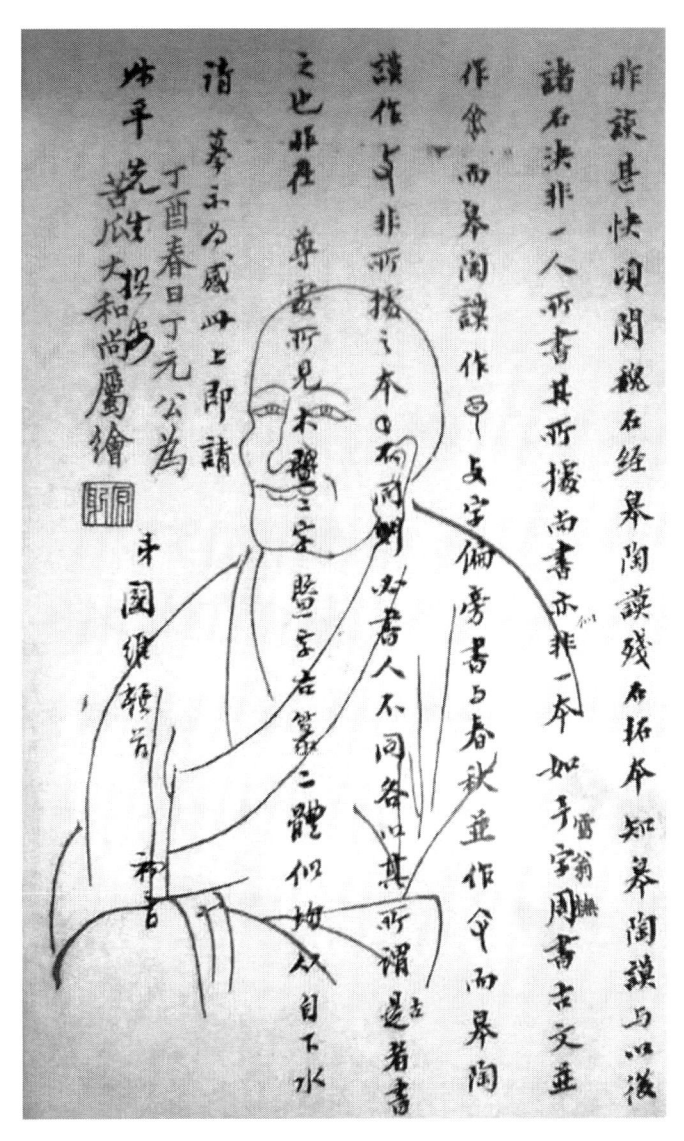

昨讀甚快頃聞鄴石經暴陶齋殘石拓本知鄴陶齋與以後
諸石決非一人所書其所據尚書亦非一本如手寫周書古文並
作食而鄴陶齋作自及字偏旁書另春秋並作金而暴陶
讀作與非所據之本句例所列必昔人不同各以其所謂邊者書
之也非性尊處所見本襣三字醫字篆二體似均以水自下水
諸葦承為感此上即請
姑平䇿䇿大和尚屬繪
丁酉春日丁元公為
國維頓首

王國維致馬衡

第十七章 新文化運動的衝擊

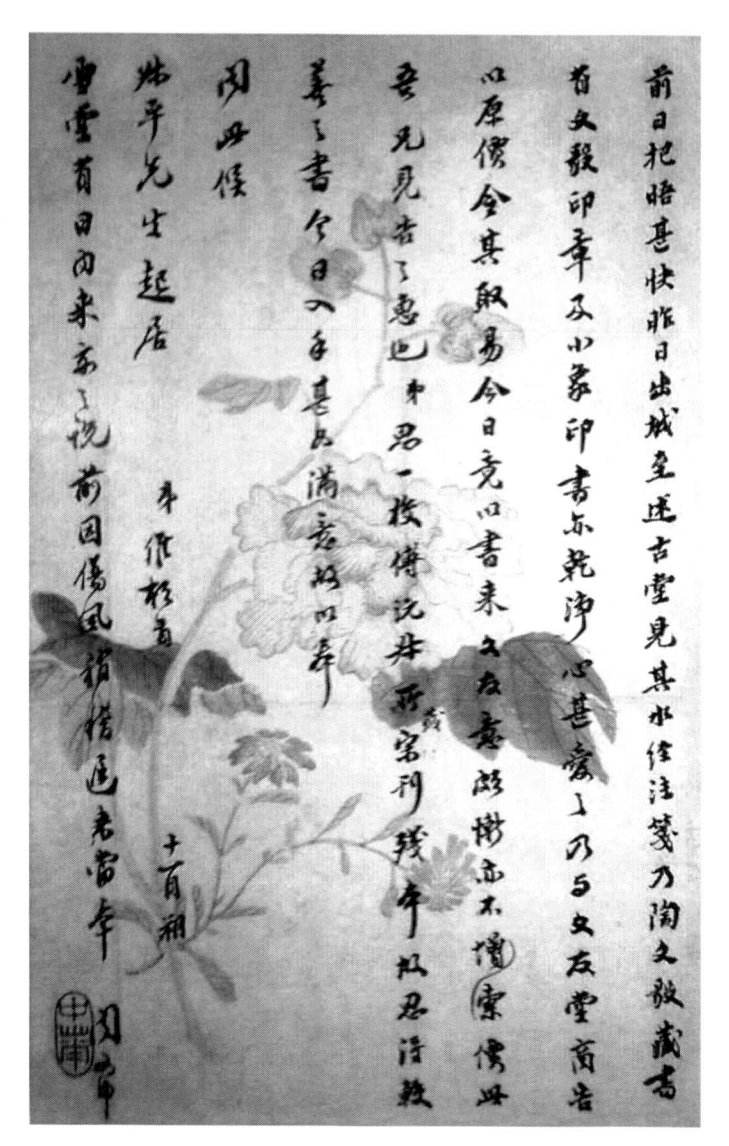

王國維致馬衡

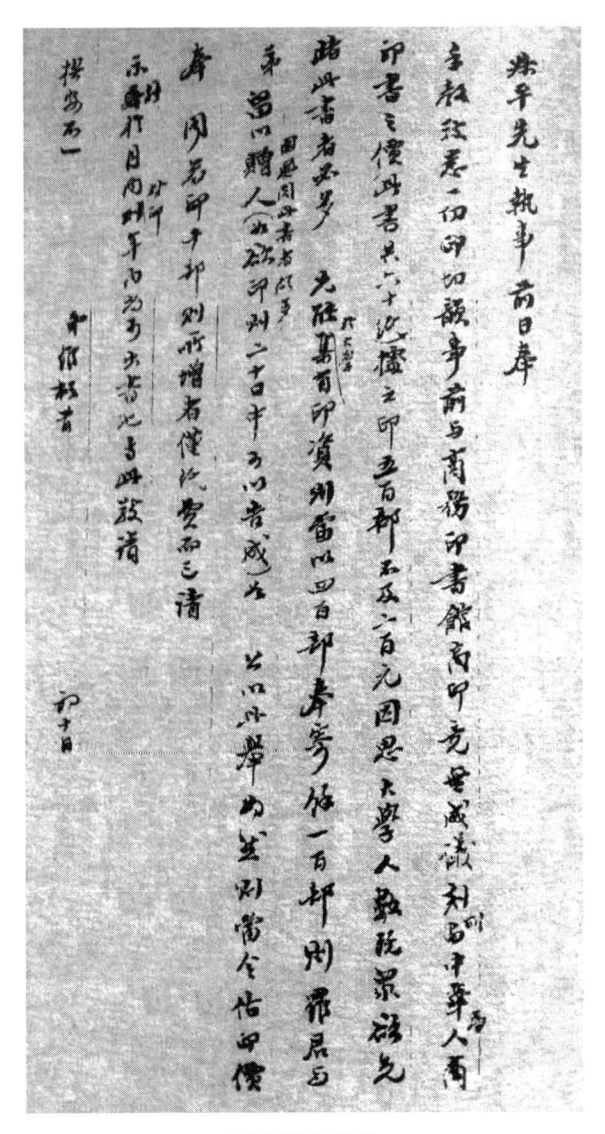

第二節　王國維與北大的分分合合

王國維致馬衡

　　王國維與北大的關係，表面上看，終結於北大方面對於清室的冒犯，更為深層的原因，恐怕是王國維對於北大所代表的新思潮的難以認同。雖然王國維出於私誼與北大有過短暫的結緣，但是對於以北大為大本營的新思潮的泛濫，始終頗有微辭。

第十七章 新文化運動的衝擊

王國維在一九一九年致羅振玉的信中，坦言新思潮之危害：「宋聲與時局亦稍有合符，惟新思潮之禍必有勃發之日，彼輩恐尚未知有此，又可惜世界與國家卻無運命可算，二三年中正未知有何變態也。」[18] 時隔一年的一九二〇年，王國維在致日本學人狩野直喜的信中，再次談到新思潮之危害：「世界新潮澒洞澎湃，恐遂至天傾地坼。然西方數百年功利之弊非是不足一掃蕩，東方道德政治或將大行於天下，此不足為淺見者道也。」[19]

王國維對於新思潮的恐懼乃至對於東方文化的信念，與他的學術抱負政治抉擇，互為參照。透過對比我們可以看出，雖然他與蔡元培、馬衡諸人不無私交，但是對於他們身後的北大以及其所標示的新思潮的大本營，始終望而卻步。他與北大關係的脆弱，也是他本身徘徊於清室與北大這一舊一新的兩個象徵性事物之間內心的矛盾使然。

雖然蔡元培就任北大校長時一再強調大學乃是純粹研究學術之機關，但在王國維看來卻沒有那麼簡單。溥儀被逐出宮之後，王國維所謂南書房行走一職有名無實，但他卻依然隨侍溥儀左右，曾經的北大同仁胡適在顧頡剛的勸說下，力薦其去清華國學院任教，王國維一再猶豫，其中的緣由，恐怕也有北大一事在其心中留下的陰影有關。

第三節 羅振玉的應對

而就在同一時期，羅振玉也頻繁地對新思潮發表看法，並表現出了越來越強烈的遺民情懷。他在給張菊生的信中大發議論：「比來神州陸沉，三千年來禮樂文物，掃地垂絕，二三名節之士，戢影滬上，獨抱遺經，忍饑待盡。」[20] 其更在晚年的回憶錄中指出：「歐戰以後，歐美各國爭研究東方學術。法國大學院乃公舉予為東方通信員。回顧中國，則異學爭鳴，斯文將墜。」[21] 顯然羅振玉對於新思潮的瀰漫是不滿意的。

正是有鑑於此，羅振玉決心重振舊學，在一九二三年聯合遺老，成立了東方學會，羅振玉在寫給王國維的信中談及：「刻下學會進行之事，在立董事會，弟意推鳳老為董事長，而推尉與今西做董事。理事會與董事會一日行者，但先舉定董事，而後由董事舉董事長，乃合辦事之法。請於晤尉及今西

第三節 羅振玉的應對

時,告以同人皆望彼任董事,邀其同意。」[22] 當時沈曾植已經去世,柯劭忞理所當然成了遺老中學術的代表。而聘請尉禮賢、今西龍這兩位漢學家,應該是為了擴大海外影響。

羅振玉在起草的章程中指出:「本會以研究東方三千年來之文化,約以哲學、歷史、文藝、美術四類為宗旨。」進而描繪了學會的前景:「本會先於北京、天津立總會,以後再推行於各省為分會。」同時提出了具體的步驟,其中有設圖書館、博物館以集圖書、博物;設演講部以貫學術;設印書局以流通古今書籍,並本會學術雜誌;設招待部以招待東西各國之學者,以溝通學術等等。[23]

羅振玉繼而指出:「本會商於北京選擇合宜之地建築學會所,於天津建會所及藏書樓、博物館。未成以前先設籌備處,以籌備本會事務。」同時有關經費問題,羅振玉設想「擬分兩期籌集,每期籌集一百萬元,第一期預定建築會所、圖書館、博物館,費二十萬元。圖書及博物亦價四十萬,餘四十萬存銀行生息,為會中常費。籌集經費由本會發起人任之,凡各國有贊助者,尤為歡迎。此外,羅振玉還談到了入會問題:「本會入會會員不分國籍,凡贊成本會宗旨者,得由本會發起人及各國大學院、大學校介紹入會,會員規則隨後訂之。除前列職員外,更設評議會,不論國籍,以學術湛深者充之。」[24]

參與東方學會的尉禮賢,曾經在青島辦禮賢會,組織尊孔文社,推舉當時在青島的遺老勞乃宣主其社事,勞乃宣為其寫碑文頌揚。[25] 在東方學會中,尉禮賢負責具體的聯絡工作,他在另外擬定的東方學會的章程中稱:「中國有數千年的沒有中斷的文化傳統。近幾十年,歐美人民因飽嘗戰爭之苦,認識到在強權和槍桿之外還有另一條通向真理之路。因而紛紛注重研究東方文化。本會以研究中華文物制度為己任,研究古代經籍和歷史的關係,以圖洞悉國家和社會治亂之根源。」[26]

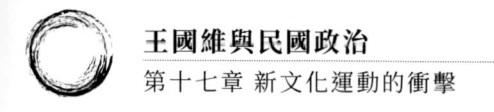

第四節 遺老的集體活動

　　周明之注意到一個很有意思的現象，王國維和羅振玉消極悲觀時，考據活動往往成了他們消遣解愁的工具，羅王二人常在書信中以「草間之夢」形容復辟，可見其對於復辟的可能性也沒有抱持多大的希望，而其從事的古代史、古代文字等相關研究，讓其和現實築起一道藩籬，減輕了外界逆境對他們心情的影響。[27]

　　王國維羅振玉往來書信中有不少關於書畫買賣的記載，周明之將其視為羅王躲避現實政治的一個重要標誌，並引用了羅振玉致王國維的信加以解釋：「居今之世，但有尚友古人，以書畫略娛心意而已。故弟近日愛畫益篤，職是故也。」[28]

　　而這一年度遺老群體中有兩大盛事，便是沈曾植的七十大壽與鄭孝胥的六十壽誕，這在遺老界當然引發了一次詩詞唱和。王國維寫了《沈乙庵先生七十壽序》為之賀壽，起首云：「我朝三百年間，學術三變：國初一變也，乾嘉一變也，道咸以降，一變也。」王國維繼而對沈曾植大加讚譽：「先生少年，固已盡通國初及乾嘉諸家之說，中年治遼金元三史，治四裔地理，又為道咸以降諸家之學，然一秉先正成法，無或踰越，其於人心世道之隆汙，政事之利病，必窮其源委，似國初諸老，其視經史為獨立之學，而益探其奧窔，拓其區宇，不讓乾嘉諸先生，至於綜攬百家，旁及二氏，一以治經史之法治之，則又為自來學者所未及，若夫緬想在昔，達觀時變，有先知之哲，有不可解之情，知天而不任天，遺世而不忘世，為古聖哲之所感者，則僅以其一二見於詩歌，發為口說，言之不能以詳，世所得而窺見者，其為學之方法而已。」[29]

第四節 遺老的集體活動

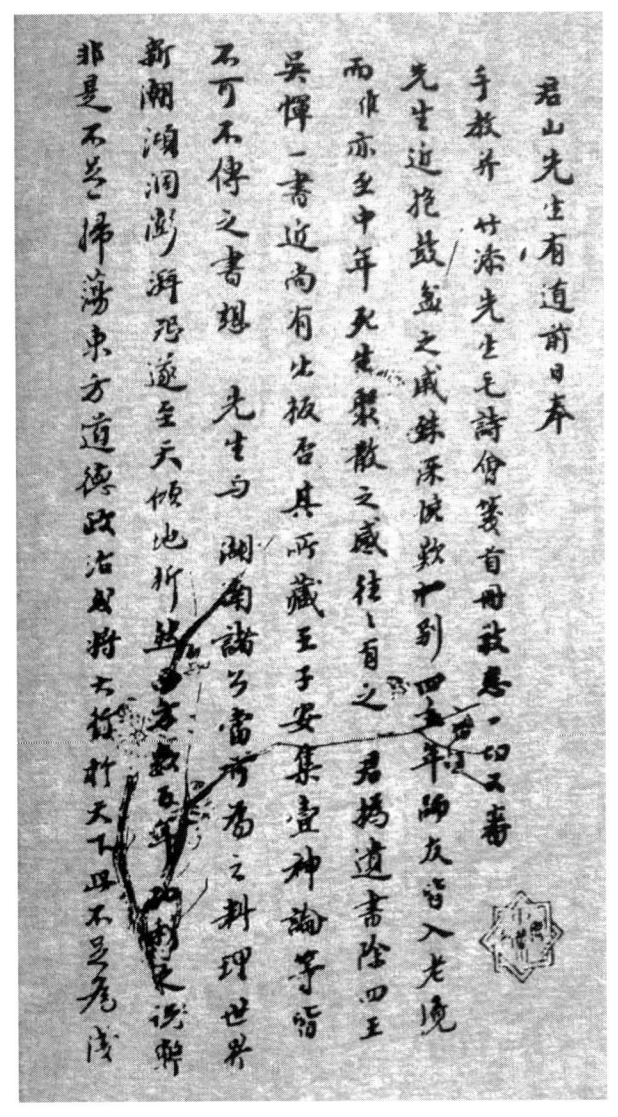

王國維致狩野直喜

　　王國維在此文中，尤其推崇沈曾植「其於人心世道之隆汙，政事之利病，必窮其源委」，可見王國維在滬上，亦只有沈曾植一人可與論時事，王國維對沈曾植的推崇，與此不無關係，王國維繼而贊曰：「趣博而旨約，識高而議平，其憂世之深，有過於龔魏，而擇術之慎，不後於戴錢，學者得其片言，

王國維與民國政治
第十七章 新文化運動的衝擊

具其一體，猶足以名一家，立一說，其所以繼承前哲者以此，其所以開創來學者亦以此，使後之學術變而不失其正鵠者，其必由先生之道矣。」[30]「擇術之慎，不後於戴錢」，顯然只是王國維的客套話。

不僅僅王國維為沈曾植賀壽，繆荃孫、鄭孝胥等遺老也多半表達了祝賀，只是沈曾植深諳世故，拒絕了繆荃孫的賀禮。陳三立、陳夔龍等遺老紛紛寫詩祝賀。樊增祥和王國維一樣，寫了壽序以表祝賀。[31] 嘉興同鄉王甲榮亦攜其子王蘧常前來賀壽，王甲榮同時還命王蘧常向沈曾植拜師，從其授業。[32] 同時對沈曾植的壽辰表示祝賀的，還有上海的富商哈同，鄭孝胥日記載，當時哈同將上海市新閘路的一處宅子借給了沈曾植居住，沈曾植遷居之後，以「鴛湖沈寓」題在門頭。[33]

鄭孝胥的生日也過得頗為隆重，生日前夕，他召集沈曾植、張元濟、陳衍等名流來寓所海藏樓看櫻花，隨後鄭孝胥還折了許多綠櫻給沈曾植，沈曾植也寫了詩為鄭孝胥賀壽。據鄭孝胥斯時的日記記載前來賀壽者有百餘人，壽宴次日，鄭孝胥出於禮貌，主動回訪了沈曾植，以示尊重。[34] 這一段時間，沈曾植和鄭孝胥交情漸濃，常常同飲，也有詩詞互相唱和。[35]

而這一年遺老繆荃孫病故，但是遺老圈對此並不關心，王國維和羅振玉書信中也未曾提及此事，聯繫到前文所述沈曾植拒絕繆荃孫賀禮之事，以及王國維羅振玉往來書信中對繆荃孫的惡評，遺老對此的漠視，也在情理之中。與此相反的是，梁鼎芬也在此後不久去世，梁鼎芬在滬上有私交者極少，但是由於梁鼎芬在辛亥革命之後之於清室的忠心，沈曾植主動出面為之公祭。[36] 此種身後事的對比，頗可玩味。

註釋

[1] 現在據可靠資料證明，反對新文化運動的遺老不在少數，比如辜鴻銘、林紓、王國維等，就連後來的陳寅恪，實際上也對新文化運動頗有微辭，對胡適本人也有保留意見。

[2] 孔慶茂著：《林紓傳》，團結出版社，1998 年版，第 209～232 頁。

[3]《辜鴻銘評傳》，第 170～171 頁。

[4] 參見任訪秋：《林紓論》，《開封師院學報》，1978年第3期。

[5] 薛綏之、張俊才編：《林紓研究資料》，福建人民出版社，1983年版，第87頁。

[6] 《辜鴻銘評傳》，第138頁。

[7] 辜鴻銘著：《中國人的精神》，外語教學與研究出版社，1998年版，第2頁。

[8] 《羅振玉王國維往來書信》，第277頁。

[9] 《王國維年譜長編》，第218頁。

[10] 《羅振玉王國維往來書信》，第325頁。

[11] 參見張曉唯：《王國維與北大關係始末》，《文史知識》，2003年第6期。

[12] 《王國維年譜長編》，第398頁。

[13] 參見《王國維與北大關係始末》。

[14] 《王國維年譜長編》，第415頁。

[15] 同上，第415頁。

[16] 同上，第416頁。

[17] 《王國維年譜長編》，第417頁。

[18] 《王國維全集·書信》，第300頁。

[19] 同上，第311頁。

[20] 《羅振玉王國維往來書信》，第307頁。

[21] 《雪堂自述》，第49頁。

[22] 《羅振玉王國維往來書信》，第573頁。

[23] 參見王若：《新發現羅振玉〈東方學會簡〉手稿跋》，《中華讀書報》，2008年8月22日。

[24] 參見《新發現羅振玉〈東方學會簡〉手稿跋》。

[25] 張國剛著：《德國的漢學研究》，中華書局，1994年版，第40頁。

[26] 《德國的漢學研究》，第41～42頁。據桑兵考證，尉禮賢自稱乃是該會的發起人，東方學會與當時鼓吹的日中文化聯合有關，參見桑兵：《晚清民國的學人與學術》，中華書局，2008年版，第205頁。

[27] 周明之著：《近代中國的文化危機：清遺老的精神世界》，山東大學出版社，2009年版，第172頁。

[28] 《近代中國的文化危機：清遺老的精神世界》，第172頁。

[29] 《沈曾植年譜長編》，第478頁。

[30]《沈曾植年譜長編》，第 478 頁。
[31] 同上，第 477 頁。
[32] 同上，第 478 頁。
[33] 同上，第 481 頁。
[34] 同上，第 479 頁。
[35]《沈曾植年譜長編》，第 482 頁。
[36] 同上，第 484 頁。

第十八章 遺老與五四

第一節 王國維眼中的五四

　　王國維之關心時事，在一九一九年五四運動爆發時亦有顯示，這一年六月，羅振玉從日本返回中國國內，在輪船上連日閱報，致信王國維談及此事：「滬上因北京捕學生百餘人，致罷市，擾亂可想。」時隔兩日，又寫一信，同樣談到上海變動的局勢：「滬市開否？聞警隊盡出，或不至大擾亂耶？」[1]

　　時隔四日，羅振玉再次寫信給王國維，談及世界局勢和中國國內動盪，對內藤湖南對中國的批判大為不滿：「湖南有文刊報紙上，斥中國已亡國。不知中國之亡，亡於辛亥之無君，不在今日之排日貨也。繼中國而亡者為誰？此輩亦可謂不能自見其睫者矣。」羅振玉還談到了當時歐洲政局的變動：「歐洲罷市與我同時，英法伊社會黨宣言，有全世界各國於三十六點鐘內同時輟業語。吁，可畏也！」[2]

　　龔鵬程曾經指出，羅振玉對內藤湖南一直持有保留意見，因其覺得內藤湖南有軍方之背景，治中國學，內情並不單純；其本人對中國之態度，他也不能苟同，所以曾經在致王國維的信函中稱：「湖南昨夕啟行，得意之至。然弟逆料，此行不過多見我邦耆宿數人，得古書數卷而歸，政治調查，必無結果。然我耆宿果能為之開導，令彼漸覺悟平日所懷之背謬，亦大佳。」後來他又寫信給王國維稱：「內藤湖南想已到滬，聞至濰縣陳氏看銅器。此君古雅如此，恐此行結果，不出弟所料。但望我諸老能灌輸以新知識，變易其思想，未始無益。因彼邦元老及當道頗信其言論也。」[3]

　　六月十二日，上海罷市已經超過七日，王國維目睹當時的情況，在致羅振玉的信中說：「此間罷市已逾七日，今日有開市之說。此七日中名為罷市，然除南京路大店全閉門外，其餘小店往往上排門數扇，小作交易，而食物店除菜館外均開市如故。小菜場亦有蔬菜可買，故人心尚不至大恐慌。工界有一部分罷工，亦未普及，尚不至滋生大事端。然此七日中亦岌岌矣。」[4]

王國維一眼就看穿了內政之間隱藏的外交問題：「此次故有國際競爭，有政爭，最可怕之社會運動恐亦有之。而在表面活動者皆為之利用，而不自知，以後利用此舉者當接踵而起，則大亂將隨之矣。有人自北來，言北京政像極險，軍隊欠餉數月，頗有異心，此次保定騷動已其發端。如危險思想傳入軍隊，則全國已矣。」[5]

時隔九日，王國維再次致信羅振玉，談及時局變動，口氣極為急促：「前函所示，誠非此間所能陶度，然世界風潮不可不察。倫敦工黨之所宣言，幾欲步羅剎之後，如西洋三島爆發，則東三島與我神州必隨其後。老樹尚為之漂搖，況未生之萌蘖乎！」[6] 信中已經準確地預計到了俄國革命的長久影響，同時對於第二次世界大戰做出精準的預言。

五四運動甚囂塵上之際，時任育才公學學生會副會長的王仲聞（王國維次子）因參加學生運動，被校方開除，此後其被推舉為全國學生聯合會出版社代表，而後又在離校學生所開辦的免費學校中任高級班國文教員，對學生運動的參與，可謂不遺餘力。[7]

被學校開除後，王仲聞在父親的建議下決定次年考郵政，王國維在致羅振玉的信中提及此事：「次兒等學校事，因值孔子誕辰，學生要求放假一日，午後遂不往，因之斥退四人。表面如此，實際因夏間之學生會，次兒因資格被舉為副會長，此次開除殆因此故。因開除此四人，遂鬧罷課風潮，頭班中自退學者共有六人。現退學者共結一自習會，次兒明年春定考郵政，三兒則尚須設法入學，明年或再入此校，或可允也。」[8]

第二節 剿滅過激黨

王國維身處五四之中，目睹全國亂象，自然憂心忡忡，他對俄國布爾什維克心存敵意，也多半源於其對暴民的反感，他在一九一九年致信羅振玉再次談及俄國布爾什維克：「俄過激黨之禍，德、匈及葡、瑞諸國均受其影響，恐英、法、美諸國未必不沾漬其說，如此則歐洲文化富強不難於數年中滅絕。東方諸國受其禍，亦未必後於西洋。」[9]

王國維繼而提到了自己寫信給柯劭忞言及此事:「故昨致鳳老一長函,請其說當局,於歐洲和會提出以國際聯盟為剿滅過激黨之神聖同盟,合世界之力以撲之。並謂變魯至道,此為第一著。不知鳳老能言否?言之能有效否?如此派得志,則世界末日至矣,遑論其他?此事並須慫恿新人言之,較有效力。歐美諸國默視其害而不為計,不知何故?」[10]

王國維此時病急亂投醫,給柯劭忞寫信不說,還寫信給「十餘年不通隻字」的陸宗輿。陸宗輿早年與王國維之父王乃譽相識,與王國維也多少熟悉,但是兩人交往顯然不密切。王國維居然想到給陸宗輿寫信,重申「剿滅過激黨」一事:「細思此事關係至大,擬致函於十餘年不通隻字之陸宗輿,以利害言之。媾和使者非其人,未必能如吾輩意。然以當國者名義提出,當無不可。」[11]

羅振玉隨後回信,對王國維表示高度贊同:「公與某書及敬仲書,具見救世熱心,雖敬仲未必具此遠識,何況逐逐者乎!然尊言則甚佩甚佩!此事但有常識者皆知之矣。在今日之常識程度,則謂之遠識可也。」[12]

實際上王國維不止一次向柯劭忞言及時局,言及俄國革命,早在一九一七年底,他就曾經有長函致柯劭忞,而柯劭忞對此信非常重視,後來羅振玉記錄下了此信的大致內容,錄入《海寧王忠愨公遺書序》中:「已而俄國果覆亡,公以為禍終將及我,與北方某耆宿書言,觀中國近狀,恐以共和始,而以共產終。」[13] 王國維在致羅振玉的另一封信中,亦曾提及此信:「前致敬仲書,已得其復⋯⋯永書中有『始於共和,終於共產』語,乃行文配襯之筆,而敬仲乃反覆此語,將其他要言忘卻,殆神明已衰矣。」[14]

第三節 林紓的激烈反對

清遺老對於五四運動,基本上抱持反對態度,尤其是辜鴻銘和林紓,更是悲憤欲絕。斯時林紓在正德學校講授倫理課,談到倫理道德的廢除,不禁失聲痛哭。[15] 後來便寫下《續辨姦論》,對蔡元培、陳獨秀等人大加貶低。而其對蔡元培大加抨擊,和之前的舊怨不無關係:「彼具其陶誕突盜之性,適生於亂世,無學術足以使人歸仰,則嗾其死黨,群力褒拔,擁之講席,出

其謾讇之言，側媚無識之學子。禮別男女，彼則力潰其防，使之嫘嫚為樂；學源經史，彼則盛言其舊，使之離叛於道；校嚴考試，彼則廢置其事，使之遨放自如。少年苦檢繩，今一一軼乎範圍之外。而又坐享太學之名，孰則不起而擁戴之者？嗚呼！吾國四千餘年之文化教澤，彼乃以數年爐之。」[16]

對於陳獨秀諸人在五四之後組織工人罷工，林紓也有看法：「以太學舉幡之眾，下為徒手之小民，助其乞食，何其醜也？」他對現實越來越不滿：「亂亟矣！喪權喪地，喪天下之膏髓，盡實武人之嗛，均不足患。所患倫紀為斯人所敗，行將儕於禽獸，滋可憂也。若云挾有舊仇宿憾，用是為抨擊者，有上帝在！有公論在！」[17]

當時林紓還在《蠡叟叢談》專欄裡發表了一篇題為《某生》的小說，這篇小說以師生問答的形式表示自己對五四運動的看法，體現了林紓面對五四運動矛盾的心情：「今年五月，京畿學校以抨擊國賊，悉罷課。余校中生徒三百餘人，屹然山立不動。」接著他借與某生的對話深化自己的看法：「又七月三日，某生忽造余家。余曰：外間罷課，力爭青島，其有濟乎？生曰：先生以為如何？余曰：是非義心所激耶？生曰：學生如新嫁娘耳。名曰保家，為時不豈早耶？余曰：既為人婦，則產為其產，家為其家。即貢忠款，亦復何礙？生曰：學生尚為處子，處子尚有父兄，宜秉禮自重，胡能強預人事？余笑曰：國事耳！今人恆言，天下興亡，匹夫有責。學生為國復仇，即出位而言，心猶可諒。」[18]

王楓指出，對話雙方其實都表達了林紓的立場，某生批評出位而言，對學生行為本身持有異議；辜鴻銘則強調心猶可諒，所謂以蠡、種為心。所以五四期間，林紓既約束生徒不要參與，也不曾對這場運動發表議論。毋寧說，他是同情參與者的舉動的，所謂天下興亡，匹夫有責，這符合林紓心中的價值標準。[19]

第四節 辜鴻銘與胡適的爭論

據時在北大的羅家倫後來回憶，辜鴻銘對於五四頗有保留：「我們在教室裡對辜先生是很尊重的，可是有一次，我把他氣壞了。這是正當五四運動

的時候,辜先生在一個日本人辦的《華北正報》(North China Standard)裡寫了一篇文章,大罵學生運動,說我們這般學生是暴徒,是野蠻。」[20]

這一言論當然惹惱了五四闖將,羅家倫稱:「我看報之後受不住了,把這張報紙帶進教室,質問辜先生道:「辜先生,你從前著的《春秋大義》(The Spirit of Chinese People)我們讀了都很佩服,你既然講春秋大義,你就應該知道春秋的主張是『內中國而外夷狄』的,你現在在夷狄的報紙上發表文章罵我們中國學生,是何道理?」羅家倫指出,當時辜鴻銘反應非常激烈:「這一下把辜先生氣得臉色發青,他很大的眼睛突出來了,一兩分鐘說不出話,最後站起來拿手敲著講臺說道:『我當年連袁世凱都不怕,我還怕你?』這件事,現在想起來還覺得很有趣味。」[21]

而當時辜鴻銘還和新文化運動中的胡適頗有交集,兩人明爭暗鬥,一時傳為笑談,胡適後來在《記辜鴻銘》一文中回憶:「辜鴻銘是向來反對我的主張的,曾經用英文在雜誌上駁我;有一次,為了我在《每週評論》上寫的一段短文,他竟對我說,要在法庭控告我。然而在見面時,他對我總很客氣。」[22]

胡適在《每週評論》上登出一段隨感錄,對辜鴻銘的辮子大加評論:「現在的人看見辜鴻銘拖著辮子,談著『尊王大義』,一定以為他是向來頑固的。卻不知當初辜鴻銘是最先剪辮子的人;當他壯年時,衙門裡拜萬壽,他坐著不動。後來人家談革命了,他才把辮子留起來。辛亥革命時,他的辮子還不曾養全,便戴著假髮結的辮子,坐著馬車亂跑,很出風頭。這種心理很可研究。當初他是『立異以為高』,如今竟是『久假而不歸』了。」[23]

文章發表的那天,胡適和辜鴻銘在一家飯店裡相遇。而胡適恰好身邊帶了一份《每週評論》,便拿給辜鴻銘看。辜鴻銘看了一遍,告訴胡適這段記事不準確,胡適便向辜鴻銘道歉。但是隨後報紙被跟辜鴻銘同桌吃飯的幾位朋友看到,他們就說了一些挑撥的話,於是辜鴻銘對胡適說:「胡先生,你在報紙上誹謗了我,你要在報上正式向我道歉,若不道歉,我要向法庭控告你。」胡適笑道:「辜先生,你是開我玩笑,還是恐嚇我?你要是恐嚇我,請你先去告狀,我要等法院判決了就向你正式道歉。」但是後來辜鴻銘一直

181

沒有實行他的恐嚇，很久以後胡適再次見到辜鴻銘，和他玩笑道：「辜先生，你告我的狀子進去了沒有？」辜鴻銘正色說：「胡先生，我向來看得起你，可是你那段文章實在寫得不好！」[24]

後來，胡適曾經和辜鴻銘在一起參加宴會，胡適事後有所記述：「民國十年十月十三夜，我的老同學王彥祖先生請法國漢學家戴彌微（Mon. Demieville）在他家中吃飯，陪客的有辜鴻銘先生，法國的 x 先生、徐墀先生，和我……這一晚，他先到了王家，兩位法國客人也到了；我進來和他握手時，他對那兩位外國客人說：『Here comes my learned enemy。』大家都笑了。入座之後，戴彌微的左邊是辜鴻銘，右邊是徐墀。大家正在喝酒吃菜，忽然辜鴻銘用手在戴彌微的背上一拍，說：『先生，你可要小心！』戴先生嚇了一跳，問他為什麼？他說：『因為你坐在辜瘋子和徐癲子的中間！』大家聽了，哄堂大笑，因為大家都知道『Cranky Hsu』和『Crazy Ku』的兩個綽號。」[25]

胡適接著拿辜鴻銘和張勳開玩笑：「一會兒，他對我說：『去年張少軒（張勳）過生日，我送了他一副對子，上聯是荷盡已無擎雨蓋，下聯是什麼？』我當他是集句的對聯，一時想不起好對句，只好問他：『想不出好對句，你對的什麼？』他說：『下聯是菊殘猶有傲霜枝。』我也笑了。他又問：『你懂得這副對子的意思嗎？』我說：『菊殘猶有傲霜枝當然是張大帥和你老先生的辮子了。擎雨蓋是什麼呢？』他說：『是清朝的大帽。』」[26]

註釋

[1] 《羅振玉王國維往來書信》，第 455 頁。

[2] 《羅振玉王國維往來書信》，第 456 頁。

[3] 參見龔鵬程：《羅振玉心跡新考——兼論與王國維的關係》，《中國文化》，2008 年第 2 期。

[4] 《羅振玉王國維往來書信》，第 456 頁。

[5] 《羅振玉王國維往來書信》，第 456～457 頁。

[6] 同上，第 458 頁。

[7] 此係王亮兄告知,另參見王仲聞撰、唐圭璋批註:《全宋詞審稿筆記》,中華書局,2009年版。

[8] 《王國維年譜長編》,第282頁。

[9] 《羅振玉王國維往來書信》,第437頁。

[10] 同上,第437頁。

[11] 《羅振玉王國維往來書信》,第437頁。

[12] 同上,第441頁。

[13] 《王國維年譜長編》,第516頁。

[14] 《王國維學術研究論集》第一輯,第403頁。

[15] 《林紓傳》,第236頁。

[16] 《林紓研究資料》,第94頁。

[17] 《林紓傳》,第237頁。

[18] 參見王楓:《五四運動前後的林紓》,《現代文學研究叢刊》,2000年第1期。

[19] 同上。

[20] 《中國人的精神》,第3頁。

[21] 同上,第3頁。

[22] 林語堂著:《無所不談》,陝西師範大學出版社,2008年版,第237頁。

[23] 《無所不談》,第241～242頁。

[24] 同上,第242～244頁。

[25] 《無所不談》,第236～237頁。

[26] 同上,第237頁。

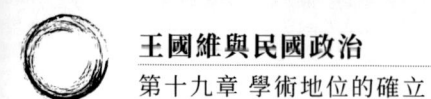

第十九章 學術地位的確立

第十九章 學術地位的確立

第一節 胡適的矚目

　　王國維在 1910 年代末至 1920 年代初，逐漸顯示出在學術界不可動搖的地位，茲引用當年胡適的日記為證。一九二二年胡適在日記中寫道：「讀王國維先生譯的法國伯希和一文，為他加上標點。此文甚好。」隨後的八月二十八日胡適在日記中寫道：「現今的中國學術界真凋敝零落極了。舊式學者只剩王國維、羅振玉、葉德輝、章炳麟四人；其次則半新半舊的過渡學者，也只有梁啟超和我們幾個人。內中章炳麟是在學術上已半僵化了，羅與葉沒有條理系統，只有王國維最有希望。」[1]

　　林志宏也注意到，當時的學界對於王國維期許甚高，並援引當時目錄學家倫明的評價，倫明說那時北京學術界正流傳一句話：「言國學者靡不曰王靜安，幾如言漢學者之尊鄭康成，言宋學者之稱朱子。」形容王的成就儼然執學界之牛耳。[2] 胡適此時顯然不可能忽略王國維的地位。

　　林志宏指出，晚年胡適曾經對祕書胡頌平撇清流言，說王國維在北京寓所距胡後面不遠處，二人並非如人們謠傳過從甚密，其實「只來過幾次」，但這一傳言至少說明了時人認為胡、王二人的私交頗密。[3] 林志宏根據現存的資料推斷，至少在一九二二年以前，胡適和王國維雙方的交往不如傳聞中熱切。因為胡適給沈兼士的信裡，談及有關王國維翻譯伯希和的文章時，態度方面極為謹慎即可略知。這封信的起因是由於胡對譯文略有校勘，希望沈轉寄與王氏審定，文末則提到兩點，可以充分說明胡、王關係：首先，胡適言及自己親為王文加以句讀標點，望其校正；其次是由於胡不知王的地址，故勞煩沈代轉。他的說明都還帶有相當禮貌性的口吻，可知胡王兩人互往尚不密切。[4]

　　但後來王國維入值南書房，胡適還曾經請他幫過小忙。孫中山的祕書楊杏佛給胡適打電話，詢問內務府寶熙、紹英、耆齡、榮源四位先生的表字，胡適接到電話後，立即給王國維寫信言及此事，可見王國維和胡適交往的日

第十九章 學術地位的確立

漸密切。[5] 其實胡適已經在莊士敦的牽線下見過了溥儀，按道理說透過莊士敦更為方便，[6] 但是胡適還是透過王國維詢問，可見其對王國維的重視。

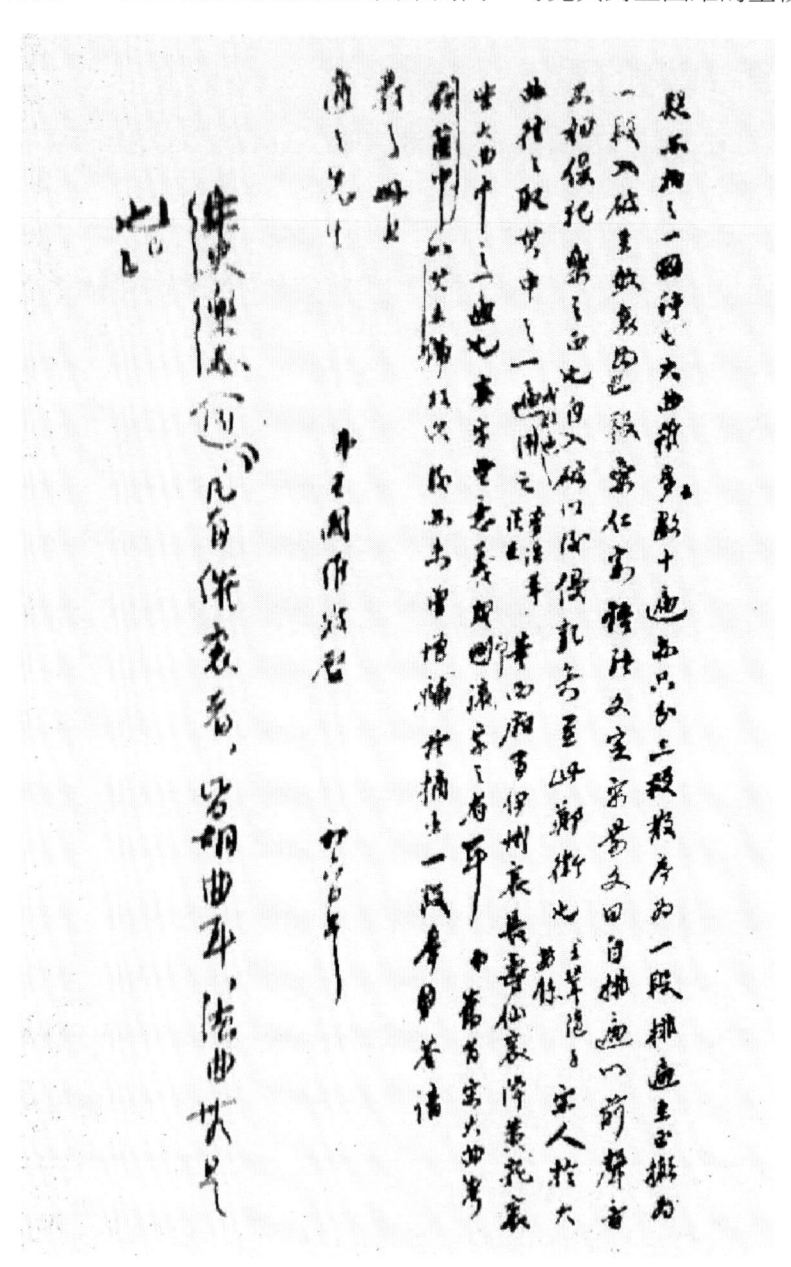

王國維致胡適

第一節 胡適的矚目

當然胡適對於王國維的尊敬,與二人的一次會面有關,據胡適在一九二三年十二月十六日日記中記載:「往訪王靜庵先生(國維),談了一點多鐘。他說戴東原之哲學,他的弟子都不懂得,幾乎及身而絕。此言是也。戴氏弟子如段玉裁可謂佼佼者了。然而他在《年譜》裡恭維戴氏的古文和八股,而不及他的哲學,何其陋也!」[7]

胡適繼而回憶道:「靜庵先生問我,小說《薛家將》寫薛丁山弒父,樊梨花弒父,有沒有特別意義?我竟不曾想過這個問題。希臘古代悲劇中常有這一類的事。他又說,西洋人太提倡慾望,過了一定限期,必至破壞毀滅。我對此事卻不悲觀。即使悲觀,我們在今日勢不能不跟西洋人向這條路上走去。他也以為然。我以為西洋今日之大患不在慾望的發展,而在理智的進步不曾趕上物質文明的進步。」[8]

王國維繼而與胡適展開辯論,並舉出實例,讓胡適對王國維的印象大為改觀。王國維說,美國一家公司製一影片,費錢六百萬元,用地千餘畝,說這種辦法是不能持久的。胡適回應說,製一影片而費如許資本工夫,正如我們考據一個字而費幾許精力,尋無數版本,同是一種作事必求完備盡善的精神,正無可厚非也。[9]

這一面給胡適留下了深刻印象,以至於在晚年回憶起王國維,依舊念念不忘。一九六〇年十一月二十一日胡頌平問胡適:「我從前聽人家傳說,先生住在北平的時候,梁任公先生來看先生,先生送至房門口為止;王靜安先生來,先生送至大門口,不曉得這種傳說是否可靠?」胡適回答說:「沒有這回事。我是住鐘鼓寺,靜安先生住在我的後面不遠的地方,他只來過幾次。任公先生就沒有來過。他住在天津,我倒常去看他,吃飯,有時候打牌。這種對我的神話,外國也有很多,將來把它寫出來才對。」胡適繼而感慨:「靜安先生的樣子真難看,不修邊幅,再有小辮子;又不大會說話,所以很少出門,但他真用功。羅振玉就不同,身材高大,人又漂亮,又會說話,說起話來又有丰采,真漂亮!」[10]

時隔不久,胡適又與胡頌平談起了王國維,說王國維也是一個絕頂聰明的人。「他少年時用德國叔本華的哲學來解釋紅樓夢,他後來的成就,完全

是羅振玉給訓練成功的。當然要靠他自己的天分和功力。」胡適接著問胡頌平：「你見過靜庵先生嗎？」胡頌平答曰沒見過，胡適說：「他的人很醜，小辮子，樣子很難看，但光讀他的詩和詞，以為他是個風流才子呢！」[11] 可見晚年胡適追憶起王國維，感覺還是非常親切。

第二節 北大的垂青

前文已經述及，北大也曾邀請王國維前去任教。王國維在致馬衡的信中曾言：「昨日張君嘉甫見訪，交到手書併大學脩金二百元，閱之無甚惶悚。前者大學屢次相招，皆以事羈未能趨赴。今年又辱以研究科導師見委，自惟淺劣，本不敢應命。惟懼重拂諸公雅意，又私心以為此名譽職也，故敢函允。不謂大學雅意又予以束脩。竊以尊師本無常職，弟又在千里之外，絲毫不能有所貢獻，無事而食，深所不安；況大學又在仰屋之際，任事諸公尚不能無所空置，弟以何勞敢貪此賜，故已將脩金託交張君帶還，伏祈代繳，並請以鄙意達當事諸公，實為至幸。」[12] 王國維亦提到剛剛由馬衡介紹來見的顧頡剛和鄭介石：「鄭君介石與顧君頡剛均已見過，二君皆沈靜有學者氣象，誠佳士也。」[13]

王國維隨後給羅振玉寫了一封信，亦提到此事：「京師大學畢業生（現為助教）有鄭介石者來見，其人為學尚有條理，又有顧頡剛者（亦助教）亦來，亦能用功，然其風氣頗與日本之文學士略同，此亦自然之結果也。」信中亦言及北大聘請一事：「大學竟送來兩月薪水二百元，即令其人攜歸，並作書致叔平婉謝之，仍許留名去實，不與決絕，保此一線關係，或有益也。」[14]

緊接著王國維又寫信給馬衡，表示了自己的感謝：「前日張嘉甫攜交手書併大學脩金二百元，諸公詞意殷拳，敢不暫存，惟受之滋愧耳。」又言：「研究科有章程否？研究生若干人？其研究事項想由諸生自行認定？弟於經、小學及秦漢以上事（就所知者）或能略備諸生顧問；至平生願學事項，力有未暇者尚有數種，甚冀有人為之，異日當寫出以備採擇耳。《國學季刊》索文，弟有《五代監本考》一篇錄出奉寄。」[15] 可見王國維與北大的親密互動。

王國維隨後還給沈兼士寫過一封信，信中提供了四項研究發題，其一為《詩》《書》中成語之研究，其二為古字母之研究，其三為古文學中聯綿字之研究，其四為共和以前年代之研究。[16] 王國維隨後給馬衡寫信，告知已經寄去研究發題：「研究科學研究究題目已擬就四條，並復兼士先生一函，乞轉交。現在大學是否有滿蒙藏文講座？此在中國所不可不設者。其次則東方古國文字學並關緊要。研究生有願研究者，能資遣法德各國學之甚善，惟須擇史學有根柢者乃可耳。此事兄何不建議，亦與古物學大有關係也。」[17] 由王國維對於北大極為熱情，可見其態度之轉變。此外，他還對何之兼等研究生作了細心的指導，在致何之兼等人的信中，王國維仔細回答了他們的提問。

第三節 日本的橄欖枝

還有一事可證明王國維在當時學術界的聲譽，前文已經述及，歐戰爆發前羅振玉獲邀前往歐洲鑑定文物，而羅振玉請王國維同往，可見羅振玉之於王國維的重視。到了一九一八年，王國維在八月末致羅振玉的信中提及內藤湖南邀請其去日本教書：「內藤博士有欲延維至大學之意，蓋出於相慕之真意。渠於近數年，維所作之書無不讀者，且時用維說，但雖有此意，亦未必能通過耳。」[18]

當時的日本學人來上海，很多方面也是王國維為他們引介，鈴木虎雄在上海勾留了半年，王國維帶他去拜見沈曾植，告辭的時候沈曾植送了一冊文集給鈴木虎雄，鈴木虎雄讀不懂，尤其是沈曾植詩文中所提及的人物別號，王國維為鈴木虎雄一一講解。此外鈴木虎雄還準備去拜訪詞學大家朱祖謀，王國維為之介紹，但是鈴木虎雄歸期在即，所以與朱祖謀緣慳一面。[19]

當時的日本學者來華，如同八九十年代來華的學人求見錢鍾書一樣，紛紛以見到王國維為榮。新城新藏回憶，他去北京時，王國維已經在清華教書。新城專門去拜見了王國維，恰逢自己在研究中國古代天文學史，王國維的論文對他啟發極大。[20]

第十九章 學術地位的確立

王國維致顧頡剛

而日本學者，實際上也能夠理解王國維身為遺老在民國微妙的處境。青木正兒回憶，他曾經覺得王國維的辮子有些滑稽，因為他知道王國維接觸過西方的新文明，但是他最後還是能夠理解王國維，他認為那髮辮正是王國維「主義的標誌」。青木正兒進而指出：「先生的頭髮是先生把信念、節義、幽憤一起編成的，很結實。」[21]

日本人對王國維的仰慕，還有一事可以佐證。據日本人新村出回憶，早在辛亥革命之後王國維流亡日本之時，新村出便和王國維認識，屢屢在書庫之中見面。他後來得知王國維的著作總是署名海寧王國維撰寫，後來去上海時，曾經專門去了王國維的故鄉海寧看錢塘潮。[22]

第四節 《觀堂集林》的出版

一九二三年，《觀堂集林》由蔣汝藻以聚珍版印畢行世，王國維在致蔣汝藻的信中說：「敝集已見樣本，更為歡喜。滬上欲贈書者，如雪老、古老、隘庵、孟劬等，均公至好，余亦不記有他人。惟此間需得三十五部方敷分送（內十部左右係寄海外者），俱用普通本可也。其連史六開本，弟意欲乞二部，其一以進呈，其一自留。種種拜惠，實非言語所能謝矣。」[23]

第十九章 學術地位的確立

王國維致鈴木虎雄

第四節 《觀堂集林》的出版

羅振玉為《觀堂集林》作序，序言中說：「余謂徵君之學，於國朝二百餘年中，最近歙縣程易疇先生及吳縣吳愙齋中丞。程君之書，以精識勝，而以目驗輔之，其時古文字古器物尚未大出，故局塗雖啟，而運用未宏。吳君之書，全據近出之文字器物以立言，其源出於程君，而精博則遜之。徵君具程君之學識，步吳君之軌躅，又當古文字古器物大出之世，故其規橅大於程君，而精博過於吳君，海內新舊學者咸推重君書無異辭。然則余與君書，其又何言，雖然余交君二十有六年，於君學問之變化知之為最深。……君嘗謂今之學者於古人之制度文物學說無不疑，獨不肯自疑其立說之根據。嗚呼，味君此言，可以知君二十年中學問變化之故矣。」[24]

蔣汝藻也為《觀堂集林》寫了一篇序言，序言中說：「竊謂君書才厚數寸，在近世諸家中著書不為多，然新得之多，未有如君者也。君新得之多，固由於近日所出新史料之多，然非君之學識則亦無以理董之。蓋君於乾嘉諸儒之學術方法無不通，於古書無不貫串，其術甚精，其識甚銳，故能以舊史料釋新史料，復以新史料釋舊史料，輾轉相生，所得乃如是之夥也。此書之成，余實任校勘之役，為君校此書，往往漏盡始就枕，顧以為一日之樂莫逾於此時者，此非余之私好，凡讀君書者，意必與余有同況也。」

王國維本人對《觀堂集林》的出版極為上心，曾經多次給蔣汝藻寫信請求寄書送人。他曾在致蔣汝藻信說：「昨接快信，並《觀堂集林》一部，敬悉一切。《集林》已略觀一遍，誤字雖發見數處，然比較尚不為多。世無不誤之書，即此已為審慎矣。」[25] 過了幾天，又寫信給蔣汝藻說：「再《集林》一書，滬上須送者皆兄必送之人，故不必另送。惟送外國者，則送伯希和一部，請託巴黎公司轉致。其餘請便寄京師，約需三十五部，均用官堆紙者可也。」[26]

隨後王國維寫信給蔣汝藻，所商談的還是贈送《觀堂集林》一事：「弟前索寄贈書，尚未知此書成本須如此之巨，今擬先擇最要者贈送，大約有二十部可敷分贈，而以內廷同事最占多數也。名單列後，庶可無重複之慮。」在信中所列的人有：「陳弢庵、朱艾卿、莊士敦、紹越千、耆壽民、寶瑞辰、

榮鐘權、袁珏生、朱聘文、楊子勤、景明九、溫毅甫、升吉甫、徐森玉、今西龍（日人）、尉禮賢（德人）、伊鳳閣（俄人）、柯鳳生、金息侯。」[27]

此外王國維還曾經就銷售問題寫信給蔣汝藻，信中還提及了贈送此書給狩野直喜和內藤湖南：「前日由仰先處送來《觀堂集林》白紙十二部，官堆紙二十四部，已如數收到。內弟欲贈人者，約黃紙二十部，其餘當再問富晉，如能以八折歸帳，當即付伊出售也。售書者均喜定價及折頭皆大，雪堂書中有售八折者，銷數甚滯。請一問授經，不知伊書如何辦法也。大學一處售數十部似非難事，日本似亦可銷數十部。弟有二部寄日，一贈京都狩野大學長，一贈內藤教授，此二部便可作廣告也。贈書之事累吾兄，感謝無盡。」[28]

過了一週左右，王國維致信內藤虎次郎，感謝其贈書，同時也送給了內藤虎次郎一部：「歷次惠贈書籍，頃又蒙賜大著《寶左盦文》及十二長物影片，伏讀一過，如親晤對。先生大著作多以貴邦文字書之，若能將重要者譯成漢文，都為一集，尤所盼禱也。上海友人蔣君孟蘋為維印文集，時閱二年，頃方告成，謹以一部奉呈臺教，又一部寄狩野先生處，未及作函，請晤時代為問好。」[29]

但是王國維此書當時的銷售情況似乎並不大好，一九二四年三月他在致蔣汝藻的信中說：「《集林》共收五批，計仰先帶來白紙十二部、官堆廿四部，興業帶來官堆十二部，與綾褾者一包，又十八部，誦清十八部，新之三十六部，共一百廿部。公函所云百五十六部者，殆初交范季美、黃溯初所帶之三十六部（此批未到）計之，不知黃與錢新之所送來者是一是二，乞示為感。以上除弟送人官堆廿三部，又交大學廿五部（內白紙五部），另售白紙一部外，現存七十一部。而富晉不來取書，大學所售聞亦未到十部，北方疲銷如此，不知南方如何？」[30]

註釋

[1] 曹伯言編：《胡適日記全編》第三冊，安徽教育出版社，2001年版，第775頁。
[2] 參見林志宏：《我的朋友胡適之——1920年代的胡適與清遺民》，《近代中國》，2008年號。

[3] 同上。
[4] 同上。
[5] 馬奔騰輯：《王國維未刊來往書信集》，清華大學出版社，2010年版，第52頁。
[6] 參見《我的朋友胡適之——1920年代的胡適與清遺民》。
[7] 《胡適日記全編》，第131頁。
[8] 同上，第131頁。
[9] 《胡適日記全編》，第131～132頁。
[10] 胡頌平編：《胡適之先生晚年談話錄》，中國友誼出版公司，1993年版，第85頁。
[11] 同上，第111頁。
[12] 《王國維全集·書信》，第323頁。
[13] 同上，第324頁。
[14] 《王國維全集·書信》，第325～326頁。
[15] 同上，第327～328頁。
[16] 同上，第333～336頁。
[17] 同上，第336頁。
[18] 《羅振玉王國維往來書信》，第408～409頁。
[19] 《追憶王國維》（增訂本），第304頁。
[20] 《追憶王國維》（增訂本），第300頁。
[21] 同上，第311頁。
[22] 同上，第316～317頁。
[23] 《王國維全集》第十五卷，第737頁。
[24] 《王國維年譜長編》，第362頁。
[25] 《王國維全集》第十五卷，第737頁。
[26] 同上，第741頁。
[27] 同上，第742～743頁。
[28] 《王國維全集》第十五卷，第742～743頁。
[29] 《王國維年譜長編》，第362頁。
[30] 《王國維全集》第十五卷，第749～750頁。

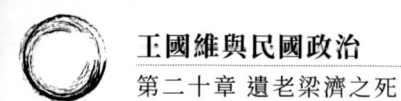

第二十章 遺老梁濟之死

第二十章 遺老梁濟之死

▌第一節 梁濟之死的爭議

　　一九一八年，遺老梁濟自沉於北京淨業湖，日後梁濟之子、哲學家梁漱溟回憶，當時梁濟快要過六十歲的生日，有一日出門，梁濟問梁漱溟：「這個世界會好嗎？」當時梁漱溟回答：「我相信世界是一天一天往好裡去的。」梁濟說：「能好就好啊！」說罷離開了家，三天之後投水自盡。[1]

　　羅志田曾經指出，梁濟自殺至少從時間上來看不合時宜，對很多中國人來說，一九一八年秋天是個可喜的季節，不少方面都給人以希望：比如當時文人總統徐世昌就職，帶來對「文治」及和平的憧憬；歐戰以協約國戰勝而結束，中國也因參戰而能分享「公理戰勝強權」的喜悅。不少人樂觀地以為人類新紀元從此開始，中國即將進入世界大同境界。但是就在很多人充滿希望和憧憬之時，前清京官梁濟卻看出了大問題，以自殺警示國人。[2]

　　而羅志田透過解讀梁濟的遺書，繼而指出梁濟之死，實為對於共和體制的失望，而且此前數十年，他的棄世早已經過了長時間的預備，同時也預測了世人的各種反應。而更為弔詭的是，梁濟在清末曾經得到徐世昌的賞識，被徐世昌調入其主持的巡警部，但是就在徐世昌就任總統後一個月，梁濟恰恰選擇了自殺，表明了他對新總統的文治亦不抱太多的希望。[3] 更有趣的是，梁濟死前寫好的遺書中，曾經花樣翻新地抨擊「新說」，他還假設了主張新說之人對他死後的各種反應，「有大罵者，如極端主新之陳君獨秀，以及江滬間迷信革命而未平心觀察事理者，皆不能不罵。」[4]

　　梁漱溟當時與長兄收錄父親的遺書，刊為一冊，廣為贈送。當梁濟還只是北京城裡一個普通官員時，因為多年來一直十分敬慕梁啟超，曾數次寫信給梁啟超，請求一見，奈何人微言輕，梁啟超沒有回應，又曾送上紙張扇面敬求墨寶，還是如石沉大海，後來把這件事寫入自己的《伏卵錄》中。梁漱溟在編輯《桂林梁先生遺書》時，就將《伏卵錄》先行送給梁啟超看。梁啟超看後十分感動和慚愧，就寫信給梁漱溟請罪，自責當年對其父的怠慢。[5]

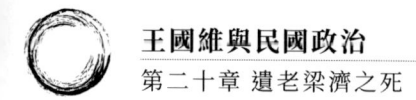

梁啟超在信中寫道：「讀報知巨川先生遺文已裒輯印布，正思馳書奉乞，頃承惠簡先施，感喜不可言罄。讀簡後，更檢《伏卯錄》中一段敬讀，乃知先生所以相期許者如此其厚，而啟超之所以遇先生者，乃如彼其無狀。今前事渾不省記，而斷不敢有他辭自諱飾其非。一言蔽之，學不鞭辟近裡，不能以至誠負天下之重，以致虛情慢士，日儕於流俗人而不自覺，豈唯昔者，今猶是也。」[6]

梁啟超繼而指出：「自先生殉節後，啟超在報中讀遺言，感涕至不可仰，深自懊恨並世有此人，而我乃不獲一見。豈知先生固嘗辱教至四五，而我乃偃蹇自絕如此耶！《伏卯錄》中相教之語雖不多，正如晦翁所謂一棒一條痕，一摑一掌血，其所以嘉惠啟超者實至大。末數語，蓋猶不以啟超為不可教，終不忍絕之；先生德量益使我知勉矣！願兄於春秋潔祀時，得間為我昭告，為言：啟超沒齒不敢忘先生之教，力求以先生之精神拯天下溺，斯即所以報先生也。遺書尚未全部精讀，但此種俊偉堅卓的人格感化，吾敢信其片紙隻字皆關世道。其效力即不見於今，亦必見於後。吾漱溟其益思所以繼述而光大之，即先生固不死也！」[7] 梁啟超這些言辭，絕不僅僅是客套話。

第二節 新派人物的看法

當時的李大釗，也表達了對於梁濟之死的高度關注，特在《北京的華嚴》這一短文中，專門談了梁濟自殺之事：「北京有個淨業湖，是梁巨川氏自殺的地方。不幾天又有一位吳梓箴，也在那裡自殺。我聽得這般事情，就聯想起那日本日光山上的『華嚴』瀧。明治三十六年，有一位京都帝國大學生叫藤村操的，因為人生不可解，起了哲學上的懷疑，跑到瀑邊，在樹上題了『岩頭之感』幾個字，就投入那瀑的冷淨的懷中了。從此日本青年，因為這件事的暗示模仿，你投入淺間山的噴火口，他死在富士山巔，他們的理由，都是厭世悲觀，那投入『華嚴』的，更是不計其數了。把這個『華嚴』做成一個唯一的死所，人都叫他為『死之瀑』。這淨業湖中的自殺者，若是聯續不絕，淨業湖也要成了『死之湖』，就是北京的『華嚴』了。我們把兩處的自殺者比較起來，有的是青年，有的是老人，有的是為人生問題而死的，有的是為

古人傳說而死的。其間雖大不同，我說這種人對於他自己的生命，都比那醉生夢死的青年、歷仕五朝的元老，還親切得多呢！」[8]

而當時還是北大學生的傅斯年也對梁濟之死有所評論，他的觀點與李大釗頗為類似。傅斯年主要討論了主義的問題，進而指出：「人總要有主義的；沒主義，便東風來了西倒，西風來了東倒，南風來了北倒，北風來了南倒……沒主義的人，不配發議論。議論是非，判斷取捨，總要照個標準。主義就是他的標準。去掉主義，什麼做他的標準？」傅斯年繼而將梁濟與舊派人物歸為一類：「任憑他是什麼主義，只要有主義，就比沒主義好。就是他的主義是辜湯生梁巨川張勳，都可以，總比見風倒得好。中國人所以這樣沒主義，仍然是心氣薄弱的緣故。可嘆這心氣薄弱的中國人！」[9]

從前文所引可以看出，事情果然如梁濟生前所料，他的死引發了巨大的爭論，除卻梁啟超對於梁濟之死有深切同情之外，在梁濟遺書中被點了名字的陳獨秀，也對梁濟之死發表看法。陳獨秀倒是沒有對梁濟的死說三道四，他將梁濟的遺文節選刊登在《新青年》上，進而肯定梁濟的言行一致，他認為：「梁先生自殺的宗旨，簡單說一句，就是想用對清殉節的精神，來提倡中國的綱常名教，救濟社會的墮落。」同時他明確指出：「新時代的人們不必學其捨生取義的做法，但應有他那種救濟社會墮落的勇氣和真誠純潔的精神……況且他老先生已死，我們也不必過於辯論是非了。」但是畢竟梁濟曾經在遺書中點到陳獨秀的名字，所以陳顯然要對此回應一下：「就是梁先生《敬告世人書》中，預料一般人對他死後的評論，把鄙人放在大罵之列。不知道梁先生的眼中，主張革新的人，是一種什麼淺薄小兒，實在是遺憾千萬！」[10] 當時資格尚淺，不足以入梁濟法眼的陶孟和也在《新青年》上發表文章，聲稱：「我仔細讀了他的著作，覺得他的死是根本於兩種錯誤的理想，那是不可不解釋清楚的。」陶孟和繼而指出這兩種錯誤的理想之內容：其一為拿清朝當作國家，其二為以為自殺可以喚醒國人。[11]

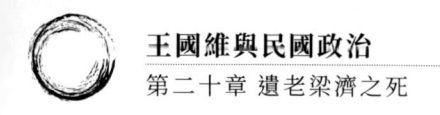

▎第三節 梁漱溟的反駁

　　梁漱溟立即寫了長信對陶孟和加以駁斥，信中首先對陳獨秀表示感謝：「方才收到《新青年》六卷一號，看見你同陶孟和先生論我父親自殺的事各一篇，我很感謝。」隨後梁漱溟解釋了原因：「因為凡是一件惹人注目的事，社會上對於他一定有許多思量感慨。當這用思興感的時候，必不可無一種明確的議論來指導他們到一條正確的路上去，免得流於錯誤而不自覺。所以我很感謝你們作這種明確的議論。我今天寫這信有兩個意思：一個是我讀孟和的論斷似乎還欠明晰，要有所申論；一個是凡人的精神狀況差不多都與他的思想有關係，要眾人留意。」[12]

　　梁漱溟隨後的筆端，不能不說含有悲憤之情：「諸君在今日被一般人指而目之為新思想家，哪裡知道二十年前我父親也是受人指而目之為新思想家的呀。」梁漱溟繼而寫道：「那時候人都毀罵郭筠仙（嵩燾）信洋人講洋務。我父親同他不相識，獨排眾論，極以他為然。又常親近那最老的外交家許靜山先生去訪問世界大勢，討論什麼親俄親英的問題。自己在日記上說：『倘我本身不能出洋留學，一定節省出錢來叫我兒子出洋。萬事可省，此事不可不辦……』沒有過人的精神，能行之於二十年前麼？」[13]

　　梁漱溟還追憶了梁濟和彭翼仲創辦報紙啟發民智時的艱難：「我父親有兄弟交彭翼仲先生是北京城報界開天闢地的人，創辦《啟蒙畫報》《京話日報》《中華報》等等。《啟蒙畫報》上邊拿些淺近科學知識講給人聽，排斥迷信，恐怕是北京人與賽（science）先生相遇的第一次呢！北京人都叫他『洋報』，沒人過問，賠累不堪，幾次絕望。我父親典當了錢接濟他，前後千餘金。在那借錢摺子上自己批道：『我們為開化社會，就是把這錢賠乾淨了也甘心。』」[14]

　　但是梁漱溟也坦然地承認，晚年的梁濟，已經和時代格格不入：「然而到了晚年，就是這五六年，除了合於從前自己主張的外，自己常很激烈的表示反對新人物新主張（於政治為尤然）。甚至把從前所主張的，如申張民權排斥迷信之類，有返回去的傾向。」梁漱溟同時指出：「不但我父親如此，我的父執彭先生本是勇往不過的革新家，那一種破釜沉舟的氣概，恐怕現在

的革新家未必能及,到現在他的思想也是陳舊得很。甚至也有那返回去的傾向。」[15]

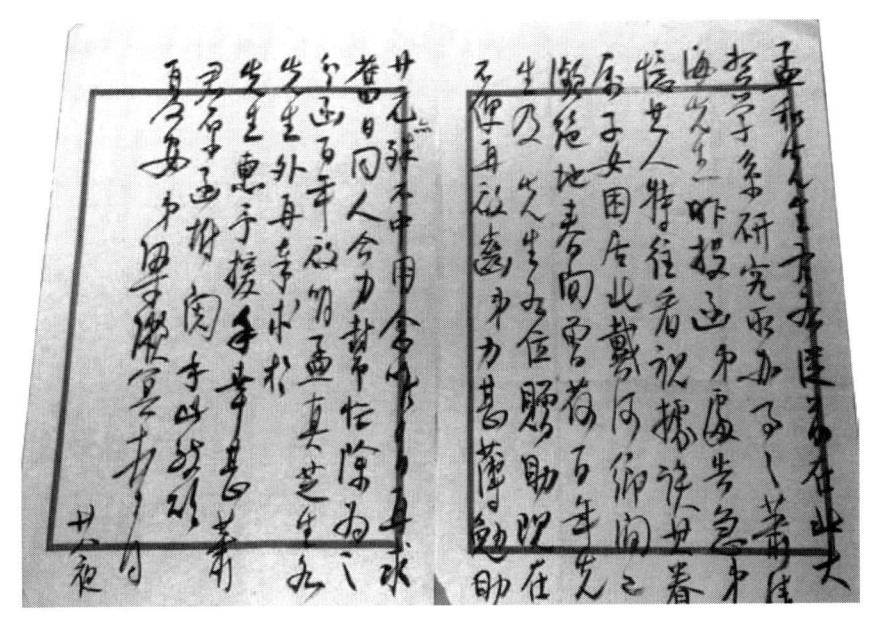

梁漱溟致陶孟和

第四節 胡適與徐志摩的議論

　　胡適看了梁漱溟的回信,對梁漱溟深感欽佩,在父親死後不久,就能心平氣和地用學理討論父親的自殺,顯然非常人所能為之。胡適在《不老》一文中指出:「漱溟先生這封信,討論他父親巨川先生自殺的事,使人讀了都很感動。後面一段論『精神狀況與思想有關係』一個問題,使我們知道巨川先生精神生活的變遷,使我們對於他老先生不能不發生一種誠懇的敬愛心。」[16]

　　胡適進而指出對梁漱溟信中「當四十歲時,人的精神充裕,攝取了知識,構成了思想,發動了志氣,所以有那一番積極的作為。在那時代便是維新家了。到六十歲時……知識的攝取力先減了,思想的構成力也退了……於是乎

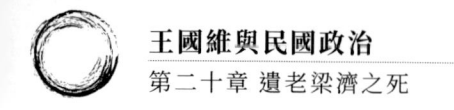

就落後成為舊人物了」一語深表贊同，進而反問：「我們應該怎麼預備做一個白頭的新人物呢？」[17]

胡適寫道：「我們應該早點預備下一些『精神不老丹』方才可望做一個白頭的新人物。這個『精神不老丹』是什麼呢？我說是永遠可求得新知識新思想的門徑。這種門徑不外兩條：一、養成一種歡迎新思想的習慣，使新知識新思潮可以源源進來；二、極力提倡思想自由和言論自由，養成一種自由的空氣，布下新思潮的種子，預備我們到了七八十歲時，也還有許多簇新的知識思想可以收積來做我們的精神培養品。」[18]當時胡適的父親剛剛去世，如此說法，自有深意存焉。

時隔七年，徐志摩接手《晨報副刊》，他重讀了《桂林梁巨川先生遺書》，也對梁濟的死表達了看法。他對陶孟和之於梁濟的批評頗為不滿：「例如梁巨川先生的自殺，甚至蔡先生的不合作，是精神性的行為，它的起源與所能發生的效果，絕不是我們常識所能測量，更不是什麼社會的或是科學的評價標準所能批判的。在我們一班信仰（你可以說迷信）精神生命的痴人，在我們還有寸土可守的日子，絕不能讓實利主義的重量完全壓倒人的性靈的表現，更不能容忍某時代迷信（在中世是宗教，現代是科學）的黑影完全淹沒了宇宙間不變的價值。」[19]

陶孟和立即給徐志摩回信，認為徐志摩「未免太挖苦社會學的看法」，同時他也稍微修正了之前對於梁濟的批評，這一轉變，顯然是受了重讀梁濟遺書的影響：「我也重讀了梁漱溟先生送給我的那部遺書。我這次讀了巨川先生的《年譜》、《辛壬類稿》的跋語、《伏卵錄》、《別竹辭花記》幾種以後，我對於巨川先生堅強不拔的品格，謹慎廉潔的操行，忠於戚友的熱誠，益加佩服。在現在一切事物都商業化的時代裡，竟有巨川先生這樣的人，實在是稀有的現象。我雖然十分的敬重巨川先生，我雖然希望自己還有旁人都能像巨川先生那樣的律己，對於父母、家庭、朋友、國家或主義那樣的忠誠，但是我總覺得自殺不應該是他老先生改採的辦法。」[20]

陶孟和繼而寫道：「我也並不是根本的反對自殺，我承認各人有自殺的自由，但是如以改良社會，挽回世道人心或忠於一種主義、信仰，或精神的

第四節 胡適與徐志摩的議論

生命為志願,便不應該自殺,因為自殺與這些志願是相矛盾的。凡是志願必須活著的人努力才有達到的希望,如巨川先生一生高潔的救世的行為尚不能喚起多人的注意與模仿,他老先生的一死會可以喚醒全世人嗎?即使他老先生的自殺一時的可以警醒了許多人,那也不過是一般人一時的感情的表現,人類本能的愛惜生命的感情的表現,又於世道人心有什麼關係呢?」[21]

徐志摩將此回信刊登在當時他主編的《晨報副刊》上,隨後加了一則附言,對陶孟和的些許轉變表示贊成:「陶先生大部分的見解都是我最同意的。活著努力,活著奮鬥,陶先生這樣說,我也這樣說。我又不是個傻子,誰來提倡死了再去奮鬥?——除非地下的世界與地上的世界同樣的不完全。不,陶先生不要誤會,我並不曾說自殺是『改良社會,挽回世道人心』的一個合理辦法。我只說梁巨川先生見到了這一點,使他不得不自殺;並且在他,這消極的手段的確表現了他的積極的目的;至於實際社會的效果,不但陶先生看不見,就我同情他自殺的一個也是一樣的看不見。我的信仰,我也不怕陶先生與讀者們笑話,我自認永遠在虛無縹緲間。」[22]

註釋

[1] 參見梁漱溟口述:《這個世界會好嗎?》,東方出版中心,2006年版。

[2] 參見羅志田:《對共和體制的失望——梁濟之死》,《近代史研究》,2006年第5期。

[3] 同上。

[4] 同上。

[5] 參見劉克敵:《梁漱溟與清華國學院四大導師》,見劉克敵著:《陳寅恪和他的同時代人》,文化藝術出版社,2006年版,第182～184頁。

[6] 梁漱溟著:《我生有涯願無盡》,中國人民大學出版社,2004年版,第300頁。

[7] 同上,第300～301頁。

[8] 《李大釗全集》第二卷,第272頁。

[9] 歐陽哲生主編:《傅斯年全集》第一冊,湖南教育出版社,2003年版,第146～147頁。

[10] 參見任建樹編:《陳獨秀著作選編》第一冊,上海人民出版社,2009年版。

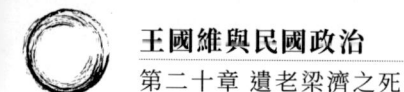

[11] 陶孟和著：《孟和文存》，上海書店，1996 年影印版，第 65～66 頁。

[12] 參見梁漱溟：《梁漱溟先生致陳獨秀書》，《新青年》，六卷四號。

[13] 參見《梁漱溟先生致陳獨秀書》。

[14] 同上。

[15] 參見《梁漱溟先生致陳獨秀書》。

[16] 參見胡適：《不老——跋梁漱溟先生致陳獨秀書》，《新青年》，六卷四號。

[17] 同上。

[18] 參見《不老——跋梁漱溟先生致陳獨秀書》。

[19] 《徐志摩全集》第二卷，第 187 頁。

[20] 《徐志摩全集》第二卷，第 196 頁。

[21] 同上，第 197～198 頁。

[22] 《徐志摩全集》第二卷，第 195 頁。

第二十一章 遺老的凋零

▌第一節 梁節庵之死

　　一九一九年十一月，遺老梁鼎芬去世，滬上的清代遺老三十餘人設位公祭，王國維也參與其中，同時撰寫了《贈太子少保特諡文忠梁公輓歌辭》三首以為祭奠，其一曰：「海內論忠孝，無如髯絕倫。盛年憂國是，苦口出詞臣。屢因屠鯨手，終休飾豸身。平生肝膽在，臨老故輪囷。」其二曰：「漢歷中衰日，昌陵覆簣余。敷天思復土，一老獨馳書。奉橄豚魚泣，程功象鳥俱。淒涼弘演意，千載為欷歔。」其三曰：「來從鼎胡觀，入直承明宮。任重忘衰疾，恩深飾始終。贈官如故事，諒德冠群公。臣意終何慕，西京渡仲翁。」[1]

　　王國維還曾經寫了一封信給羅振玉，談及梁鼎芬的善後事宜：「梁宮傅身後事，其葬以前自出之內帑，公所慮者亦其家度日之資。昨與乙老言及，乙謂滬上與節老有交誼而又有力者唯劉翰怡一人，余則鄂人在此者亦極少，此事京師及武昌鄂人必能為之計，以非巨款不能濟也。一山則閱公函後無他語。翰怡與節老至厚，此事蓋不待人言，或能出一二千元。此時至少總需萬金，方能歲得伍百金之息。鄂人曾為之買宅，集眾人之力當能為之。看來滬上不能集有大數也。此間於二十四日公祭節老，由乙老發起，共十四人，凡與節老有舊者均可往拜也。」[2]

　　繆荃孫在此不久後病逝，由於繆荃孫在辛亥革命之後曾任清史館總纂，為遺老所不齒。繆荃孫身後淒涼，王國維念及舊情，寫了輓聯哀悼：「樸學抱經傳，鐘山龍城，更喜百年開講席；著錄平津亞，圖書金石，尚留二志重文林。」[3] 輓聯看不出任何哀傷之情，可見王國維對繆荃孫態度的保留。

　　由梁鼎芬和繆荃孫死後之對比，可見清遺老之於氣節之看重。有趣的是，次年出版的《清史稿》中梁鼎芬的傳記，恰恰表彰了梁鼎芬之剛正不阿：「法越事亟，疏劾北洋大臣李鴻章，不報。旋又追論妄劾，交部嚴議，降五級調用。」[4]

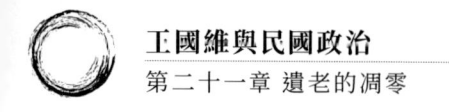

但是梁鼎芬依然不懂得為官之道，繼續彈劾實權派：「三十二年，入覲，面劾慶親王奕劻通賕賄，請月給銀三萬兩以養其廉。又劾直隸總督袁世凱『權謀邁眾，城府阻深，能陷人又能用人，自得奕劻之助，其權威遂為我朝二百年來滿、漢疆臣所未有，引用私黨，布滿要津。我皇太后、皇上或未盡知，臣但有一日之官，即盡一日之心。言盡有淚，淚盡有血。奕劻、世凱若仍不悛，臣當隨時奏劾，以報天恩』。詔訶責，引疾乞退。」[5]

但梁鼎芬對於清室依然忠心耿耿，可見遺老之於梁鼎芬的褒獎，並非毫無來由：「兩宮升遐，奔赴哭臨，越日即行，時之洞在樞垣，不一往謁也。明年，聞之洞喪，親送葬南皮。及武昌事起，再入都，用直隸總督陳夔龍薦，以三品京堂候補。旋奉廣東宣慰使之命，粵中已大亂，道梗不得達，遂病嘔血。兩至梁格莊叩謁景皇帝暫安之殿，露宿寢殿旁，瞻仰流涕。及孝定景皇后升遐，奉安崇陵，恭送如禮，自原留守陵寢，遂命管理崇陵種樹事。旋命在毓慶宮行走。丁巳復辟，已臥病，強起周旋。事變憂甚，踰年卒，諡文忠。」[6]

第二節 勞乃宣之死

時隔半年，勞乃宣病逝青島，王國維曾經寫信給蔣孟蘋談及代作勞乃宣輓聯之事：「昨晚談甚快，挽勞玉老聯擬就，請酌之。」輓聯寫道：「五嶽岱宗高，尚有勞山峙東海；百朋天錫厚，不須皋羽慟西臺。」同日又將下聯改為「九重歸贈厚，不須皋父慟西臺」。[7]

《清史稿》記載，勞乃宣是同治十年進士，義和團運動爆發時，曾經竭力加以阻止。後來曾應召為京師大學堂總監督，兼署部副大臣。清帝遜位之後，勞乃宣隱居涞水。當時士大夫多流寓青島，德國人尉禮賢成立尊孔文社，延請勞乃宣主持，著《共和正解》。《清史稿》同時指出：張勳復辟時，授勞乃宣法部尚書，勞乃宣時居曲阜，以衰老辭謝。[8]

蕭文立指出，辛亥革命時，勞乃宣曾經撰《共和正解》刊諸報章，力主絕不可行民主政體。甲寅袁世凱預謀稱帝，勞乃宣又發表《續共和正解》、《君

主民主平議》主張復辟清室,並托徐世昌轉達袁世凱,且合三文印行千本,廣為散發,但是三文都未能洞悉袁世凱之本心。[9]

但張勳復辟之時,勞乃宣確實沒有參與,謠傳勞乃宣曾在討逆軍將攻入京城之時誓死不去,後人口耳相傳,坐實了勞的罪名,蕭文立曾經指出謠言之來源,當時的報章曾經三刊漫畫,說勞入都叩賀萬壽,請與德國聯姻以圖復辟,畫一人伏案而睡,夢西國帝王抱沖人而坐,勞補服立側,案上一紙書復辟字,題曰徒勞夢想,而徒字雙鉤,勞以為均欲見謗而反以見重,感嘆報館意識之陋,作詩以紀,詩中有云:「無功莫漫笑徒勞,華袞真成一字褒。精衛口瘏終奮翼,杜鵑血盡尚哀號。」但勞乃宣也在詩中承認自己乃是「孤臣」,同時指責報章「囈言構出空中想,幻影摹來物外形」。[10]

勞乃宣死後,王國維還同時為其他遺老籌款,安置後人。王國維在一九二二年三月曾經寫信給羅振玉,信中言及籌款贍養陳松山家屬一事:「陳松老事庸庵處已募得五百元,因松老之子有信去催,庸庵即自行匯出,恐即匯其家,未必匯鳳老處。然公前致維之書,庸庵非不見也,請公一注意可耳。此外翰怡百元已送乙老處,菊笙三十元未收,蘇戡尚有數十元,孟蘋允轉募,或可稍多,然其所欲募之貴州銀行家朱曉南已為庸庵所募矣,恐亦不能多也。」[11]

王國維隨後也曾經寫信告知羅振玉募款情況:「此次孟蘋出力,全因乙老一言與公一函,公將來可作書謝之,或贈以篆隸楹帖,則更喜也。」[12] 羅振玉回信表示:「孟蘋兄為陳黃門事盡力,至可佩,祈先代致歉意,隨後函謝。」[13]

第三節 沈曾植之死

是年十一月二十一日,沈曾植以七十三歲的年紀,病逝於上海寓所,王國維大為悲痛,輓聯可為證明:「是大詩人,是大學人,是更大哲人,四昭炯心光,豈謂微言絕今日;為家孝子,為國純臣,為世界先覺,一哀感知己,要為天下哭先生。」[14] 其中雖然有過譽的成分,卻體現了王國維對於沈曾植的重視。

王國維與民國政治

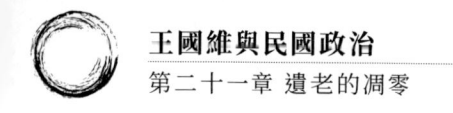

第二十一章 遺老的凋零

趙萬里曾經指出，王國維與沈曾植的關係非同一般：「先生自海外歸國後，與沈先生過從甚密。沈先生寓居新閘路，與先生寓所距甚近。沈先生每見一書畫或金石墨本，必招先生往，相與商榷。沈先生篤老不著書，惟以吟詠自娛，故常與先生相唱酬。先生每成一文，必先以質沈先生。後先生治西北地理及元史學，似受沈先生相當之影響也。」[15]

王國維專門為沈曾植身後事寫信與羅振玉商量：「乙老遺疏，本朱戟臣來述慈護意，屬撰一稿。嗣陳仁先自杭來弔，遂以自任。」又言：「其遺著成書尚少，而書眉及廢紙所記頗可纂輯，意尚可得數卷。此事維當任之。」[16] 可見王國維對於沈曾植的身後事盡心竭力。

但是沈曾植和王國維之間的交往並非一帆風順，兩人也曾經有過摩擦，李洪岩曾經指出，一九一八年底，當時沈曾植將一些貴州漢刻資料交王國維審閱，以便拿去翻印，王讀後發現全是贗品，便交給喜歡翻印這些東西的好朋友鄒安，鄒安認為是贗品便退還給王國維，王國維於是又把這些東西交還給沈，沈十分不滿，後來兩人聊到兩位日本漢學家，沈便話中帶刺地影射說：「日本人尚知敬重老輩，今中國北京已非昔比，上海人則更驕，如漢刻一事，彼輩竟斷定為偽。余因知上海評價書畫皆由掮客把持，學術亦由一種人把持內，學術上之物非由彼輩出者，皆斥為偽也。」[17]

王國維當面不好發作，只好給羅振玉寫信傾訴。信中還談到了沈曾植的另外三件事情，可見其對沈曾植有所不滿，其一為沈曾植給王國維的《浙江通志》編纂一職地位太低；其二為當時王國維還在哈園任職，修《浙江通志》乃是兼職，沈曾植對此頗為不滿；其三便是北大聘請之事，沈曾植認為王國維應該去，但是王國維並未聽從沈曾植的勸告。更讓王國維氣惱的是，王國維找沈曾植為其著作寫序，沈曾植念及舊怨，居然將王國維之手稿遺失，王國維對此大為不滿，寫信給羅振玉斥責沈曾植精神異常。[18]

但是王國維隨後在沈曾植七十大壽所寫的壽序對沈曾植的褒揚以及在沈曾植身後為沈曾植所作的一切，可見王國維之胸懷，事實上王國維對沈曾植並沒有失禮之處，反倒是沈曾植極為自私。沈曾植參與張勳復辟之時，處處想隱瞞王國維，以便自己從中漁利。

王國維對沈曾植如此以德報怨，對張勳更是如此，溥儀出宮之後，他曾經受命為去世的張勳撰寫墓誌銘，但是似乎沒有被採用。陳鴻祥指出，這其中情況複雜，牽涉到了小朝廷之間的內鬥，王國維在此之後，實際上對小朝廷已經心灰意冷，所以當清華對他發出邀請後，雖然曾經婉拒，但是最後還是為吳宓所感動，到清華任教。[19]

第四節 溥儀大婚

　　王國維不但對遺老極為關心，對於清室更是時刻掛念，一九二二年四月王國維給羅振玉的信中，曾經提及皇室財產的清理問題：「近聞內廷有旨召李季皋，欲令清理皇室財產，此事自不可緩，優待費萬靠不住，季皋操守甚好，於財產事極有經驗，然亦須現政府中人相助，則清理莊田等事方有效力。現在諸人中，惟王懷慶可以任此，或亦尚肯擔任，又須在鼎臣任期內為之較好。鼎臣故不足言，然他人尤非鼎臣比也。公盍與鳳老等熟計之。」[20] 同年八月，溥儀大婚，王國維致信羅振玉談及賀禮之事：「大婚報效一事，翰怡處曾集得萬元，他處恐無繼者，聞有合數處人辦小貢物之說，不知成事實否？」[21]

　　據溥儀回憶，當時的大婚引起社會上極大的反感，原因是小朝廷在一度復辟之後，又公然到紫禁城外邊擺起了威風。在民國的大批軍警放哨布崗和護衛之下，清宮儀仗耀武揚威地在北京街道上擺來擺去。正式婚禮舉行那天，在民國的兩班軍樂隊後面，是一對穿著蟒袍補褂的冊封正副使，在他們後面跟隨著民國的軍樂隊和陸軍馬隊、員警馬隊、保安隊馬隊。再後面則是龍鳳旗傘、鸞駕儀仗七十二副，黃亭（內有皇后的金寶禮服）四架，宮燈三十對，浩浩蕩蕩，向「後邸」進發。[22]

　　溥儀晚年自述頗為得意，他說當時民國頭面人物的厚禮頗引人注目，總統黎元洪和前總統徐世昌都送了許多貴重的禮物，張作霖、吳佩孚、張勳、曹錕等軍閥、政客也贈送了現款和許多別的禮物。尤其值得注意的是總統府侍從武官長蔭昌，以對外國君主之禮正式祝賀。他向溥儀鞠躬以後，忽然宣

第二十一章 遺老的凋零

布「剛才那是代表民國的，現在奴才自己給皇上行禮」，說罷跪在地下磕起頭來。[23]

可以想見，當時的狀況是多麼的熱鬧，許多地方的遺老們更是不甘人後，爭先帶來各式賀禮，溥儀敏感地意識到了問題：「重要的還不是財物，而是聲勢，這個聲勢大得連他們自己也出乎意外，以致又覺得事情像是大有可為的樣子。溥儀進而指出：「最令王公大臣、遺老遺少以及太妃們大為興奮的，是東交民巷來的客人們。這是辛亥以後紫禁城中第一次出現外國官方人員。雖然說他們是以私人身分來的，但畢竟是外國官員。」[24]

註釋

[1]《王國維年譜長編》，第 287 頁。

[2]《王國維年譜長編》，第 292 頁。

[3] 同上，第 293 頁。

[4] 趙爾巽等撰：《清史稿》第四十二冊，中華書局，1977 年版，第 12822 頁。

[5]《清史稿》第四十二冊，第 12822～12823 頁。

[6] 同上，第 12823 頁。

[7]《王國維年譜長編》，第 315 頁。

[8]《清史稿》第四十二冊，第 12825 頁。

[9] 參見蕭文立：《樸齋文初集》，中國文化教育出版社，2009 年版。

[10] 同上。

[11]《王國維年譜長編》，第 325 頁。

[12]《羅振玉王國維往來書信》，第 529 頁。

[13] 同上，第 531 頁。

[14]《王國維年譜長編》，第 347 頁。

[15]《王國維年譜長編》，第 347 頁。

[16] 同上，第 348 頁。

[17] 參見李洪岩：《王國維開罪沈曾植》，《中華讀書報》，2007 年 9 月 5 日。

[18] 同上。

[19]《王國維全傳》，第518頁。

[20]《羅振玉王國維往來書信》，第529～530頁。

[21]《王國維年譜長編》，第336頁。

[22]《我的前半生》，第97頁。

[23] 同上，第97頁。

[24] 同上，第98頁。

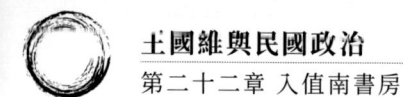

第二十二章 入值南書房

第二十二章 入值南書房

第一節 南書房行走

　　一九二三年四月，王國維在升允的推薦下，被溥儀命為南書房行走，同時被命者有楊鐘羲、溫肅和景方昶。消息傳出，海內友朋紛紛表示祝賀，當時和王國維並不相識的唐蘭，立即具函向王國維請教《呂氏春秋》、方言等有關問題，王氏覆信給予了回答。[1]

　　當時的遺老對此也是歡呼雀躍，金蓉鏡連忙寫信給王國維，催促王國維早日北上：「前得修老函，知榮拜內直，喜躍萬分。非特欣吾浙有人，亦見國勢將轉。何日北行，頗擬走談。本朝高江村、王漁陽皆外遷特擢，公能繼之，亦職官志中一重佳話也。」[2]

　　王國維當即給羅振玉寫了封信，表示了自己的受寵若驚：「南齋之命，惶悚無地。」隨後又寫信告知相關情況：「昨奉賜書，敬悉一是。前日息侯致一山書，屬維與子勤入都，可暫寓伊處。維頗慮大學中人出為照料，致多不便，若舍館一定，則一切可以婉謝，故頗思以暫在息侯處下榻為宜。書籍擬攜七八箱，擬交轉運公司運京。維與子勤約於下月上旬北行，或先後一二日。」[3]

　　王國維到京之後，宴請不斷，他在致蔣汝藻的信說：「弟感冒二日，上船即愈，於十三日到津，十六日入都，二十日覲見即到差。現在不必每日入直，俟四人到齊再定入直辦法。入都後即住金君息侯處，現正在覓屋，俟覓得後即擬遷入，方可照常作事。」[4]

　　王國維到京後，去了一次天津，於羅振玉處借閱王石臞先生《釋大》及《方言疏證》稿，手自錄副藏之。王氏手稿中，有《周秦合韻譜》，與金壇段氏《六書音韻表》例同，中采《穆天子傳》、《逸周書》、《戰國策》諸書，又有《西漢合韻譜》，中采《尚書大傳》、《韓詩外傳》、《春秋繁露》諸書。王國維疑其未能遍輯，容或有遺漏，乃自八月一日起，重讀《外傳》、《繁露》及《逸周書》、《山海經》等書一遍，凡遇有韻書皆集之。又在王氏遺稿中，

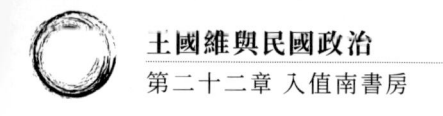

發現有《諧聲譜》二冊，乃以古音二十一部譜《說文》諸字，稿亦殘缺。乃重草《說文諧聲譜》一卷，以補王氏之闕。[5] 可見王國維終究還是一介學人，絲毫沒有踰越本分。

第二節 兢兢業業

但是王國維對宮中之事還是頗為上心，七月一日他曾為宮中失火等事致函王文燾：「宮中失火，為近年未見之災變，由皇上發見，乃以電話喚內府大臣，比到始得開門施救，共焚去建福宮及中正殿佛樓，共百餘間。聞聖上躬自指揮施救，後莊師傅到，喚取意使館新式救火機，並伐去松樹，乃得撲滅。此次建福宮所藏書畫，因檢理故，已經取出，而陳設施亦稍搶出，然損失實不貲，即以建築論，乃明代舊物，近更無由再建矣。主上英明，外間所傳（殊如容甫之言為甚）頗非事實，但有君無臣，此為可惜。」[6]

王國維的忠心耿耿，得到了溥儀的認可，隨後不久便得到溥儀手諭，加恩賞給五品銜，並賞食五品俸。王國維在致羅振玉的信中談及入值諸事，可見帝王賞識之下亦有隱憂：「南齋入值辦法，前日晤紫陽（指朱益藩），紫陽已發表意見，不以分書為然，但以每人所長者上聞，由上隨意發問，即亦閒談一切，亦無不可。蓋即以此意定局也。上體小有不適，係肝家不和，故尚須數日後請旨，恐入值亦須略遲十日耳。」[7]

王國維還曾經致書蔣汝藻談及接家眷來京：「敝眷仍擬令於七月杪入都，因兩處開銷終非久局，而現在局勢亦不能過圖穩便故也。此次如有戰爭，必在東北或南方，京師不至當其衝。至於欠餉過多，或有變故，似尚不至波及措大。兄函所謂居京師之人不甚介意者，實有此心理也。」[8]

溥儀對王國維也頗為重視，王國維對此銘記於心。溥儀曾經指派王國維「清查景陽宮等處書籍」。[9] 隨後又特許王國維可在紫禁城內騎馬。[10] 後來羅振玉也入值南書房，王國維還曾經奉命與羅振玉一起監察大內彝器。[11]

第三節 小朝廷內鬥

但是小朝廷同樣有著內鬥，王國維曾經連發兩信向羅振玉報告相關情況，並流露出對莊士敦極大的不滿：「此次赴園，亦通知當事，彼即派人保衛，實亦監察，至園乘船赴玉泉，又乘自行車，行從者皆不能及，隨者惟莊而已。椒塗與唐叔（溥傑）亦往，梲步行二三十里而不能近前，心亦甚以為危。總之，不去慶父，魯難未已。然如之何去之，須籌一善法也。」[12]

王國維對溥儀學騎自行車也有擔心：「今晨內直，見朱瑞（朱義方，南書房太監）又泣，謂欲求退，又謂事由於莊，而莊得頭差則由李願（李鴻章之子李經邁），而梲猶謂昨事莊初不與聞，恐為其所矇蔽矣。昨日內中又將各門木檻盡行截去，門階本稍高，則鋪以土坡，欲以習練自行車，此種用意亦可窺見。朱瑞與維行至乾清階間，指示階石一塊，長至一間屋，喟然太息，言外有無限之意。大約此輩亦已有所聞，至此不必責高密（鄭孝胥）諸人，不能不歸咎螺江（陳寶琛）矣。」[13]

羅振玉當時還未入值，由於其在晚清並無功名，所以很難引起溥儀的注意，因此請王國維代為進言，王國維回信與羅振玉商量：「頃別後回家，細讀尊文，並思立言之法，因思前次尊文由維代繕，手續本不甚妥，而螺江自來敝處，又令梲先傳語，諄諄以不須再說相屬（且上已指出造謠之人，維不能以不知為解），若此文再由維繕，則或以維借名相汙蔑亦不可料（此文亦因之失效）。故將尊文與維所擬一稿令馮友送呈，請與素師一酌，或用其一，或參合用之，即由叔炳兄一繕封固，交維代遞，似於手續較備。摺紙二份並附上，繕後可令馮友帶回，則初四日即可上矣。敝屣一層敘入不易，因事關骨肉尤難表之，文字亦須斟酌盡善，我輩作事究不能如日輩之草草也。節賞已下，明晨須入內謝恩。」又說：「此事祕甚，上意絕不願多人知之，或由素師一人具名，由維與二公一商，由渠暗中遞入，更為妥善，亦希酌之。」[14]

王國維也對宮廷之間的爭鬥頗為反感，他在致蔣汝藻的信中曾經談及：「頃皇室頗多事，海藏辦事鹵莽滅裂，與前此之因循腐敗者正各趨一極端，可慮之至。此數月中心緒至為不安，然無補救之法，如何？如何？前此檢書，

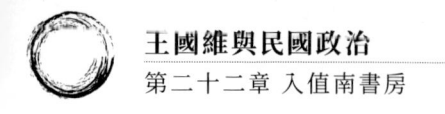

三日一值,至午後二時始出。自本月起檢書事畢,改為七日一值,正午即出。弟值日正值星期,此外非有他事不入也。」[15]

宮廷鬥爭加上自己上書溥儀沒有獲得回應,王國維頗為不滿,曾經在致羅振玉的信言及:「上公(承恩公榮源)屢謂觀,太真由渠屢稱。其人故有新命,若以此籠致觀者,亦豈不可笑耶。觀之欲請假者,一則因前文未遂,愧對師友;二則因此惡濁界中機械太多,一切公心在彼視之盡變為私意,亦無從言報稱,譬如禁御設館一事近亦不能言,言之又變為公之設計矣。得請之後,擬仍居葦轂,閉門授徒以自給,亦不應學校之請,則心安理得矣。」[16]

第四節 兩封奏摺

王國維曾經上書溥儀,請溥儀籌建皇室博物館,此舉亦有羅振玉策動,王國維在奏摺起首寫道:「竊自辛亥以後,人民塗炭,邦域分崩,救民之望非皇上莫屬,而非置宮廷於萬全之地無以安聖躬,非置聖躬於萬全之地無以救天下,此不獨臣子之於君父必首計及此,即為天下蒼生計,亦不能不先圖其本者也。」[17]

王國維繼而亮明真實意圖,請求其打消出國念頭:「近者頗有人主張遊歷之說,臣深知其不妥。何者?芻秣之資未易籌措,疏附先後奔走禦侮之才未易取求;且皇上一出國門,則宗廟宮室,民國不待占而自占,位號不待削而自削,宮中重器拱手而讓之民國,未有所得而全盡失,是使皇上有去之日無歸之年也。又歐洲經濟之紊亂,工資之激爭,日甚一日,爆發而成大亂之日不遠,是欲避禍而反速禍也。故臣以為遊歷之事,有百害而無一利。」[18]

王國維繼而筆鋒一轉,提出了將故宮辦成皇室博物館的建議:「今有一策,有保安皇室之利而無其害者,臣愚以為莫若開放禁城離宮之一部為皇室博物館,而以內府所藏之古器、書畫陳列其中,使中外人民皆得觀覽,如此則紫禁城之內,民國所轄地面,既有文淵閣之四庫全書,文華、武英諸殿之古器書畫,皆我皇室之重器,而皇室所轄地面,復有皇室博物館陳列內府之重器,是禁城一隅實為全國古今文化之所萃,即與世界文化有至大之關係,一旦京師有事,萬國皆有保衛之責。」[19]

第四節 兩封奏摺

　　王國維繼而舉出日本的例子說服溥儀：「夫日本歲擲庚子賠款四百萬以經營東方文化事業，既成事實矣，英法諸國行且繼之，彼於散逸之文物，猶不惜巨款以蒐集之，豈於固有之文物有事之時，乃惜千百之兵力而不加以保衛？」王國維繼而寫道：「皇上如以事為可行，可遣人先與英日二使接洽，如得其贊助，即下明詔以建立皇室博物館事宣告中外，一面指定地點，先設籌備處，一面清查古器、書畫書籍，分別應否陳列之物，若借用原有宮殿至中嚴警衛，建築界垣，以使博物館地帶自為一區域，與宮禁盡而為二，可令內務府謹慎籌議，則年之內即可開館。如此則京師雖有事變，而皇室有磐石之固，無匕鬯之驚。皇上自此，益崇聖德務廣聖學，稍安睿慮以俟天心，實為天下蒼生之福，微臣幸甚。臣數月以來，見外侮迭至，不勝憂憤，中夜徬徨，愧無以分聖主之憂，偶有愚者之得，不勝獻曝之忱，故敢具折密陳，伏乞皇上聖鑑。」[20]

　　這其中需要提請注意的是「不勝獻曝之忱」，充分顯示了當時王國維不願意捲入小朝廷內鬥的複雜心情。此摺過後，王國維還曾經另外上書，談論政學之間的關係。尤其值得注意的是，此奏摺中再次提到了赤化問題。

　　王國維去世五十二年之後的一九七九年，臺北《中央日報》在十二月四日刊登了一篇名為《王國維眼中的共產主義》的文章。其時臺灣反共抗俄的聲勢還沒完全消逝，這篇文章頗有「古為今用」的意思。在這篇文章的起首，作者周少平對王國維的學術做出簡略的介紹，繼而筆鋒一轉，開始對於王國維政論的重視：「其政論遺著，於民國十六年自沉前已手自焚毀，片語不存。余近得汪兆鏞之《碑傳集三編》，為六十八年香港大東圖書公司出版，刊錄羅振玉撰《王國維別傳》，載入王氏政論文章一篇，痛詆社會主義及共產主義至為透徹，亦為王國維著作中涉及政論者，僅僅得此一篇。」[21]

　　王國維此政論，便是一九二四年上書溥儀的《論政學疏》，恰好可以看作是其對於章太炎二十年代中葉政論的呼應，其中涉及到王國維對俄國二十年代大饑荒的評論，其中有云：「原西說之所以風靡一世者，以其國家之富強也。然自歐戰以後，歐洲諸強國情見勢絀，道德墮落，本業衰微，貨幣低降，物價騰湧，工資之爭鬥日烈，危險之思想日多，甚者如俄羅斯赤地數萬里，

第二十二章 入值南書房

餓死千萬人，生民以來未有此酷。而中國此十二年中，紀綱掃地，爭奪頻仍，財政窮蹙，國幾不國者，其源亦半出於此。」[22]

另外王國維還議論道：「孔子言患不均，《大學》言平天下，古之為政未有不以均平為務者，然其道不外重農抑末，禁止兼併而已。井田之法，口分之制，皆屢試而不能行，或行而不能久。西人則以是為不足，於是有社會主義焉，有共產主義焉。然此均產之事，將使國人共均之乎？抑委託少數人使均之乎？均產以後，將合全國之人而管理之乎，抑委託少數人使代理之乎？由前之說則萬萬無此理，由後之說則不均之事，俄頃即見矣。俄人行之伏屍千萬，赤地萬里，而卒不能不承認私產之制度，則囂之洶洶又奚為也。」周少平所言痛詆社會主義及共產主義至為透徹，當屬此處。[23]

在此文的結尾，周少平對王國維的這篇上書做出了評價，他認為：「從本文中『中國此十二年中』語之推斷，王氏此文，當撰寫於民國十二年癸亥，時溥儀仍居故宮為閉門皇帝，王國維在此時已食五品俸，任南書房行走，啟沃聖學，又值李大釗在北京大學以馬克斯主義宣傳惑眾，此文之作，豈因此以上封事也歟？則有待於研究王靜安學行專家考訂矣。」[24]

註釋

[1]《王國維年譜長編》，第 363 頁。

[2]《王國維未刊來往書信集》，第 220 頁。

[3]《王國維全集》第十五卷，第 543 頁。

[4] 同上，第 717 頁。

[5]《王國維年譜長編》，第 369 頁。

[6]《王國維年譜長編》，第 369 頁。

[7] 同上，第 372～373 頁。

[8]《王國維年譜長編》，第 375 頁。

[9] 同上，第 380 頁。

[10] 同上，第 390 頁。

[11] 同上，第 410 頁。

[12] 同上，第 392～393 頁。

[13] 《王國維年譜長編》，第 393 頁。

[14] 同上，第 396 頁。

[15] 《王國維全集》第十五卷，第 754 頁。

[16] 《羅振玉王國維往來書信》，第 626 頁。

[17] 《王國維年譜長編》，第 401 頁。

[18] 《王國維年譜長編》，第 401 頁。

[19] 同上，第 397 頁。

[20] 《王國維年譜長編》，第 397 頁。

[21] 參見朱傳譽編：《王國維傳記資料》第七冊第二十四篇，天一出版社，1981 年版。

[22] 同上。

[23] 同上。

[24] 參見《王國維傳記資料》第七冊第二十四篇。

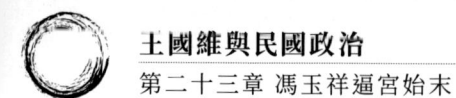

第二十三章 馮玉祥逼宮始末

第二十三章 馮玉祥逼宮始末

▌第一節 清查宮中財物的風波

　　一九二四年乃是皇室的多事之秋，早在一九二二年，北京政府因為財政困難，便有意停止對於皇室的優待條件，而在張勳復辟失敗後不久，便有要求驅逐溥儀和懲治禍首的聲浪出現，溥儀自知理虧，曾經和帝師朱益藩商量，主動提出廢止優待條件，最後此事雖然不了了之，但是皇室內部收支不均衡，確是不爭的事實，因此溥儀下決心在一九二四年清查皇室財產。[1]

　　林志宏指出，就在出宮事件前夕，北京執政當局藉著清室財用面臨困窘之機，進一步有意想要收回宮中藏物，因此提出了所謂「讓歸」的辦法。該辦法系由張國淦出面接洽，提出將前陳三殿之故物折價為五百萬元，再由清室將關涉文化之古物，一併讓予民國政府，亦折價為五百萬元，總共一千萬元，由英美退回的庚子賠款中來撥付，這項辦法表面上為清室紓困，然而實行卻讓清室明顯地處於下風，因為此事需由民國政府來統籌經理，清室不得過問；而且每年只可動用息金，不能全額交付。[2]

　　有趣的是，羅振玉因為此事被謗，因他曾經有疏陳央請溥儀，說民國不履行優待條件，無疑已經失信於人，豈能再信？並且宮中之物本來就屬於皇室私藏，民國何得干預？英美庚款原乃用之於社會，非歸還民國；民國政府又怎可以此款來收買宮中儲藏古物？至於息金又何能保證？各項衡量之下，羅振玉曾私謀計畫要幫助清宮「移寶藏」，他與當時正擔任德使顧問的尉禮賢協商，由德國、荷蘭兩國使館出面捐地，籌築圖書館和博物館，用來囤放宮內故物。旋後，羅氏將此計畫委請他人向溥儀代陳，卻因而產生謠言，指稱羅有意借此盜竊。[3]

　　羅振玉在回憶錄中記述自己當時在小朝廷中進退兩難的徬徨心態：「予以中秋三日奉恩命，熟籌進退，頗有顧慮，意欲懇辭。商之升吉甫相國，相國謂義不可辭。然方寸仍不能無慮，乃先作書致螺江陳太傅，請先代奏以京旗生計會須料理，以後擬半月在京供職，半月乞假理會事，預為日後求退地。

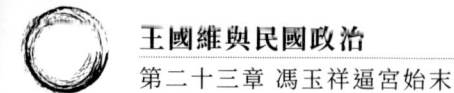

螺江許之。乃以八日入都，具摺謝恩，蒙賜對、賜餐，諭京旗事不必每月請假，務留京供職，且諭令即檢查審定內府古彝器。既退，謁陳朱兩傅，螺江太傅謂所托已代奏，朱傅謂南齋現已有六人，事務至簡，已代為懇辭，今既入謝，以後不必案日入直，隨時可返津也。已而又親訪忠愨，屬勸予不必留京。然予既奉檢查內府古器之命，不可遽辭。幸當時即面薦王國維同任檢查事，仍預為乞退地，意欲於一二月後陳乞。乃於次日即與忠愨同檢查寧壽宮藏器，甫三日復奉命與袁勵準、王國維先檢查養心殿陳設。既逾月，私喜內務府尚未為予請食俸，未頒月餼，以為進退益可裕如。乃至十月而值宮門之變，遂萬不忍以乞身請，憂患乃薦至矣。」[4]

但是溥儀晚年在回憶錄中，則對羅振玉大加斥責：「羅振玉在古玩、字畫、金石、甲骨方面的騙錢行徑，是由來已久的。他出身於浙江上虞縣一個舊式書商之家，成年後在江西一個丘姓巨紳家教書。這位巨紳是個藏書家。羅振玉任西席的第三年，東翁突然去世，他利用女東家的無知，一方面裝作十分哀痛的樣子，拒絕接受這一年的束脩，要用以充做奠儀，另一方面表示，願留下東家的幾件舊書和字畫，作為紀念。女東家認為這位先生心眼太好，就請他自己到藏書樓任意挑選。於是這位書賈世子就精選出幾筐『紀念品』，內有百餘卷唐人寫經，五百多件唐宋元明的字畫，滿載而歸。」[5]

林志宏指出，當時的民國政府也遍尋路徑尋求謀得清宮古物，並曾以「保全國內古物」為由要求進宮查點。後來民間傳聞清室要拍賣古物給外商，北京大學國學門委員會曾就此事上書當局，請求徹查，幾番爭執之後，溥儀深感民國政府無意以友善對待，頗有醞釀出洋的想法，為出宮事件埋下伏筆。[6]

第二節 局勢的轉折

以上並非溥儀出宮的真正原因，而其中至關重要的轉折點，乃是馮玉祥發動的北京政變。當二次直奉戰爭已經打響，直奉兩軍正在榆關肉搏時，直軍第三軍總司令馮玉祥忽然率師回京，宣布倒戈，輿論一時大譁。[7] 隨後馮玉祥成立臨時政府，發布通電，敘述近年來政治之不良，同時希望各地顧全大局，期免內爭，請各方停戰，迅速推舉元勳宿望擔任政局。[8]

第二節 局勢的轉折

總統曹錕被迫辭職,內閣乘混亂之機,立即同各國決定修改清室的優待條件,要求溥儀立即出宮,責令鹿鐘麟等人共同執行。[9] 這一雷厲風行的行動,顯然有擔憂遺老借局勢混亂乘機復辟的考量。[10]

據羅振玉事後追憶,馮玉祥軍未入城前數日,國民軍孫岳即遣砲兵駐紮大高殿,距神武門僅隔一御溝,情勢咄咄逼人。到了孫岳私開城門放馮玉祥軍隊入城的早晨,馮玉祥便命令軍隊於景山架炮,直指皇居。當時羅振玉與小朝廷官員商議防禦之策,居然遭到內務府紹英的恥笑,紹英笑曰:「馮軍之入,與我何涉。不觀已禁曹錕耶?君甫入直內廷,予等數年來,所經變故多矣,均以持鎮靜,得無事。萬一城內騷動,以土袋塞神武門,決無慮也。」[11]

當時京津汽車不通,羅振玉匆匆趕到日本使館,囑咐日本兵營軍官竹本,萬一有事以無線電告之,竹本安慰羅振玉,一二日內不至於有事。不過一日,日本司令部參謀金子君忽然造訪,告知羅振玉得到北京電文,馮軍鹿鐘麟部入宮,逼溥儀修改優待條件。羅振玉急忙趕往日本軍司令部,請司令官介紹往見段祺瑞。當時段祺瑞即將就寢,令祕書出來接見羅振玉,按照羅振玉的意思,以段祺瑞的名義發電文指責馮玉祥。[12]

羅振玉事後回憶,當時他住在王國維家中,趕回北京時,王國維「髮指皆裂」,進而「乃為詳言逼宮狀」。隨後北洋政府派北京警衛司令鹿鐘麟、京師員警總監張壁、士紳李石曾進宮宣布「清室優待條件」修正事宜,同時議定諸臣出入不得禁止,及御用衣物須攜出兩事。散會後,鹿鐘麟立即查封了坤寧宮後藏御寶室。[13]

羅振玉對此深感屈辱,事後言及當時的憤怒,以及因時局引發的急病:「欲投御河自沉,尋念不可徒死,乃忍恥歸寓,撫膺長慟,神明頓失。時已中夜,忠懇急延醫士沈王楨君診視,言心氣暴傷,為投安眠藥,謂若得睡,乃可治。及服藥,得稍睡,翌朝神明始復,蓋不眠者逾旬矣。自是遂卻藥不復御,蓋以速死為幸也,乃卒亦無恙。」[14]

修正之《清室優待條件》規定:大清宣統帝即日起永遠廢除皇帝尊號,與中華民國國民在法律上享有同等一切之權利;同時規定民國政府每年補助清室家用五十萬元,並特支出二百萬元開辦北京貧民工廠,儘先收容旗籍貧

223

民；清室應按優待條件第三條，即日移出宮禁，以後得自由選擇住居，民國政府仍負保護責任；除此之外，清室之宗廟陵寢永遠奉祀，由民國酌設衛兵妥為保護；清室私產歸清室完全享有，民國政府當為特別保護，其中一切公產應歸民國政府所有。[15] 但是林志宏指出此條例貌似公允，修正優待條件草稿中的文字其實頗經斟酌。最值得注意的地方為特別添加「應按照原優待條件第三條」幾個字，目的就是為了公開表明此次舉動的合法和正當性，「要屬行原條件，而非特別苛待」。[16]

沙培德後來特別指出，其實當時廣布的流言認為，溥儀或者其身邊人急於或者最終必然要復辟，所以在國民軍眼中，只要溥儀在紫禁城中多待一天，就有復辟的危險存在。更何況後來也有流言稱莊士敦曾經圖謀幫助溥儀復辟，更坐實了國民軍逼宮的合法性。[17]

第三節 遺老的憤怒

日本學者狩野直喜聽聞馮玉祥逼宮，擔心王國維安危，曾經在年末給王國維去信，信中言：「敬聞貴國皇帝出宮至潛邸，旋即入敝國大使館，由芳澤公使多方防衛得以無事，莫任慶賀！此次奇變實非意料所及，凡大逆之徒，即外人如弟等者猶欲得而甘心，何如貴國人以為當然之事而不怪也！人心風俗之變可發浩嘆！」[18]

狩野直喜同時表示：「謹悉貴歷十月九日執事忠義，憤發憂勞，間關與雪堂諸公務持大局之狀，殊發感佩！夫風雨雞鳴，詩人美君子不改其度，況辱屬至交，豈任敬仰！雪翁書弟未收到，不勝差異。無乃郵局稽察非常，以致拆開擲去乎！請以此事轉達雪翁為幸。」[19]

也就在這一年十二月一日，王國維曾有信致狩野直喜，談及逼宮一事，此信於一九二七年由狩野直喜在懷念文章中公開。王國維一改論學之平靜，開始追憶往事，並聯繫時局，寫下驚人之語：「皇室奇變，辱賜慰問，不勝感激。一月以來，日在驚濤駭浪間。十月九日之變，維等隨車駕出宮，白刃炸彈夾車而行，比至潛邸，守以兵卒，近段、張入都，始行撤去，而革命大憝，行且入都，馮氏軍隊尚踞禁御，赤化之禍，旦夕不測。」[20]

從王國維的言論中可以看出，斯時他已經將馮玉祥視為與蘇俄勾結的代表，事實上北京政變與俄國人並無直接關聯，但是由於馮玉祥身上無法抹去的俄化色彩，導致王國維預言「赤化之禍」行將不遠。而王國維去世之後，羅振玉在偽造的遺摺之中，再次預言「赤化將成」，可見其與王國維的心思相通。[21]

　　林志宏指出，溥儀被迫離開紫禁城，曾引起不少騷動，其中遺老階層首先發難，身在湖南的遺老趙啟霖聽聞消息時便感嘆此乃「奇變千古未有」，甚至批評馮玉祥種族陋見，使得四維掃地，禍害比秦朝焚書坑儒還劇烈；康有為則是大罵馮玉祥，並詰問優待條件豈容隨意廢除？康甚至謂馮反覆詐偽，「合董卓、侯景、洪秀全為一人」。[22]

第四節 社會的反應

　　胡適的反應則讓人頗為震驚，溥儀出宮的當天，就寫信給時在黃郛內閣中任外交部長的王正廷表示抗議：「先生知道我是一個愛說公道話的人，今天我要向先生們組織的政府提出幾句抗議的話。今日下午外界紛紛傳說馮軍包圍清宮，逐去清帝；我初不信，後來打聽，才知道是真事。我是不贊成清室保存帝號的，但清室的優待乃是一種國際的信義、條約的關係。條約可以修正，可以廢止，但堂堂的民國，欺人之弱，乘人之喪，以強暴行之，這真是民國史上的一件最不名譽的事。」[23]

　　胡適隨後舉出了應對辦法：「今清帝既已出宮，清宮既已歸馮軍把守，我很盼望先生們組織的政府，對於下列幾項事能有較滿人意的辦法：（一）清帝及其眷屬的安全。（二）清宮故物應由民國正式接收，仿日本保存古物的辦法，由國家宣告為『國寶』，永遠保存，切不可任軍人政客趁火打劫。（三）民國對於此項寶物及其他清室財產，應公平估價，給予代價，指定的款，分年付與，以為清室養贍之資。」[24]

　　胡適在信的最後說：「我對於此次政變，還不曾說過話；今天感於一時的衝動，不敢不說幾句不中聽的話。倘見著膺白先生，我盼望先生把此信給

他看看。」[25] 信中提到的膺白先生，便是力主溥儀出宮，時代行總統職權的黃郛。

此信後來在《晨報》上發表，莊士敦給胡適寫信表示感謝：「今天《晨報》登載的那封信如果真是你的手筆，我要為此向你祝賀。你正是說出了這樣一件正確的事情，並且用正確的方式說了出來。我相信遜帝看到這封信時一定會高興的。至今我仍然被禁止去看他，不過我當然能夠透過別人得到關於他的和他給我的消息。你無疑已經注意到《京報》對我的卑鄙的攻擊了。目前那一類中國報紙的攻擊，正是在我的意料之中的。我不認為馮玉祥已經進入了他用陰謀手段所企圖建立的完全和平的統治。我為你不是一個『基督徒』而感到高興。」[26]

當時周作人也曾經給胡適寫信，不過和莊士敦不同，周作人在這件事情上指責胡適：「在報上看見你致王正廷君信的斷片，知道你很反對這回政府對於清室的處置。我沒有見到全信件，不能知道你的意見的全部，但是我怕你不免有點為外國人的謬論所惑。在中國的外國人大抵多是謬人，不大能瞭解中國（當然是新的中國），至於報館中人尤甚。例如《順天時報》曾說優待條件係由朱爾典居中斡旋而議定的，這回政變恐列國不能贊同云云，好像言之成理，其實乃是無理取鬧的話。倘若那條件真是由朱爾典與列國擔保，那麼復辟的時候他們為什麼不出來說話？難道條件中有許可復辟的明文麼……這次的事從我們秀才似的迂闊的頭腦去判斷，或者可以說是不甚合於『仁義』，不是紳士的行為，但以經過二十年拖辮子的痛苦的生活，受過革命及復辟的恐怖的經驗的個人的眼光來看，我覺得這乃是極自然極正當的事，雖然說不上是歷史的榮譽，但也絕不是汙點。」[27] 莊士敦和周作人的兩封信，由此在輿論界掀起軒然大波，胡適一時幾成眾矢之的，加上同時期他在蘇聯遊歷發表的觀感，再次在輿論界掀起了一場波瀾。

當然此事還有餘波，次年八月，負責清點古物的李石曾、易培基等一班人，便刻意在故宮裡找尋有關胡適當年和溥儀來往的蛛絲馬跡，甚至說胡的名字曾出現在金梁的復辟奏摺之中。他們搜查到所謂「私通宣統」的證據，

第四節 社會的反應

是胡適給遜帝的一張紙條，上面寫著「我今天上午有課，不能進宮，乞恕」幾個字，於是連同裱框配起，做為展覽品。[28]

這一顯然別有用心的舉動旋即收到了效果，有人立馬以「反清大同盟」名義在報上發表宣言，要求將胡適驅逐出京；後來胡適因為沒有在反對章士釗的運動中為學生說話，上海學生寫信指責他「浮沉於灰沙窟中，舍指導青年之責而為無聊卑汙之舉，擁護復辟餘孽，嘗試善後會議，諸如此類彰彰較著，近更倒行逆施，與摧殘全國教育、蔑視學生人格之章賊士釗合作」。[29]

除此外，此事在中外均有討論，像國際上，駐京的外國使節團，即由荷蘭公使出面召開緊急會議，指稱此舉殊屬違反人道主義，並決定於會後向外交部提出警告。至於中國國內，就連向來同情清室的民國官僚，也深覺有點欠妥。段祺瑞親自兩次致電馮玉祥，傳達過類似的看法；甚至於在天津的吳佩孚也對馮玉祥頗為不滿。[30]

註釋

[1]《民國乃敵國也——政治文化轉型下的清遺民》，第253頁。
[2]《民國乃敵國也——政治文化轉型下的清遺民》，第254頁。
[3] 同上，第254頁。
[4]《雪堂自述》，第51頁。
[5]《我的前半生》，第167～168頁。
[6]《民國乃敵國也——政治文化轉型下的清遺民》，第254頁。
[7] 佚名、無聊子著：《閩浙陣中日記北京政變記》，中華書局，2007年版，第129頁。
[8] 同上，第141頁。
[9]《民國乃敵國也——政治文化轉型下的清遺民》，第255頁。
[10]《閩浙陣中日記·北京政變記》，第178頁。
[11]《雪堂自述》，第51頁。
[12] 同上，第51～52頁。
[13] 同上，第52頁。
[14]《雪堂自述》，第52～53頁。

[15] 《王國維年譜長編》，第 412 頁。

[16] 《民國乃敵國也——政治文化轉型下的清遺民》，第 255 頁。

[17] 參見沙培德：《溥儀被逐出宮記：一九二〇年代的中國文化與歷史記憶》，《一九二〇年代的中國》，中華民國史料研究中心編，2002 年版，第 7～10 頁。

[18] 《王國維未刊來往書信集》，第 73 頁。

[19] 同上，第 73 頁。

[20] 《王國維年譜長編》，第 412～413 頁。

[21] 《王國維之死》，第 338 頁。

[22] 《民國乃敵國也——政治文化轉型下的清遺民》，第 257 頁。

[23] 中國社會科學院近代史研究所中華民國史組編：《胡適來往書信選》上冊，中華書局，1979 年版，第 268 頁。

[24] 同上，第 268～269 頁。

[25] 同上，第 269 頁。

[26] 《胡適來往書信選》上冊，第 269 頁。

[27] 同上，第 270～271 頁。

[28] 參見《我的朋友胡適之——一九二〇年代的胡適與清遺民》。

[29] 參見朱隸國：《對溥儀被逐出宮的態度看思想啟蒙—兼談寬容精神》，第二屆溥儀研究國際研討會論文集。

[30] 《民國乃敵國也——政治文化轉型下的清遺民》，第 255 頁。

第二十四章 任教清華

▎第一節 清華國學院的成立

一九二五年二月，清華大學開始籌建國學研究院，欲聘請一位著名學者擔任研究院院長，校長曹雲祥初欲仿照美國大學研究院的辦法，與胡適商量，胡適認為美國的研究院制度不盡適用於中國，請參考中國宋元以來的書院制度，於是乃擬定研究院章程。[1]

胡適繼而向清華推薦了王國維、梁啟超擔任研究院的導師，但是胡適前往王國維處敦促此事時，遭到了王國維的婉拒。[2] 這一原因可能與當時王國維剛剛和北大決裂有關，即便是校長曹雲祥親往聘之，王國維也以「時變方亟」，婉言謝絕了曹雲祥的邀請。[3] 王國維主要是顧及到了溥儀剛被逐出宮，如果貿然應聘，難免有失本分。

吳宓後來在《清華開辦研究院之旨趣及經過》一文中說：「曹校長之意約分三層，（一）值茲新舊遞嬗之際，國人對於西方文化宜有精深之研究，然後方可以採擇適當，融化無礙；（二）中國固有文化之各方面（如政治、經濟、文史、哲學）須有通徹之瞭解，然後今日國計民生，種種重要問題，方可迎刃而解，措置咸宜；（三）為達上言之二目的，必須有高深之學術機關，為大學畢業及學問已有根柢者進修之地，且不必遠赴歐美，多耗資財，所學且與國情隔閡，此即本校設立研究院之初意。」[4]

吳宓當時還解釋了為什麼要設立國學一門：「蓋以中國經籍，自漢迄今，註釋略具，然因材料之未備與方法之未密，不能不有待於後人之補正；又近世所出古代史料，至為夥頤，亦尚待會通細密之研究。其他人事方面，如歷代生活之情狀，言語之變遷，風俗之沿革，道德、政治、宗教、學藝之盛衰；自然方面，如川河之遷徙，動植物名實之繁頤，前人雖有紀錄，無不需專門分類之研究。」而「此種事業，終非個人及尋常學校之力所能成就」，故今即開辦研究院，而專修國學。惟茲所謂國學者，乃指中國學術文化之全體而言，而研究之道，尤注重正確精密之方法（即時人所謂科學方法），並取材

第二十四章 任教清華

於歐美學者研究東方語言及中國文化之成績，此又本校研究院之異於中國國內之研究國學者也。[5]

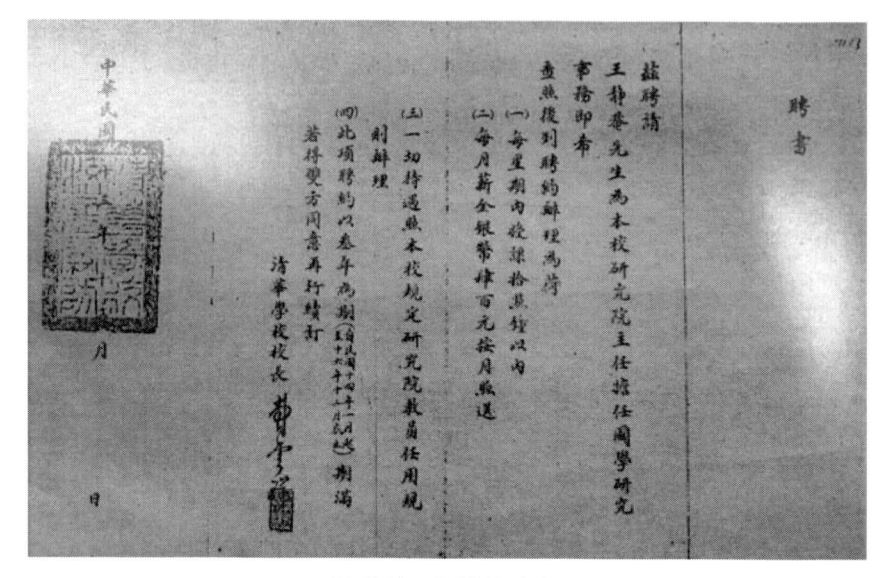

清華給王國維的聘書

吳宓繼而指出，研究院之地位非清華大學之畢業院（大學院），乃專為研究高深學術之機關；非為某一校造就師資，乃為中國養成通才碩學。研究院之性質乃是研究高深學術，同時注重個人指導，因此不惜經費，布置種種，專為少數人謀研究學術之利便，學生名額極少，又復從嚴考試錄取，所謂在精而不在多也。而教授講師則多敦聘中國國內碩學重望，不僅通知中國學術文化之全體，同時具備正確精密之科學的治學方法，再者稔悉歐美日本學者研究東方語言及中國文化之成績。[6]

清華國學研究院課程設定也頗有特色：「略仿昔日書院，及英國大學制，注重個人自修，教授專任指導。故課程方面，分為普通演講，及專題研究二項。普通演講，為本院學生之所必修，每人至少須選定四種，由教授指定題目，規定時間，每星期演講一次，或二次，範圍較廣，注重於國學之基本知識。專題研究，則於各教授所指定之科學範圍內就一己志向、興趣、學力之所及，選定題目，以為本年內之專門研究。」[7]

第二節 王國維就任清華

　　王國維後來之所以受聘清華，據說是胡適在溥儀面前說項，由溥儀面諭王國維，王國維方才答應，但是此說近人指出缺乏第一手的材料支撐。反倒是吳宓在此之中作用頗大，據吳宓事後追憶：「宓持清華曹雲祥校長聘書，恭謁王國維靜安。王先生事後語人，彼以為來者必係西服革履，握手對坐之少年，至是乃知不同，乃決就聘。」[8]

　　吳宓後來曾經寫道：「王先生古史及文字考證之學冠絕一世。余獨喜先生早年文學、哲學論著；以其受西洋思想影響，故能發人之所未發。」[9] 吳宓自稱學問不好，但是對學術上頗有建樹之人，還是頗有眼光，早在哈佛讀書期間，吳宓就斷言陳寅恪為中國最博學之人，認為其今後必然不可限量。

　　王國維曾經在致蔣汝藻信說：「數月以來，憂惶忙迫，殆無可語。直至上月，始得休息。現主人在津，進退綽綽，所不足者錢耳。然困窮至此，而中間派別意見排擠傾軋，乃與承平時無異。故弟於上月中已決就清華學校之聘，全家亦擬遷往清華園，離此人海，計亦良得。數月不親書卷，直覺心思散漫，會須收召魂魄，重理舊業耳。」[10] 可見王國維之就任清華，多少與小朝廷中的內鬥有著密切關係。

　　王國維在此後，轉入治西北地理及元史。這一研究的開展與沈曾植的去世不無關聯。王國維在一九一七年末，逐漸與元史專家柯劭忞過從甚密。而王國維在晚年恰恰開始轉向西北地理、元史的研究，他在一九一七年末致柯劭忞的信中說：「新撰《元史》，漸次寫定，甚盛甚盛。」[11] 但王國維曾對弟子徐中舒說：「《元史》乃明初宋濂諸人所修，體例初非不善，惟材料不甚完備耳，後來中外祕笈稍出，元代史料漸多，正可作一部《元史補正》，以輔《元史》行世，不必另造一史以掩原著也。」王國維敢於對元史權威提出質疑，足見其元史造詣已臻造化。

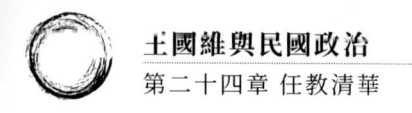

第三節 陳寅恪遠道而來

　　清華國學院成立之初,籌備者之一的張彭春曾經給趙元任寫信,請趙元任放棄時在哈佛大學的教職,回國擔任清華國學院的導師,趙元任按照系裡主任的意思寫信給陳寅恪,請陳寅恪來接任其在哈佛的教職。陳寅恪當時還在柏林,覆信趙元任表示不想再回到哈佛,並且幽默地表示他對美國的留戀只是波士頓中國飯館醉香樓的龍蝦。[12]

　　陳寅恪早已聲名大噪,北大的顧頡剛在講《現今國學的趨勢》時,將當時國學的趨勢劃為五類,他將陳寅恪看作與伯希和、斯坦因一樣研究東方言語學和史學的專家,其中羅王被看作考古學的代表,而丁文江等人則被視為地質學的代表,胡適、章太炎等人則是學術史研究的專家,周作人、常惠則是民俗學的代表。[13]

　　據吳宓後來口述,當時學校已經聘定王國維、梁啟超和趙元任,但是遲遲沒有聘用陳寅恪。張彭春認為陳寅恪留學雖久,但是一無學位,二無著作,不符合聘任教授的條件,為了保證今後教授的水準,不應該放鬆聘任的標準,不同意聘請陳寅恪。吳宓據理力爭,並且私下找到曹雲祥商議,請曹雲祥直接拍電報給陳寅恪。陳寅恪不但不肯立即就職,反而提出要在國外繼續研究兩年,同時提出採購必要的圖書。[14]

　　陳寅恪遲至一九二六年春天才從歐洲經由海路歸國,七月方才抵達北京,吳宓聞訊前往迎接。陳寅恪和吳宓多年不見,相互有詩唱和,吳宓詩云:「經年瀛海盼音塵,握手猶思異國春。獨步羨君成絕學,低頭愧我逐庸人。衝天逸鶴依雲表,墮溷殘英怨水濱。燦燦池荷開正好,名園合與寄吟身。」[15] 表達了對於陳寅恪的仰慕,以及對自己若干年來學無所成的慚愧。後來吳宓曾經將此詩寄給劉永濟先生,劉先生回信云:「人生亂世,而欲有所作為,安得不低頭,安得不墮溷?惟望以文史自娛,以天命自遣,不消極亦不過於激進。庶有曲肱飲水之樂,而無失時不遇之悲也。」[16] 這多少是對吳宓的安慰。

第四節 清華歲月

一九二五年四月十七日,清華國學研究院舉行第一次臨時校務會議,提出研究之經費、預算、房屋等問題,王國維出席了會議,發言闡述了增置圖書的重要意義。次日,王國維攜眷屬遷居清華園之西院。當時陳寅恪、梁啟超和趙元任均未到校,所以吳宓經常就院中的規劃請教王國維。[17]

清華國學院教師合影(左二為王國維)

王國維在這一年四月致蔣汝藻信說:「弟定於廿五日移居清華園,園中房屋不及城內寬暢,且兩所隔離相去逾百步,然別無他屋可覓,只得暫行敷衍。校中事,弟提議必多購置書籍,然每歲僅能購萬元,而預算亦尚未定,然在京校中已算第一有力矣。」[18]

後來王國維的女兒王東明回憶說:「我家遷入清華園,是民國十四年四月事,當時我尚留在海寧外婆家,從母親給姨媽的信中得知消息。北京城內後門織染局十號的房屋十分寬敞,共有二十個房間,清華西院宿舍,每棟只有正房三間,右手邊有下房一間,內一小間,通正房可作臥室或儲藏室。我們向校方租房時,原為十七號及十八號兩棟,以為連號必然毗連,等到搬家時才發現十八號在最西面,十七號在最東面,兩宅相距一二百尺,在這種情況下,也只有先住下再說。當年冬天母親回鄉帶我來到清華時,我們已住在西院十六號及十八號了。」[19]

第二十四章 任教清華

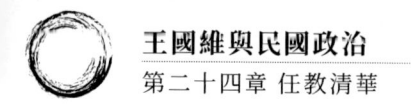

　　後來梁啟超到校，曾經與王國維一同商定國學研究院招生試題。梁啟超當時家中瑣事甚多，懇請王國維將其出的題目抄給自己，以便在同一程度上擬定考題。因為梁認為如果出題太偏，則有責難之意，如果太普通，則無法看出考生真正的學問，後來考試成績出來之後，梁啟超還曾經寫信與王國維討論相關情況。[20]

　　王國維曾經擔心受聘清華之後不能常與清室往來，胡適則勸其為學術計，不必拘泥於小節，同時給曹雲祥帶話，使王國維在清華可以選擇談話式的研究，而不是講演考試式的上課。[21]

　　王國維在此期間一項重要的研究工作，便是校注了《長春真人西遊記》，這一學術工作和他當時目睹清帝出宮之後內心的複雜情緒有著密切關聯。這部書講述的是金元之際，道教全真派教長丘處機受蒙古帝國皇帝成吉思汗的邀請，從黃海之濱到中亞大雪山傳授長生之術的經歷。丘處機曾經拜王重陽為師，在崑崙山、登州等地修行了兩年，後來建立了全真教，並成為全真教的第一任教主。南宋的將領曾經邀請丘處機去講道，丘處機表示了回絕。當時年近花甲的成吉思汗派遣劉仲祿攜帶他的詔書，率二十名蒙古騎兵去邀請丘處機傳道。丘處機欣然接受了成吉思汗的詔請，率領弟子十八人，行程萬餘里，後來在阿富汗境內興都庫什山西北坡的八魯灣行宮謁見了成吉思汗。丘處機死後，其弟子李志常編纂《長春真人西遊記》，記述了這段不平凡的旅程。[22]

　　王國維之所以費心校注這本書，主要是和自己致君堯舜上的夢想有著密切的關聯，加上此書和自己感興趣的西北史地領域有著密切的關係，同時沈曾植對此書也有一些研究。王國維斷斷續續地校注，在一九二六年完成了校注工作。[23]這不僅僅是對曾任末代皇帝的老師王國維本人的安慰，書中丘處機不畏千辛萬苦的勇氣，也讓王國維頗為傾慕。

第四節 清華歲月

清華國學院第一期畢業生合影

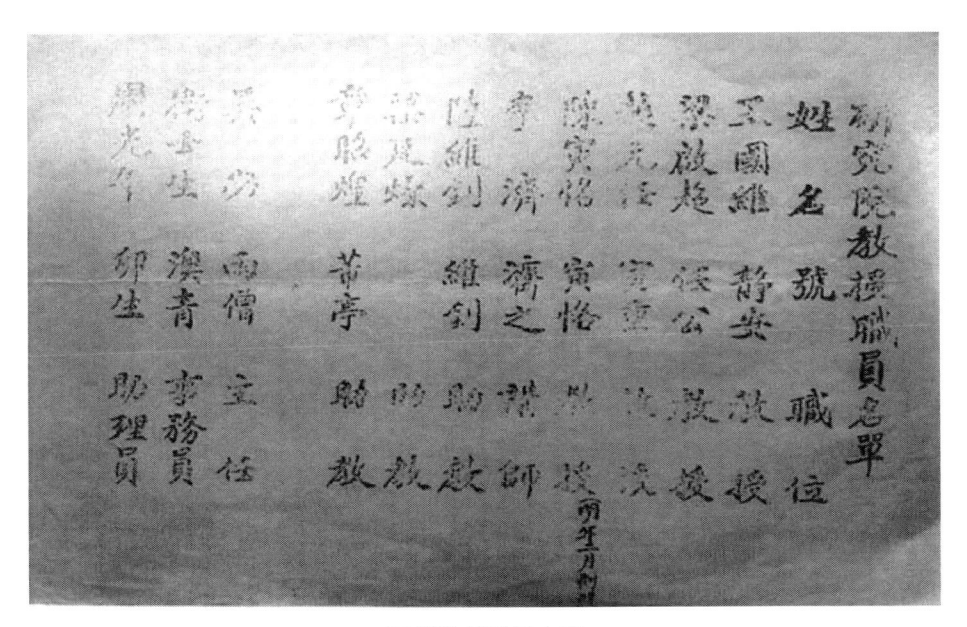

國學院教職員名單

註釋

[1]《王國維年譜長編》，第 421 頁。

[2] 同上，第 421 頁。

[3] 《王國維全傳》，第 521～523 頁。

[4] 參見《清華週刊》，第 351 期，1925 年 9 月 18 日。

[5] 同上。

[6] 參見《清華週刊》，第 351 期，1925 年 9 月 18 日。

[7] 參見《國學院紀事》，《國學論叢》，第一卷第一號。

[8] 吳學昭整理：《吳宓自編年譜》，三聯書店，1995 年版，第 260 頁。

[9] 吳宓著：《空軒詩話》，中華書局，1935 年版，第 143 頁。

[10] 《王國維全集·書信》，第 412 頁。

[11] 《王國維之死》，第 20 頁。

[12] 卞僧慧纂：《陳寅恪先生年譜長編》，中華書局，2010 年版，第 84 頁。

[13] 顧潮著：《顧頡剛年譜》，中國社會科學出版社，1993 年版，第 97 頁。

[14] 《陳寅恪先生年譜長編》，第 89 頁。

[15] 同上，第 92 頁。

[16] 同上，第 92 頁。

[17] 吳學昭整理：《吳宓日記》第三冊，三聯書店，1998 年版，第 16 頁。

[18] 《王國維全集·書信》，第 413 頁。

[19] 參見王東明：《懷念我的父親王國維先生》，《中國時報》，1987 年 5 月 9 日。

[20] 《王國維未刊往來書信集》，第 45～47 頁。

[21] 同上，第 53 頁。

[22] 參見黨寶海著譯：《長春真人西遊記》，河北人民出版社，2001 年版。

[23] 《王國維年譜長編》，第 455 頁。

第二十五章 羅、王歧途

▌第一節 失和之起因

　　至少從一九二五年看來，羅振玉和王國維關係還是相當密切，當年八月，王國維曾經奔赴天津，祝賀羅振玉六十大壽，賀詩云：「卅載雲龍會合常，半年濡呴更難忘。昏燈履道坊中雨，羸馬慈恩院外霜。事去死生無上策，智窮江漢有迴腸。毗藍風裡山河碎，痛定為君舉一觴。事到艱危誓致身，雲雷屯處見經綸。庭牆雀立難存楚，關塞雞鳴已脫秦。獨贊至尊成勇決，可靠高廟有神威。百年知遇君無負，慚愧同為侍從臣。」[1]

　　時隔一年，一九二六年九月二十六日，王國維長子潛明在上海病卒，年僅二十八歲。王國維久歷世變，境況寥落，至是復有喪子之痛，精神上受到重大打擊。十月底，因為長子病逝後的一系列問題，王國維與羅振玉發生嚴重的誤會，王國維在致羅振玉信痛陳：「維以不德，天降鞠凶，遂有上月之變。於維為冢子，於公為愛壻，哀死寧生，父母之心，彼此所同。不圖中間乃生誤會，然此誤會久之自釋，故維初十日晚過津，亦遂不復相詣，留為異日相見之地，言之惘惘。」[2]

王國維《長春真人西遊記校注》

第一節 失和之起因

王國維接著又說:「初八日在滬,曾托頌清兄以亡兒遺款匯公處,求公代為令嬡經理。今得其來函,已將銀數改作洋銀二千四百二十三元匯津,日下當可收到。而令嬡前交來收用之款共五百七十七元(鐲兌款二百零六元五角,海關款二百二十六元五角,又薪水一個月一百四十三),今由京大陸銀行匯上。此款五百七十七元與前滬款共得洋三千元正,請公為之全權處置。因維於此等事向不熟悉,且京師亦非善地,須置之較妥之地,亡男在地下當為感激也。」[3]

王國維當時的經濟狀況非常糟糕,信中言及:「此次北上旅費,數月後再當奉還。令嬡零用,亦請暫墊。維負債無幾,今年與明春夏間當可全楚也。」[4] 從王國維的口氣推斷,他已經做好了絕交的最壞打算。

時隔一日,王國維又致信羅振玉,口氣極為憤怒:「令嬡聲明不用一錢,此實無理,試問亡男之款不歸令嬡,又當誰歸?仍請公以正理諭之。我輩皆老,而令嬡來日方長,正須儲此款以作預備,此即海關發此款之本意,此中外古今人心所同,恐質之路人無不以此為然也。京款送到後,請並滬款一併存放,將原折交與或暫代為收存,此事即此已了,並無首尾可言。」[5]

過了六日,王國維再次致信羅振玉,就遺款問題大發脾氣:「亡兒遺款自當以令嬡之名存放,否則,照舊時錢莊存款之例,用『王在記』亦無不可。此款在道理、法律,當然是令嬡之物,不容有他種議論。亡兒與令嬡結婚已逾八年,其間恩義未嘗不篤,即令不滿於舅姑,當無不滿於其所天之理,何以於其遺款如此之拒絕?若云退讓,則正讓所不當讓。以當受者而不受,又何以處不當受者?是蔑視他人人格也。蔑視他人人格,於自己人格亦復有損。總之,此事於情理皆說不去,求公再以大義諭之。此款即請公以令嬡名存放,並將存據交令嬡。如一時不易理論,則暫請代其保存。」[6]

羅振玉這才收下遺款,隨後回信說:「奉手書敬悉,亦拳拳以舊誼為言,甚善甚善。弟平日作函不逾百字,賦性簡拙,以不願與人爭是非,矧在今日尚有是非可言耶!以來書嚴峻,所求云云,殊非我心所欲也。此款既由弟代管,擬以二千元貯蓄,為嗣子異日長大婚、學費,餘千元別有處置之法,以心安理得為歸,不負公所託也。」[7]

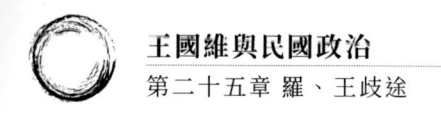

第二節 關係之惡化

羅繼祖曾經指出，王國維的續弦潘夫人是原配莫夫人的姨侄女，姑侄同侍一夫在舊時乃是禁忌。王國維的續娶乃是依從了莫夫人臨終的遺言，他與年輕的潘夫人結縭後，伉儷情深，但王潛明因為昔日的表姐忽然成了繼母，感情上難以服帖。潘夫人又容易受僕嫗挑撥，因而王潛明的妻子羅孝純與潘夫人的關係也不好，有些話時不時還透過羅孝純的口傳到羅振玉耳中。[8]

這其中值得注意的是，羅振玉在失和期間曾經給王國維寫過一封長信，此信乃是羅王失和的關鍵，羅振玉開篇攻勢凌厲：「晨奉手書，敬悉一是。書中所言，有鈍根所不能解者。公言愈明，而弟之不解愈甚。來書謂小女拒絕伯深遺款，為讓人所不當讓，以當受者而不受，又何以處不當者？是蔑視他人人格也；蔑視他人人格，於自己人格亦復有損。又云即不滿於舅姑，當無不滿於所天之理。此節公斬釘截鐵，如老吏斷獄。以為言之至明矣，而即弟之至不能解。弟亦常稍讀聖賢之書矣，於取與之義，古人言之本明。如孟子所謂『可以取，可以無取，取，傷廉。可以與，可以無與，與，傷惠』，平生所知，如是而已。今以讓為拒，謂讓為損他人人格，亦復傷及自己人格。則晚近或有他理，弟未嘗聞之也。」[9]

羅振玉隨後的話則極力為女兒辯護，同時指責王國維在兒子去世之後急於領取海關的撫卹金，不僅對此大加挖苦，並且說出了「死者屍骨未寒何必亟亟」這樣撕破臉的話。羅振玉同時指責王國維「輕禮重財」。交往數十年的好友有這樣的指責，顯然給了王國維嚴重的打擊。[10]

當然這些是意氣之語，王國維心平氣和之後自然可以忽略不計，但是羅振玉隨後的話則對王國維存在著致命的傷害：「弟公交垂三十年，方公在滬上，混豫章於凡材之中，弟獨重公才秀，亦曾有一日披荊去棘之勞。此三十年中，大半所至必偕，論學無間，而根本實有不同之點。聖人之道，貴乎中庸，然在聖人已嘆為不可能，固非偏於彼，即偏於此。弟為人偏於博愛，近墨；公偏於自愛，近楊。此不能諱者也。」[11]

羅振玉當時極力為女兒辯解，可見護犢心切：「至小女則完全立於無過之地。不僅無過，弟尚嘉其知義守信，合聖人所謂夫婦所能，與尊見恰得其反。至此款，既承公始終見寄，弟即結存入銀行，而熟籌所以處之之策。但弟偏於博愛，或不免不得遵旨耳。」[12] 羅振玉不僅極為護短，更在言辭之中以王國維的恩公自居，絲毫不提及王國維對其本人的影響和幫助，這對於心氣極高而自尊心又極強的王國維來說，顯然無法接受。

　　次年二月，王國維趕赴天津為溥儀生日祝壽，與羅振玉相遇，居然未語一言，王國維次日即返回北京。二月十四日在致際彤的信中說：「弟於十二日赴津，十三日午後本擬趨謁師座，因在客寓稍感寒疾，是以即行回京，歉悚無似。去歲弟因長兒之變，於外稍有欠項。其十月百元之款，弟實無此事，想為叔蘊先生（以己款）假弟之名以濟尊處急用者。此事誠不宜揭破，然亦不敢掠美，謹以實聞。」王國維此刻雖然與羅振玉已經絕交，但是在致他人的書信中還不忘為羅振玉說話，可見為人之忠厚。[13]

第三節　鄭孝胥推波助瀾

　　王國維去世，對鄭孝胥的震動並不大，六月四日，他的日記中只是用「自沉於昆明湖」，平淡地記載了王國維去世的消息，次日的日記中出現了羅振玉遞遺折的記錄：「羅振玉來，為王國維遞遺摺，奉旨：予諡忠愨，賞銀二千元，派溥忻致祭。見王靜安遺囑。清華學校諸生罷課一日。北京各報記其自沉之狀，眾論頗為感動。梁啟超亦為清華教授，哭王靜安甚痛。」[14]

　　但是耐人尋味的是，不管是逼債說，還是《殷墟書契考釋》王代撰說，其源頭歸根結底，可能都指向了鄭孝胥。林志宏便曾經援引周君適當時的日記，指出周曾經披露逼債說很可能是鄭孝胥提出來的，但是林志宏認為鄭孝胥日記中有關王國維記載非常少，此猜測或者不確。[15]

　　鄭孝胥和羅振玉不睦，即便是當時的溥儀也有所耳聞，後來的鬥爭日漸激烈的緣由，便是王國維自殺之後的遺摺真偽問題，溥儀曾經回憶：「那時我身邊的幾個最善於勾心鬥角的人，總在設法探聽對手的行動，手法之一是收買對手的僕役，因而主人的隱私，就成了某些僕人的獲利資本。在這上面

王國維與民國政治

第二十五章 羅、王歧途

最肯下功夫的,是鄭孝胥和羅振玉這一對冤家。羅振玉假造遺摺的祕密,被鄭孝胥透過這一辦法探知後,很快就在某些遺老中間傳播開了。這件事情的真相當時並沒有傳到我耳朵裡來,因為,一則諡法業已賜了,誰也不願擔這個『欺君之罪』,另則這件事情傳出去實在難聽,這也算是出於遺老們的『愛國心』吧,就這樣把這件事情給壓下去了。一直到羅振玉死後,我才知道這個底細。近來我又看到那個遺摺的原件,字寫得很工整,而且不是王國維的手筆。一個要自殺的人居然能找到別人代繕絕命書,這樣的怪事,我當初卻沒有察覺出來。」[16]

追諡王國維的聖諭如此寫道:「南書房行走五品銜王國維,學問博通,躬行廉謹,由諸生經朕特加拔擢,供職南齋。因值播遷,留京講學,尚不時來津召對,依戀出於至誠。遽覽遺章,竟自沉淵而逝,孤忠耿耿,深惻朕懷。著加恩予諡忠愨,派貝子溥忻即日前往奠醊,賞給陀羅經被,並賞銀貳千圓治喪,由留京辦事處發給,以示朕憫惜貞臣之至意。」[17] 可謂萬千寵愛,雖然王國維享受了此項榮譽,卻使得羅振玉和鄭孝胥關係日趨緊張。[18]

第四節 羅振玉的悔悟

羅振玉對王國維之撒手人寰猝不及防,很快便忘卻了與王國維之間的個人恩怨,全身心地投入到王國維遺著的整理工作中去。早先擔任王國維助手的趙萬里,此時和羅振玉一起,成立了觀堂遺書刊行會,全力整理王國維未能結集的作品,終於在一九二九年冬天完成了《海寧王忠愨公遺書》。羅振玉更是花費了大量心力增補王國維未刊行的遺文,可見其內心深處的愧疚。[19]

羅振玉在七月二十一日致陳乃乾的信中說:「觀堂之變,凡皆士林,莫不痛惜,矧在三十年之故交乎!邇來與其門徒商量善後,為其嗣續謀生計,則遺著刊行,亦可補助。故已議定,其遺著不論已刊未刊或他人代刊者,一律將版權收歸其家人。現已由小兒首先捐助印貲,將《流沙訪古記》及《人間詞話》、靜安三十以前詩為《觀堂外集》,《清真遺事》、《戲曲考源》、

《古劇腳色考》為《外集二編》。印成以後，即將印本歸諸其家，售以度日。兄與觀堂同鄉里，當深贊成也。」[20]

羅振玉編輯王國維的遺書，心中感情複雜，莫可言宣：「丁卯時局益危，忠愨遂以五月三日自沉於頤和園昆明湖。上聞之悼甚，所以飾終者至厚，予傷忠愨雖致命仍不能遂志，既釀金恤其孤嫠，復以一歲之力，訂其遺著之未刊及屬草未竟者，編為《海寧王忠愨公遺書》，由公同學為集資印行。念予與忠愨交垂三十年，其學行卓然，為海內大師，一旦完大節，在公為無憾，而予則草間忍死，仍不得解脫世網，至此萬念皆灰，乃部署未了各事，以俟命盡。顧匆匆又五年，公平日夙以宏濟期予，不知異日將何以慰公於九原也。」[21]

羅振玉後來自稱，在王國維家中找到《論政學疏》草稿，是王國維準備上書溥儀的奏摺，自己就在這些材料加了按語，寫成了《王忠愨公別傳》，起首云：「公既安窀穸，予乃董理公之遺著，求公疏稿於其家，則公已手自焚毀，幸予篋中藏公《論政學疏》草，蓋削稿後就予商榷者，今錄其大要於此。」結尾羅振玉強調：「爰記其說為公別傳，俾當世君子知公學術之本原，固不僅在訓詁考證已也。」[22]

羅振玉當時還編印發行了《王忠愨公哀挽錄》一書，羅振玉在該書的序言中，揭示了王國維性格中重要的方面：「公少負才氣，有不可一世之概。三十以後，閱世日深，乃益斂才就範。其為學也，專一而不旁騖；其聞善也，不護前以自恕；其涉世也，未嘗專己嫉能；其守義也，不以言語表襮，而操養至切。」[23] 這些評價，無疑是知人之論。

註釋

[1] 《王國維年譜長編》，第 429 頁。

[2] 《王國維年譜長編》，第 464 頁。

[3] 同上，第 464～465 頁。

[4] 《羅振玉王國維往來書信》，第 660 頁。

[5] 《王國維年譜長編》，第 465 頁。

[6] 同上，第 465 頁。

[7] 《羅振玉王國維往來書信》，第 662 頁。

[8] 《王國維之死》，第 174 頁。

[9] 《羅振玉王國維往來書信》，第 661 頁。

[10] 《羅振玉王國維往來書信》，第 661頁。

[11] 同上，第 662 頁。

[12] 同上，第 662 頁。

[13] 《王國維年譜長編》，第 486 頁。

[14] 《鄭孝胥日記》第四冊，第 2174 頁。

[15] 《民國乃敵國也——政治文化轉型下的清遺民》，第 281 頁。

[16] 《我的前半生》，第 146 頁。

[17] 參見王慶祥：《王國維羅振玉與溥儀》，《博覽群書》，2003 年第 4 期。

[18] 《民國乃敵國也——政治文化轉型下的清遺民》，第 281 頁。

[19] 同上，第 297 頁。

[20] 《王國維年譜長編》，第 508 頁。

[21] 《王國維年譜長編》，第 509 頁。

[22] 同上，第 517～519 頁。

[23] 《追憶王國維》（增訂本），第 78 頁。

第二十六章 時局的激變

▎第一節 北伐軍興

　　一九二六年四月，馮玉祥在奉直軍閥的夾攻下退出北京。王國維在致羅振玉信中說：「經月不通音問，在圍城中沉悶無似，今日國軍退出之後，京津交通想可次第恢復，一月以來，此間尚安謐，雖近日無日不聞炮聲，然均遠在數十里外。惟今日午國軍大部從此間退出後，奉軍騎兵即到，遇其殘部在清華西里許，開槍一時許，旋即潰散。今日城門皆閉，城中與郊外電話亦不通，想明日可恢復原狀矣。」[1] 當時嚴峻的局勢，可謂一觸即發。

　　值得注意的是，王國維去世之後，許多悼念文章或多或少地提到了北伐軍進逼北京這一時代背景之於其死的具體影響，大概是王國維在遺囑中有「經此事變，義無再辱」一語。梁啟超也在家書中多次提及北伐軍興之影響。一九二七年這樣一個北伐興起的年代，王國維自沉不妨從梁啟超的家書說起。

　　按照張朋園先生在《梁啟超與民國政治》一書中的分析，梁啟超在北伐之中一貫的態度是反共的，其間還夾雜著對於蘇俄以及國民黨的反感，而王國維一貫的政治態度，不能不說與任公有諸多相似之處。梁啟超在家書中以極為辛辣的筆觸，對斯時的政治環境作出了嘲諷：「近年來的國民黨，本是共產黨跑入去借屍還魂的，民國十二三年間，國民黨已經到日落西山的境遇，適值俄人在波蘭、土耳其連次失敗，決定『西守東進』方針，傾全力以謀中國，看著這垂死的國民黨，大可利用，於是拿軍火作誘餌，那不擇手段的孫文竟甘心引狼入室。」[2]

　　梁啟超進而指出：「共產黨橫行，廣東不必說了，各地工潮大半非工人所欲，只是共產黨脅迫，其手段在闖入工廠，打毀機器，或把燒火人捉去，現在到處發現工人和共產黨鬧了，因不願罷工而被打，實是奇聞。」[3] 梁啟超的如此激烈反共，乃是自民國十二年遊歐洲之後逐漸形成，這其中至關重要的轉折，是國民黨聯俄容共之後的急切激進化。一九一五年的下半年，有關蘇俄是敵是友的問題曾經引發知識界極大的爭論，《晨報副刊》和《京報

第二十六章 時局的激變

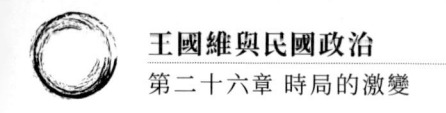

副刊》曾就此展開激烈爭論，當時曾有人將辯論文章編輯成一冊，請吳稚暉撰寫了序言。[4]

王國維之死與北伐戰爭到底關係有多大？這是值得我們深思的問題。考察一九二七年王國維書信，依舊以論學為主，間或夾雜著諸多雜事，但其中有一封信應該引起我們的注意，即其在自沉前寫信給失和已久的羅振玉。此原稿已佚，但尚有知情者知其大要。羅繼祖在《庭聞憶略》中曾言：「李元星同志（旅順博物館幹部）提供消息，說他在旅順博物館從我父親被抄去的遺物中發現了觀堂給祖父的一封信，是兩張紅八行寫的，內容他也不能全記，只記得上面寫了葉煥彬（係葉德輝的字）被難及北伐即將成功云云，意思是喚起祖父的注意，但經過『文革』，這封信現在又無蹤跡了。這封信為什麼祖父沒看到而落到我父親手裡呢？當日天津郵差送信都是送到貽安堂書店，彷彿它是總收發處一樣，所以信件都先到我父親手，我父親看到這封信的內容，可能他認為給祖父看不大好，就暗地藏起來了，事後也沒再和人提。但何以這麼多年一直藏在他手邊，解放後忽然發露，到了旅順博物館，也很奇怪。但元星卻言之鑿鑿，最近曾請他寫一文證實一下。透過這封信，可以看出觀堂在臨死前有過種種考慮，既考慮溥儀，也考慮自己，也考慮祖父，觀堂是從最壞處著想的。後來的事實告訴我們，北伐成功，不僅溥儀在津無恙，也未妄殺一人，出觀堂所料之外。」[5]

如果李元星所言屬實的話，王國維之死的真實原因很大程度上乃是葉德輝被殺、北伐軍進逼北京之於王國維的深切震撼。後來王國維的女兒王東明也曾言及此事：「這封信，羅繼祖並未看到，他估計當時久未通信，很可能是先父為葉德輝事，破例去信示警的，而他家未敢以呈羅，致保存在他父親遺篋中，由此可見先父為人的敦厚與懷舊之情的殷篤。」[6]

梁啟超在其家書中曾言及北伐軍興之於王國維之死的具體影響：「他平日對於時局的悲觀，本極深刻。最近的刺激，則由兩湖學者葉德輝、王葆心之被槍斃。葉平日為人本不自愛（學問卻甚好），也還可說是有自取之道；王葆心是七十歲的老先生，在鄉里德望甚重，只因通信有『此間是地獄』一

語，被暴徒拽出，極端箠辱，卒致之死地。靜公深痛之，故效屈子沉淵，一瞑不復視。」[7]

第二節 學生的恐慌

陳寅恪的弟子劉節在署名柏生的《記王靜安先生自沉事始末》一文中起首即點明題旨，雖未言及王靜安之死與時局之關聯，但其中的深意，卻不難細察：「今歲四五月間，黨軍下徐州，馮玉祥引兵出潼關，敗奉軍於河南，直魯危急，北京大恐。」[8]

同樣，王國維弟子徐中舒亦嘗與梁氏有同樣之語：「先是長沙葉德輝、武昌王葆心，均以宿學為暴徒槍殺於湘鄂。及奉軍戰敗於河南，北京震恐，以為革命軍旦夕即至。其平昔與黨人政見不合者，皆相率引避。先生……又深鑑於葉、王等之被執受辱，遂於民國十六年六月二日憤而自沉云。」[9]

再者如時在東北的金毓黻，亦在日記中提及北伐軍興的諸多慘狀，可見斯時謠言之廣：「長沙共產黨處老儒葉德輝以極刑，葉公居鄉好干預公事，頗乏令望，故為黨人所銜……自南中倡共產學說，整軍北上，席捲江漢，聲勢洶湧，而湖南北之學者多見刃於黨人，如長沙葉氏、武昌王氏（忘其名），其尤著者也。」[10]

葉德輝死於北伐，此說已經毫無疑問，但王葆心之死卻是謠傳。當時王葆心和董必武私交頗密，三十年代王葆心還曾經主持《湖北通志》的編撰工作。[11]但在當時動盪的時局下，人們對待謠言的態度多半是寧信其有，何況斯時歷經政治風雨的梁啟超也擔心北伐軍禍及自身，於是加緊避難天津。梁啟超將王葆心之死當做確切消息，亦可以管窺身處弔詭多變之際，人們之於謠言的聽信程度。王國維自沉前，曾對來訪的姜亮夫說「我總不想受辱，我受不得一點的辱」。在他自沉前夕，曾有扇面題贈謝國楨，扇面詩中錄有唐人語「迴避紅塵是所長」，其自沉之志，加諸遺囑中「經此事變，義無再辱」，原因之多，皆可引證為王國維自沉之因由。[12]

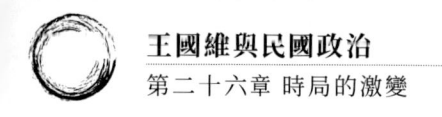

第三節 葉德輝之死

葉德輝被殺之前，其弟子陳子展曾經去看他。陳子展問葉德輝是否知道外面宣傳「剷除土豪劣紳」之事，葉德輝答曰知曉，並笑言自己乃是藏書家，並非土豪劣紳。當陳子展告知葉德輝有人懷疑其乃是無政府主義者之時，葉德輝也不以為意。陳子展後來追憶：「葉先生一向不說話則已，說話就豪爽、辛辣、警奇、深刻。」[13]

葉德輝的日本弟子鹽谷溫後來在《先師葉郋園先生追悼記》中追述葉德輝被殺之時氣氛的恐怖，依舊心有餘悸：「去歲以來，廣東赤化運動浸染湘中，省城內外漸覺不安，人或勸先師避難，先師以革黨內不乏相知弟子，且堅信蒼天不喪斯文，未從人言。在湘某氏亦寄書語余，謀劃迎先師赴東京，余亦於心內盤算，唯並不以為緊急；不意事態急轉直下，夏曆三月初七日晚六時，先師突然被農工兩界暴徒逮捕，初十日正午（或傳午後三時），受到特別法庭的人民審判。先師自知不免，閉目不視言道：『不願見汝等賤種。』遂以附逆帝制嫌疑罪名，午後四時在瀏湯門（疑為瀏陽門之誤）外識字嶺遇害。時年六十四歲。」[14]

鹽谷溫還援引葉德輝後人所撰《先君葉德輝遇害事實》一文，其間談到：「今歲三月，湘長沙亂起，人皆以先君負重名，為之危，勸其他避，先君以近日既不與人交接，復未論及是非，自可置身事外，不意初七日夜，突有無數暴徒，手持梭標將屋宇包圍，時先君方自纂年譜，聞變欲走，然已不及矣。是夜，先君至特別法庭，逾日，親友往問者，見先君神色自若，以為可保無虞。到初十日亭午，特別法庭委員提問，禮貌尚優，先君自知不免，閉目不視，問之則曰，吾不願見汝等賤種也。郭純景有言，命盡今日，汝等亦不久於人世矣。遂遇害。」[15]

鹽谷溫追憶，當北伐軍進入湖南，湖南農民運動轟轟烈烈時，鹽谷溫前去看望葉德輝，問葉德輝：「聖人言，不居危邦，不入亂邦，先生何不乘槎泛海，訪遺文，講古學，不亦可乎。」葉德輝笑答：「上海革命黨中，有章太炎者，浙江人，平日與弟無往來，此次在上海軍民中宣言，湖南有葉煥彬，不可不竭加保護，若殺此人，則讀書種子絕矣。此人真可感，殺我不足懼，

惟以弟為讀書種子，則真知己也。弟與人笑談，民軍斷不殺我，土匪則殺我，民軍聞之，莫不大笑。」[16]

然而當時葉德輝於前途畢竟非常悲觀，所以向鹽谷溫道及：「家藏萬卷欲留存貴國圖書館，以利兩國人鑽研。」又長嘆道：「我子孫必有入貴國籍之日矣。」葉德輝死後，其家人果然境遇頗慘：「僕從為之收殮，親友皆為下淚，時論惜之。嗚呼痛哉，所定年譜即於初七夜失去，後尋覓無由得。時屋宇派人看守，圖書均被封存，家人均逃奔在外。至四月二十日亂定，暴徒潛遁，啟倬始得歸家，檢點服物，略有所存，書籍損失過半，幸手著各種書稿本尚存，刊行俟之異日。」[17] 鹽谷溫追憶往事時，幾欲淚下。

有趣的是，當時下達抓捕和審判葉德輝、在北伐中執行左翼激進路線的柳直荀，最終自食其果，三十年代在湖北因肅反擴大化被殺。柳直荀後來戲劇性的為人所銘記，乃是因為一九五七年柳直荀的未亡人李淑一把她寫的紀念柳直荀的一首《菩薩蠻》詞寄給毛澤東。毛澤東覆信李淑一，並附《蝶戀花·答李淑一》詞一首，其中有「我失驕楊君失柳」一句，詩中的「柳」，便是柳直荀。

第四節 日本人的追憶

王國維遺囑中之「世變」，既可以理解為北伐軍之步步緊逼，其實亦可理解為一九二五年馮玉祥逼宮一事。陳寅恪輓詞中有「南齋侍從欲自沉，北門學士邀同死」一語，又在輓詩中有「越甲未應公獨恥」一語，皆指出一九二五年「逼宮」之後，王、羅、柯三人相約赴死而未踐諾給王國維留下的心理陰影。

在一九二五年，王國維曾有信致狩野直喜，談及逼宮一事。此信一九二七年由狩野直喜在懷念文章中公開，王國維一改論學之平靜，開始追憶往事，並聯繫時局，寫下驚人之語：「一月以來，日在驚濤駭浪間。十月九日之變，維等隨車駕出宮，白刃炸彈夾車而行，比至潛邸，守以兵卒，近段、張入都，始行撤去，而革命大憝，行且入都，馮氏軍隊尚踞禁御，赤化之禍，旦夕不測。」[18]

王國維與民國政治

第二十六章 時局的激變

當時另外一位日本學人川田瑞穗所寫悼詞，在眾多跟風之文後，也顯得別具一格。川田與羅、王並無深交情，但卻有旁觀者之清醒，他在文中談及王國維思想變化與其自沉之因果，獨具慧眼：「西洋過激之思想，滔滔浸潤東洋之天地，實為危險萬狀，苟為讀書講道之士，當奮起而障此狂瀾，若低首縮尾，甚至迎合潮流，立奇矯之言論，平生讀孔孟之書，所學為何事耶？」[19]

文中所言「西洋過激之思想」，當然包括蘇俄激進的共產學說。與王國維素來相交甚深的羅振玉，雖然在王國維自沉前夕與王國維不無仇隙，但是在其去世之後，曾為王國維偽造一封遺摺上書皇帝，陳述自沉之志。此遺摺雖然為偽造，但是可以看做羅振玉對於王國維之死的具體看法。

羅振玉代寫的遺摺中，可謂句句沉痛，和王國維之口吻如出一轍：「臣王國維跪奏，維報國有心，回天無力，敬陳將死之言，仰祈聖鑑事。竊臣猥以凡劣，遇蒙聖恩。經甲子奇變，不能建一謀、畫一策，以紓皇上之憂危，虛生至今，可恥可醜！邇者赤化將成，神州荒翳。當蒼生倒懸之日，正撥亂反正之機。而自揣才力庸愚，斷不能有所匡佐。而二十年來，士氣消沉，歷更事變，竟無一死節之人，臣所深痛，一灑此恥，此則臣之所能，謹於本日自湛清池。伏願我皇上日思辛亥、丁巳、甲子之恥，潛心聖學，力戒晏安……請奮乾斷，去危即安，並願行在諸臣，以宋明南渡為殷鑑，棄小嫌而尊大義，一德同心，以拱宸極，則臣雖死之日，猶生之年。」[20]

此封遺摺中，論及辛亥革命、張勳復辟、馮玉祥逼宮等諸事，此皆王羅二人親歷，可以視作羅振玉造假之證據，但「赤化將成」、「甲子之恥」、「一灑此恥」，則顯示了王羅二人心靈暗合之處，時局之激變，盡在遺摺之中。

註釋

[1] 《王國維年譜長編》，第 453 頁。

[2] 《梁啟超年譜長編》，第 1128 頁。

[3] 同上，第 1145 頁。

[4] 參見《聯俄與仇俄問題討論集》（影印本）。

第四節 日本人的追憶

[5] 參見《王國維羅振玉與溥儀》。

[6] 《追憶王國維》（增訂版），第 396 頁。

[7] 《梁啟超年譜長編》，第 1128～1145 頁。

[8] 《追憶王國維》（增訂版），第 206 頁。

[9] 《追憶王國維》（增訂版），第 190 頁。

[10] 金毓黻著：《靜晤室日記》第三冊，遼瀋書社，1993 年版，第 1874～1895 頁。

[11] 葉賢恩著：《王葆心傳》，崇文書局，2009 年版，第 130～157 頁。

[12] 參見《王國維之死》。

[13] 張晶萍著：《守望斯文：葉德輝的生命歷程和思想世界》，中國社會科學出版社，2011 年版，第 299 頁。

[14] 參見鹽谷溫：《先師葉郋園先生追悼記》，《斯文》，1927 年第 8 期，海客甲譯。

[15] 參見《先師葉郋園先生追悼記》。

[16] 同上。

[17] 參見《先師葉郋園先生追悼記》。

[18] 《追憶王國維》（增訂版），第 346 頁。

[19] 同上，第 400 頁。

[20] 《王國維之死》，第 338 頁。

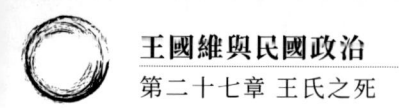

第二十七章 王氏之死

第二十七章 王氏之死

第一節 死前的鎮定

　　現今人們已經無法具體考證王國維從何時決意赴死，但是王國維赴死之前的鎮定，卻是絕大多數人的共識，這其中一個重要的細節，乃是王國維死前和謝國楨的一番對話。據謝國楨事後回憶，在王國維逝世之前的六月一日，他因友人所託，請王國維書寫扇面兩頁，其一已送給友人，謝國楨存留其一。當王國維寫扇面時，將楨之名誤寫為兄，王國維赴頤和園後，又返校園辦公室用墨筆塗改「兄」為「弟」字，然後又進頤和園魚藻軒前從容投水。[1]

　　這個扇面上所寫的是唐末韓偓所作的七言律詩二首，頭一首題目是《即目》，亦作《即日》；第二首題目是《登南神光寺塔院》。王國維同時給趙萬里寫的扇面詩的內容一樣，但是題目卻署的乃是《玉山樵人詩》，王國維同時附註：「樵人詩出於玉山，神味相似，而風骨轉遒。」[2]

　　王國維所錄這兩首詩的第一首云：「生滅原知色即空，眼看傾國付東風。驚回綺夢憎啼鳥，罥入情絲奈網蟲。雨裡羅衾寒不寐，春闌金縷曲方終。返生香豈人間有，除奏通明問碧翁。流水前溪去不留，餘香駘蕩碧池頭。燕銜魚唼能相厚，泥汙苔遮各有由。委蛻大難求淨土，傷心最是近高樓。庇根枝葉繇來重，長夏陰成且少休。」[3]

　　第二首云：「萬古離懷增物色，幾生愁緒溺風光。廢城沃土肥春草，野渡空船蕩夕陽。倚道向人多脈脈，為情困酒易悵悵。宦途棄擲須甘分，迴避紅塵是所長。無奈離腸易九回，強攄懷抱立高臺。中華地向城邊盡，外國雲從島上來。四敘有花長見雨，一冬無雪獨聞雷。日宮紫氣生冠冕，試望扶桑倦眼開。」[4]

　　值得注意的是，也就在同時，小朝廷中王國維的好友金梁訪問王國維。金梁事後在《王忠愨公殉節記》中追憶：「公殉節前三日，余訪之校舍。公平居靜默，是日憂憤異常時。既以世變日亟，事不可為，又念津園可慮，切

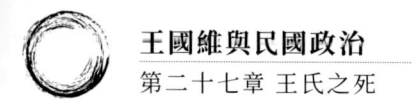

陳左右,請遷移,竟不為代達,憤激幾泣下。余轉慰之。談次,忽及頤和園,謂『今日乾淨土,唯此一灣水耳』。蓋死志已決於三日前矣。」[5]

王國維臨終前寫給學生謝國楨的扇面

當日王國維還參加了放暑假之前的惜別會,事後弟子姚名達追憶:「餐前聚坐,談笑不拘形跡。有與眾談蒙古史料者,則靜安先生是也。布席凡四,歡聲沸騰。惟先生之席,寂然無聲。不知先生之有所感而不歡歟?抑是席同學適皆不善辭令歟?然眾方暢談別情,不遑顧也。」[6] 姚名達此處,無疑帶著悔恨的心情。

當時梁啟超也沒有注意到王國維情緒上的異常,反而認為國學院之後大有可為,王國維亦表贊同:「肴設將罄,任公先生忽起立致辭,歷述同學成績之優越,而謂:『吾院苟繼續努力,必成國學重鎮無疑。』眾皆諦聽,靜安先生亦點頭不語。既散席,與眾作別如平時,無異態。嗚呼,孰知先生以此時死別諸生,而斯會竟若促先生之死也!」[7]

姚名達後來回憶,參加完宴會之後他曾和同學順道去看望王國維:「別後有頃,名達與同學朱廣福、馮國瑞同遊朗潤園。歸途過西院,朱君忽問:『王師家何在,余竟未一窺其狀。』余謂:『盍往訪乎?』既至,書室闃然無人,呼侍者電問南院在陳先生家否?則曰:『在,即至矣!』俟之,果至。懇懇切切,博問而精答,相語竟一小時。晚餐已到,起身告辭,先生又送至庭中,亦向例也。」[8] 但是這一次送客,也是姚名達記憶中的最後一次。

第二節 赴死的從容

　　金梁後來在《王忠愨公殉節記》中描述了王國維自沉之情景：「公晨起赴校，復僱車到頤和園，步至排雲殿西魚藻軒前，臨流獨立，盡紙煙一枚，園丁曾見之。忽聞有落水聲，急往援起，不過一二分鐘，早已氣絕矣。時正巳正也。軒前水深才及腹，公跳下後，俯首就水始絕，故頭足盡沒水中，而背衣猶未盡濡濕也。初眾不知為公，及日午，見園門一車獨留，謂待乘客未出，問其狀相符，而家中人待公終日未歸，問校中亦不知何往，唯車伕有見僱車至園者，其公子急往園，則園警適來訪報，奔入省視，果公，已日暮矣。」[9]

　　與此類似的是，王國維的兒子王貞明也曾經回憶：「父親大人於前日八時至公事室，與平時無異。至九時許，忽與旁人借洋三元。但此人身無現洋，故即借一五元之紙幣。後即自僱一洋車，直到頤和園，購票入內。至佛香閣排雲殿下之昆明湖旁，即投水。時離約四丈處有一清道伕，見有人投水，即刻亦跳入水，即救上岸。但雖未喝水，然已無氣。入水中至多一分鐘，亦未喝水，因年歲關係，故無救。」[10]

　　王國維的學生劉節後來也有相同的回憶：「研究院辦公處侯厚培先生為吾儕言：『先生今早八時即到校，命院中聽差往其私第取諸君成績稿本，且共談下學期招生事，甚久。言下，欲借洋二元，予即與以五元鈔票一，即出辦公室。』據園丁云：『先生約上午十點鐘左右進園，初在石舫前兀坐久之，復步入魚藻軒，吸紙煙。旋即聞投湖聲，及得救，其間不及二分鐘，而氣已厭。死時裡衣猶未濕也。』凡此皆事後得之貞明君轉述者：蓋先生年老，湖水雖淺，底皆汙泥，入水時必頭先觸底，以至口鼻俱為泥土所塞，因之氣窒。園丁不知急救術，以是貽誤而死。若使當時即以人工呼吸法營救，或能更生，亦未可知也……蓋先生淹沒已經二十餘小時，面目紫脹，四肢拳曲，匍匐地上。」[11]

　　王國維的遺書寫道：「五十之年，只欠一死。經此世變，義無再辱。我死後，當草草棺殮，即行槁葬於清華塋地。汝等不能南歸，亦可暫於城內居住。汝兄亦不必奔喪，因道路不通，渠又不曾出門故也。書籍可託陳（陳寅

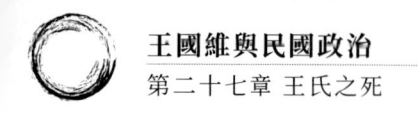

恪）、吳（吳宓）二先生處理。家人自有人料理，必不至不能南歸。我雖無財產分文遺汝等，然苟謹慎勤儉，亦必不至餓死也。」[12]

第三節 三次追悼會

　　王國維去世後兩週，當時旅京的同鄉舊友，假座北京下斜街全浙會館，為王國維舉行了悼念大會。大會中間置放王國維遺照和遺囑，王氏的親屬列於左右，四壁掛滿了輓聯。羅振玉當時專門從天津趕來，趙萬里等人前後奔忙。弔客中有遜清皇帝溥儀派來的使者，也有前清的遺老，有新舊學者、教授、官吏，也有日本和歐洲的友人，可謂極一時之盛。當時有一份弔客名單，儘管並不完全，但從中也可窺見王國維在學界的影響和交往。遺老有金梁、溥儒、耆齡等，清華國學院師生有趙元任、姜寅清（亮夫）、容庚、張蔭麟等，當時在天津的中島比多吉、小平總治等人也參加了這次追思會。[13]

　　此外，羅振玉又在天津日租界公會堂，為王國維舉行了另一次追悼會，參與者也非常多。羅振玉廣邀中日名流、學者，在日租界日本花園裡為「忠愨公」設靈公祭，宣傳王國維的「完節」和「恩遇之隆，為振古所未有」。羅振玉挽王國維的聯語是這樣的：「至誠格天，邀數百載所無曠典；孤忠蓋代，係三千年垂絕綱常。」在這次追悼會上，羅振玉聲淚俱下，令在場的遺老遺少也不覺為之動容。[14]

　　而王國維生前的日本友人狩野直喜、內藤虎次郎、鈴木虎雄等人，在京都的袋中庵，招僧佐氏讀經，又為王國維開了一次追悼會。[15] 狩野直喜在《王靜安先生殉節紀念帖引》中寫道：「王忠愨公學問淵博，踐履篤實，遭世迍邅，矢志靡貳。比因戰禍紛起，中原糜爛，其勢洶洶，恐將不利故主，憂憤滿胸，計無所出，遂投昆明而死。」[16]

第三節 三次追悼會

敬啟者本院教授王靜安先生於六月二日赴頤和園投昆明湖自盡同學殊深哀悼（遺書及詳情見另紙）茲擬於最近期間在清華園開會追悼

台端如有輓聯輓詞等件即希賜寄本院劉子穆君收轉不勝懇切耑此敬候

台祺

研究院同學會啟 六月七日

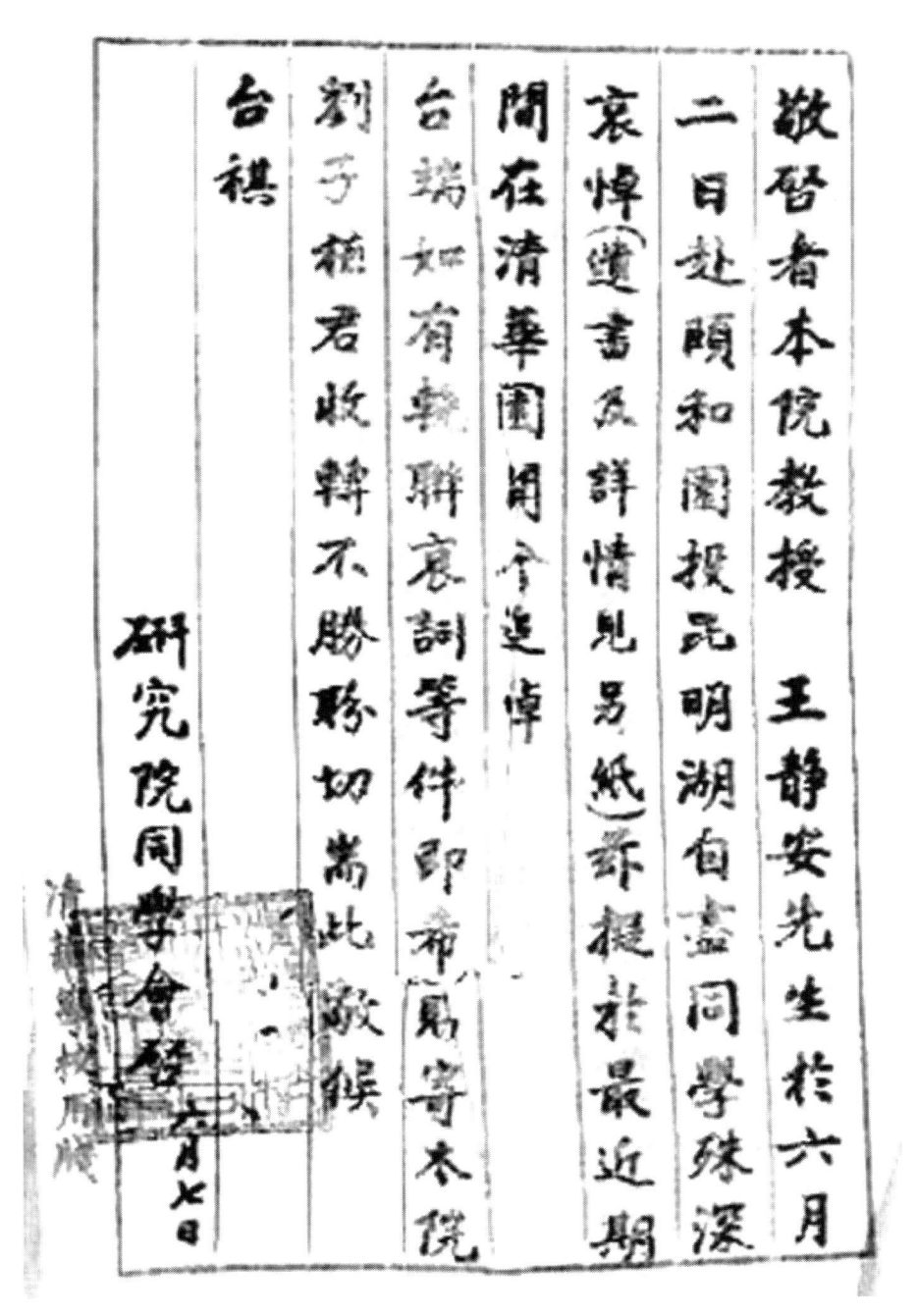

王國維去世後清華國學院同學會發布的啟事

第二十七章 王氏之死

五十之年只欠一死經此世變義無再辱我死後當草草棺斂即行藁葬於清華塋地此等事皆可託陳吳二先生辦理家人自有人料理必不至不能南歸我雖無財產分文遺汝等然苟謹慎勤儉亦必不至餓死也

五月初二日父字

王國維遺書

第四節 梁啟超的哀悼

　　梁啟超於九月二十日參加了王國維的葬禮，在王國維的墓前，對清華研究院諸生發表演講指出，依歐洲人的眼光看來，自殺乃是怯弱的行為；基督教且認做一種罪惡。在中國卻不如此，許多偉大的人物有時以自殺表現他的勇氣。梁啟超進而援引孔子的「不降其志，不辱其身，伯夷叔齊歟」來形容王國維寧可不生活，不肯降辱；同時亦指出，王國維本可不死，只因既不能屈服社會，亦不能屈服於社會，所以終究要自殺。伯夷叔齊的志氣，就是王靜安先生的志氣。這樣的自殺，完全代表中國學者「不降其志，不辱其身」的精神；不可以歐洲人的眼光去苛評亂解。[17]

　　梁啟超還分析了王國維的性格，認為王國維性格複雜而且矛盾：他的頭腦很冷靜，脾氣很和平，情感很濃厚，只因有此三種矛盾的性格合併在一起，所以結果可以至於自殺。他對於社會，因為有冷靜的頭腦所以能看得很清楚；有和平的脾氣，所以不能取激烈的反抗；有濃厚的情感，所以常常發生莫名的悲憤。積日既久，只有自殺之一途。[18]

　　此後梁啟超還扶病為《國學論叢》第一卷第三號《王靜安先生紀念號》寫了序言，其中言及王國維之死，痛心疾首：「先生沒齒僅五十有一耳，精力尚彌滿，興味颷發曾不減少年時，使更假以十年或二十年，其所以靖獻於學者云胡可量？一朝嫉俗，自湛於淵，實全國乃至全世界學術上不可恢復之損失，豈直我清華學校國學研究院同學失所宗仰而已！」[19]

　　實際上梁啟超當年除卻喪失王國維這位重要的朋友而外，康有為也在這一年的年初在青島撒手人寰，與王國維之死僅僅相隔兩個月。梁啟超在給兒女的書信中提及此事，也只是匯了幾百元錢去。早在年初，梁啟超曾經親自前往滬上賀壽，但是並未留下相關的記錄。康有為去世之後，梁啟超當時因為生病，寫了一篇祭文和輓聯參加了公祭，但是在情感方面顯然不如王國維之死的刺激大。[20]

　　梁啟超生前對於王國維非常尊重，筆者曾經聽馮天瑜先生說起，當時乃父馮永軒在清華讀書時，便覺得梁啟超對王國維不是一般的尊重。梁啟超年

第二十七章 王氏之死

紀比王國維長，而且當年梁啟超在《時務報》憑藉一支巨筆攪動晚清言論界時，王國維還只是《時務報》打雜的一名書記員，而且王國維本人後來在文章中曾經表示過對梁啟超的不屑一顧。但是每次師生合影時梁啟超總是請王國維坐在中間，而王國維本人並不推辭，這也可以看出王先生內心深處的自信。

註釋

[1] 《追憶王國維》（增訂版），第 158 頁。

[2] 《追憶王國維》，第 188～189 頁。

[3] 《王國維年譜長編》，第 499 頁。

[4] 同上，第 500 頁。

[5] 《王國維之死》，第 29 頁。

[6] 《追憶王國維》（增訂版），第 180 頁。

[7] 同上，第 180 頁。

[8] 同上，第 180頁。

[9] 《王國維之死》，第 29 頁。

[10] 同上，第 31 頁。

[11] 《王國維之死》，第 33～34 頁。

[12] 《追憶王國維》（增訂版），第 157 頁。

[13] 參見劉墨：《王國維自沉的前前後後》，《傳記文學》，2006 年第 3 期。

[14] 同上。

[15] 同上。

[16] 《追憶王國維》（增訂版），第 157 頁。

[17] 《王國維之死》，第 52 頁。

[18] 同上，第 52 頁。

[19] 《王國維之死》，第 55 頁。

[20] 《梁啟超年譜長編》，第 725 頁。

第二十八章 圍繞羅、王的爭議

第一節 陳寅恪的刻意拔高

　　值得注意的是，王國維去世之前，即一九二六年七月末，其好友蔣汝藻五十壽辰時，曾經寫下《樂庵居士五十壽序》為之賀壽，此序乃是王國維生平最後一篇自述，其意義不可小覷。王國維首先回顧了蔣汝藻的藏書之於自己學術成長的重要意義：「余與樂庵居士生同歲，同籍浙西，宣統之初，又同官學部，顧未嘗相知也。辛亥後，余居日本，始聞人言，今日江左藏書有三大家，則劉翰怡京卿、張石銘觀察與居士也。丙辰之春，余歸海上，始識居士，居士亢爽有肝膽，重友朋，其嗜書蓋天性也。余有意乎其為人，遂與定交，由是得盡覽其書。居士獲一善本，未嘗不以詔余，苟有疑義，未嘗不與相商度也。」[1]

第二十八章 圍繞羅、王的爭議

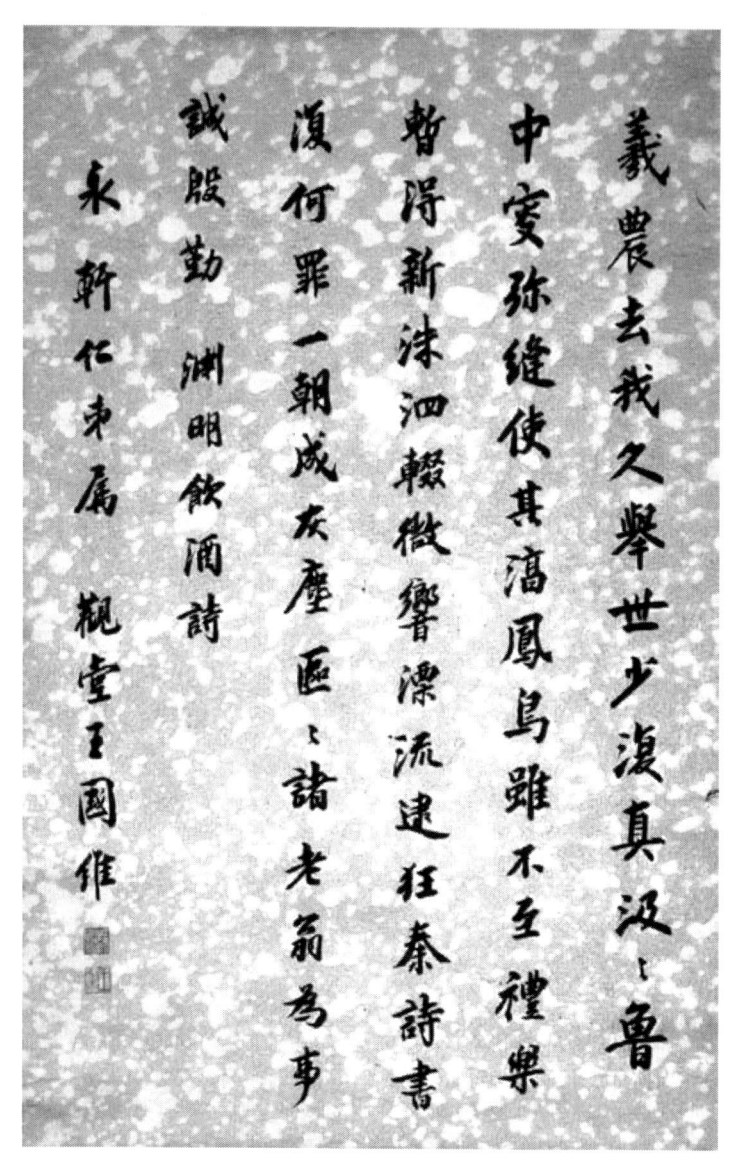

> 羲農去我久,舉世少復真汲汲魯
> 中叟,彌縫使其淳。鳳鳥雖不至,禮樂
> 暫得新。洙泗輟微響,漂流逮狂秦。詩書
> 復何罪,一朝成灰塵。區區諸老翁,為事
> 誠殷勤。淵明飲酒詩
> 永軒仁弟屬 觀堂王國維

王國維書贈馮永軒

王國維繼而言及蔣汝藻幫助其刊行著作的辛苦:「余家無書,輒假諸居士,雖宋槧明鈔,專一力取之,俄頃而至。癸亥春,居士編其藏書目既成,又為余校刊《觀堂集林》,未就,而余奉入直南齋之命。居士頗莊余行,余甚感居士意,而義不可辭,遂夙駕北上。」[2]言語之中不勝唏噓。

第一節 陳寅恪的刻意拔高

隨後王國維回顧了自己目睹清室巨變以來的心路歷程，和蔣汝藻頗有類似，因而感慨頗多：「踰年而遭甲子十月十日之變，自冬徂春，艱難困辱，僅而不死，而居士亦以貿遷折閱，至乙丙間，遂亡其書。」[3] 通常而言，王國維在為他人撰寫的壽序中很少言及政治，但是在此明確提到了溥儀出宮，可見事情已經過了兩年，王國維依舊對此耿耿於懷。

迄今為止有關王國維自沉的評述，世人多首推陳寅恪。陳寅恪不僅撰寫了《王觀堂先生輓詞》這樣的長篇悼亡詩，更以簡明扼要的《清華大學王觀堂先生紀念碑銘》闡明了王國維之死的文化意味，同時還為王國維的遺著寫了序言，加上輓聯和七律輓詩在內，其數量幾乎可以和羅振玉比肩，可見王國維之死確實讓陳寅恪產生了感同身受的共鳴，使其早年的遺少情懷，忽然得到了激發。

陳寅恪在輓聯中寫道：「十七年家國久魂消，猶餘剩水殘山，留與累臣供一死；五千卷牙籤新手觸，待檢玄文奇字，謬承造命倍傷神。」此處陳寅恪將王國維看作遺老，進而認定王國維之死乃是學術上重大的損失，對於王國維臨終所託，深感責任重大。[4] 陳寅恪繼而在輓詩中寫道：「敢將私誼哭斯人，文化神州喪一身。越甲未應公獨恥，湘累寧與俗同塵。吾儕所學關天意，並世相知妒道真。贏得大清乾淨水，年年嗚咽說靈均。」此處陳寅恪已經將王國維比喻成自沉汨羅江的屈原，明確無誤的認定王國維乃是殉清。[5]

陳寅恪隨後在寫就的輓詞中，集中表達了對於王國維之死的看法，並在輓詞的序言中指出，凡一種文化值衰落之時，為此文化所化之人，必感苦痛，其表現此文化之程量愈宏，則其所受之苦痛亦愈甚。陳寅恪繼而指出，吾中國文化之定義，具於《白虎通》三綱六紀之說，其意義為抽象理想最高之境，和希臘柏拉圖所謂 Idea 者異曲同工，因此王國維所殉之道，與所成之仁，均為抽象理想之通性，而非具體之一人一事。[6]

陳寅恪同時感慨，近數十年來，自道光開始迄乎今日，社會經濟之制度因為外族侵迫的原因，導致劇烈的變遷；因而綱紀之說無所依憑，今日乃是赤縣神州值數千年未有之巨劫奇變，劫盡變窮，因而王國維這樣為文化精神所凝聚之人，必然會與之共命而同盡，王國維先生所以不得不死。[7]

據姜亮夫回憶，王國維的葬禮上，研究院的師生都行鞠躬禮，唯獨陳寅恪行三叩九跪大禮，師生為之動容。但是姜亮夫亦指出，同學中也有兩人在靈堂上乾哭無淚，像狸貓叫。[8] 由此可見陳寅恪對王國維之死的痛心。

一九二九年，也就是王國維自沉後二年，清華研究院同仁為王國維立了一塊紀念碑，請陳寅恪撰寫碑文。陳寅恪數度推辭，最後勉強答應。陳寅恪在此藉由對王國維的緬懷，將其對於學術的看法，集中做出了表達：「士之讀書治學，蓋將以脫心志於俗諦之桎梏，真理因得以發揚。思想而不自由，毋寧死耳。先生以一死見其獨立自由之意志，非所論於一人之恩怨，一姓之興亡。嗚呼！樹茲石於講舍，係哀思而不忘。表哲人之奇節，訴真宰之茫茫。來世不可知者也，先生之著述，或有時而不彰。先生之學說，或有時而可商。惟此獨立之精神，自由之思想，歷千萬祀，與天壤而同久，共三光而永光。」[9] 陳寅恪晚年撰寫《柳如是別傳》，所強調的恰恰是獨立與自由。

第二節 溥儀的猜測

溥儀生前對王國維印象很好，從現在存世的資料來看，找不到溥儀對王國維不滿的話，反倒是溥儀對羅振玉印象不好。溥儀晚年回憶舊事，認為羅振玉乃是徹頭徹尾的騙子：「他在日本的那些年，靠日本書商關係結交了一批朝野名流，有許多日本人把他看成了中國古文物學術的權威，常拿字畫請他鑑定。他便刻了一些『羅振玉鑑定』、『羅振玉審定』的圖章，日本古玩商拿字畫請他蓋一次，付他三元日金，然後再拿去騙人。」[10]

不僅如此，溥儀還認為羅振玉還假冒古人印章，以為漁利：「後來他竟發展到仿刻古人名章印在無名字畫上，另加上『羅振玉鑑定』章，然後高價出賣。他時常藉口忙，把人家拿來請他鑑定的珍貴銅器，拖壓下來，儘量多拓下一些拓片出賣。他的墨緣堂出售的宋版書，據說有一些就是用故宮的殿版《圖書集成》裡的扉頁紙偽造的。殿版紙是成化紙或羅紋紙，極像宋版書用紙。據說內務府把那批殿版書交羅振玉代賣時，他把那一萬多卷書的空白扉頁全弄了下來，用仿宋體的刻版印了『宋版』書。我當時對這事是根本不知道的。」[11]

第二節 溥儀的猜測

　　當然有些事乃是溥儀親身經歷，所以對羅振玉的指責也不是沒有來由：「有人說，羅振玉人品固然不佳，才學還好。據我看，他的才學究竟有多少，也很值得懷疑。在偽滿時有一次他拿來一批漢玉請我觀賞。我對漢玉說不上有什麼研究，只是因為十分愛好，收藏了不少，所謂不怕不識貨，就怕貨比貨。當然，所謂漢玉，並不是非漢朝的不可，這只不過是對古玉的慣稱。我看過羅振玉拿來的漢玉，不禁對他的『才學』暗吃一驚，因為全部都是假貨。」[12]

　　對於當時羅振玉和王國維的關係，溥儀記得羅振玉並不經常到宮裡來，王國維經常替他「當值」，告訴他當他不在的時候，宮裡發生的許多事情。溥儀繼而指出：「王國維對他如此服服帖帖，最大的原因是這位老實人總覺得欠羅振玉的情，而羅振玉也自恃這一點，對王國維頗能指揮如意。我後來才知道，羅振玉的學者名氣，多少也和他們這種特殊瓜葛有關。王國維求學時代十分清苦，受過羅振玉的幫助，王國維後來在日本的幾年研究生活，是靠著和羅振玉在一起過的。王國維為了報答他這份恩情，最初的幾部著作，就以羅振玉的名字付梓問世。羅振玉後來在日本出版、轟動一時的《殷墟書契》，其實也是竊據了王國維甲骨文的研究成果。」[13]

　　此處可以看到，溥儀的逼債說，乃是從鄭孝胥處聽來，除此而外溥儀還是王國維去世之後逼債說的重要來源：「羅、王二家後來做了親家，按說王國維的債務更可以不提了，其實不然，羅振玉並不因此忘掉了他付出過的代價，而且王國維因他的推薦得以接近『天顏』，也要算做欠他的情分，所以王國維處處都要聽他的吩咐。我到了天津，王國維就任清華大學國文教授之後，不知是由於一件什麼事情引的頭，羅振玉竟向他追起債來，後來不知又用了什麼手段再三地去逼迫王國維，逼得這位又窮又要面子的王國維，在走投無路的情況下，於一九二七年六月二日跳進昆明湖裡自殺了。」[14]

　　溥儀之所以對羅振玉耿耿於懷的原因，乃是王國維去世之後羅振玉偽造遺摺之事，溥儀一直對此頗為在意：「王國維死後，社會上曾有一種關於國學大師殉清的傳說，這其實是羅振玉做出的文章，而我在不知不覺中，成了這篇文章的合作者。過程是這樣：羅振玉給張園送來了一份密封的所謂王國

265

維的『遺摺』，我看了這篇充滿了孤臣孽子情調的臨終忠諫的文字，大受感動，和師傅們商議了一下，發了一道『上諭』說，王國維『孤忠耿耿，深堪惻憫……加恩謚予忠愨，派貝子溥忻即日前往奠酹，賞給陀羅經被併洋二千元……』羅振玉於是一面廣邀中日名流、學者，在日租界日本花園裡為『忠愨公』設靈公祭，宣傳王國維的『完節』和『恩遇之隆，為振古所未有』，一面更在一篇祭文裡宣稱他相信自己將和死者『九泉相見，諒亦匪遙』。其實那個表現著『孤忠耿耿』的遺摺，卻是假的，它的編造者正是要和死者『九泉相見』的羅振玉。」[15]

　　溥儀對於羅振玉的欺騙，是不能原諒的，所以在回憶錄中對羅振玉大加挖苦：「羅振玉給王國維寫的祭文，很能迷惑人，至少是迷惑了我。他在祭文裡表白了自己沒有看見王國維的『封奏』內容之後，以臆測其心事的手法渲染了自己的忠貞，說他自甲子以來曾三次『犯死而未死』。在我出宮和進日本使館的時候，他都想自殺過，第三次是最近，他本想清理完未了之事就死的，不料『公竟先我而死矣，公死，恩遇之隆，為振古所未有，予若繼公而死，悠悠之口或且謂予希冀恩澤』，所以他就不便去死了，好在『醫者謂右肺大衰，知九泉相見，諒亦匪遙』。這篇祭文的另一內容要點，是說他當初如何發現和培養了那個窮書記，這個當時『黯然無力於世』的青年如何在他的資助指點之下，終於『得肆力於學，蔚然成碩儒』。總之，王國維無論道德、文章，如果沒有他羅振玉就成不了氣候。那篇祭文當時給我的印象，就是這樣。」[16]

第三節　傅斯年的道聽途說

　　王國維去世之後存在諸多爭議，其中以《殷墟書契考釋》乃是出於王國維代撰的說法，在學界引起的爭議最大，以至於羅振玉為此至今遭受汙名。傅斯年在發表的《殷曆譜序》一文中寫道：「此書題羅振玉撰，實王氏之作，羅以五百元酬之，王更作一序，稱之上天，實自負也。羅氏老賊於南北史、兩唐書甚習，故考證碑誌每有見地，若夫古文字學固懵然無知。王氏卒後，

第三節 傅斯年的道聽途說

古器大出，羅竟擱筆，其偶輯夨令尊，不逮初學，於是形態畢露矣！亦可笑也。」[17]

傅斯年的這一說法，讓人大跌眼鏡的是，來源居然是陳寅恪的口述。傅斯年曾經回憶：「民國十六年夏，余晤陳寅恪於上海，為余言王死故甚詳，此書本王氏自作、自寫，因受羅貸，遂以畀之。託詞自比張力臣，蓋飾言也。後陳君為王作輓詞，再以此事叩之，不發一言矣。」當然這並非傅斯年第一次問陳寅恪這一問題，傅斯年隨後還問過一次：「今日又詢寅恪，此書王君所得代價？寅恪云：王說，羅以四百元為贈。」[18]

仔細分析這些傅斯年所援引的陳寅恪的言論，就會發現許多可疑之處。王國維去世之後四年之間，傅斯年三次向陳寅恪問起此事，而陳寅恪三次回答也不盡相同，第一次稱王國維「自作自寫」，第二次「不發一言」，第三次言羅振玉為此書「以四百元相贈」於王國維，但是傅斯年兩次提及的金額並不相同，難免有虛構的成分。黃裳曾認為陳寅恪踐行了不與「流俗恩怨榮辱委瑣齷齪之流」同流合汙，所以保持沉默。[19] 但是黃裳此言，顯然有為陳寅恪辯護的嫌疑。

當然傅斯年不僅僅援引陳寅恪的言論坐實羅振玉的罪名，同時在多處批註中對羅振玉提出批評。傅斯年曾經如此評價《殷墟書契考釋》：「此書再版，盡刪附註葉數，不特不便，且實昧於此書著作之體，舉證孤懸，不登全語，立論多難覆核矣。意者此亦羅氏露馬腳處乎？」又言：「此文所論至允，不自嘗甘苦者不能如此明瞭也。羅振玉以四百元買此書，竟受其作者如此推崇而不慚，其品可知矣。」[20]

傅斯年後來還曾經多次抨擊羅振玉為老賊，依然要連帶《殷墟書契考釋》的作者問題：「此書亦羅賊竊名者，羅以四百元饋王（王為陳寅恪言之）。既是己作，其自許如此。」又言：「此書亦王氏一人所作，而羅賊刊名者。」傅斯年還曾經如此評價羅振玉：「羅氏老賊於南北史、兩唐書甚習，故考證碑誌每有見地，若夫古文字學固懵然無知。王氏卒後，古器大出，羅竟擱筆，其偶輯夨令尊，不逮初學，於是形態畢露矣！亦可笑也。」[21]

267

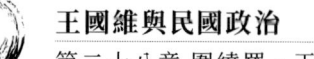

第二十八章 圍繞羅、王的爭議

傅斯年還和甲骨文權威董作賓談論此事：「彥堂近自旅順晤羅返，云與之談殷契文，彼頗有不了了之處，此可記之事也。」[22] 可見傅斯年對此事一直密切關注，有趣的是，即便是傅斯年言之鑿鑿如此，陳寅恪在自己的著作或者與別人的對談中卻從未就此事發表任何看法，蕭文立便認為傅斯年誣陷羅振玉。傅斯年之反對羅振玉，是因為羅振玉墮落為漢奸，似乎激於民族大義。他站的是民族氣節高地，所以氣勢洶洶不可一世。

第四節 後世的以訛傳訛

而在其後，郭沫若也進一步發揮了傅斯年的說法：「王對於羅似乎始終是感恩懷德的，他為了要報答他，竟不惜把自己的精心研究都奉獻了給羅，而使羅坐享盛名。例如《殷墟書契考釋》一書，實際上是王的著作，而署的卻是羅振玉的名字，這本是學界周知的祕密。單只這一事也足證羅的卑劣無恥，而王是怎樣的克己無私報人以德的了。」[23]

諸言經由郭沫若這一層，終於發揚光大，周傳儒後來認為：「羅振玉之印行《殷墟書契考釋》、《菁華》諸書，王氏躬與其役。《殷墟書契考釋》，則王氏所手書也。題名雖為羅氏撰，實則王氏亦與有力焉。」周傳儒並引王國維《殷墟書契考釋跋》語「比草此書，又承寫官之乏，頗得窺知大體，揚摧細目」，弦外之音，蓋可知矣。[24]

何士驥則發揮了周傳儒的說法，但是對羅振玉依然肯定：「羅氏於甲骨之學，著有重要之書十數種，又與王靜安先生著《殷墟書契考釋》，最稱巨作。」但是隨後何在文中附註：「此書規模體例大致出於王手。」[25] 何如此猶豫不決，顯然是道聽途說，沒有確鑿的證據。

周傳儒和何士驥兩人的說法，乃是張舜徽引出，進而引起世人注意，但是張舜徽本人卻並不贊同周、何兩人的說法，並且援引王國維生前的自述，說明此書確為羅振玉所撰寫。商承祚亦贊成張舜徽的意見，同時聲稱陳夢家生前曾經和自己言及，請自己去他家看一看羅振玉當年寫作此書的手稿，但是他本人沒有親眼見到手稿，只表示聽說此稿歸考古所。[26]

第四節 後世的以訛傳訛

後來胡厚宣也參加了這場漫長的論爭，指出羅振玉並非暗襲之人。胡氏曾經見過羅振玉所作《殷墟書契待問編》，其中凡是王國維所創獲，皆註明王釋，而且此書為私人所用之草本筆記，並未整理成書，可見羅振玉學風甚正。胡厚宣也認為不能因為羅振玉政治上的失節，便輕易否定其學術功績。[27]

緊隨其後，劉蕙孫也寫文章參加論爭，但是由於劉是羅振玉的外孫，所以辯護文章值得細察。劉蕙孫聽說一九四九年之後曾經有人向郭沫若言及《殷墟書契考釋》乃是羅振玉花費兩百元向王國維所購。劉蕙孫指出當時兩百元相當於一個五六口之家一年的生活費，可謂驚人數字。兩百元在當時可以買一萬六千斤大米，難怪世人對此頗有懷疑，認為按照羅之說法，乃是王國維代為抄寫，何必費此巨款？但是劉蕙孫指出，羅振玉的手稿原來在羅家人手中，但是之後流落到陳夢家手中。當時羅家人還曾經複製了幾頁，確係羅振玉手寫，但是最終劉蕙孫還是沒有給出羅振玉手稿的去向。[28]

實際上劉蕙孫提及的那幾頁複印件，也不能充分說明問題，至今此事還是一件懸案，但是需要注意的是，劉蕙孫提到了兩百元這個數額，與傅斯年曾經言及的四百元五百元之說都不相符，可見羅振玉此事謠言的流傳之深遠，難怪羅繼祖編輯《王國維之死》一書「逼債說」一章節為之撰寫總結時，透露出非常深切的無力感。[29]

註釋

[1]《王國維年譜長編》，第 459～460 頁。
[2]《王國維年譜長編》，第 460 頁。
[3] 同上，第 460 頁。
[4] 胡文輝著：《陳寅恪詩箋釋》，廣東人民出版社，2008 年版，第 929～930 頁。
[5] 同上，第 28～34 頁。
[6] 同上，第 42～43 頁。
[7] 同上，第 44 頁。
[8]《陳寅恪先生年譜長編》，第 102 頁。
[9] 陳寅恪著：《金明館叢稿二編》，三聯書店，2001 年版，第 246 頁。

[10]《我的前半生》，第 168 頁。

[11] 同上，第 168 頁。

[12] 同上，第 168 頁。

[13]《我的前半生》，第 168 頁。

[14] 同上，第 145 頁。

[15]《我的前半生》，第 145～146 頁。

[16]《我的前半生》，第 146 頁。

[17]《王國維之死》，第 106 頁。

[18] 高陽：《高陽說詩》，遼寧教育出版社，1998 年版，第 103 頁。

[19]《王國維之死》，第 111 頁。

[20] 同上，第 110 頁。

[21]《王國維之死》，第 110 頁。

[22] 同上，第 110 頁。

[23]《王國維之死》，第 106 頁。

[24] 同上，第 106 頁。

[25] 同上，第 107 頁。

[26] 同上，第 112～114 頁。

[27]《王國維之死》，第 115～116 頁。

[28] 同上，第 119 頁。

[29] 同上，第 127 頁。

第二十九章 王國維之後的清華

第一節 章太炎與清華失之交臂

　　清華國學院因為王國維的離開，而顯得頗為寂寥，隨後梁啟超的去世，更使得國學院雪上加霜，加上趙元任長期不在校，李濟長年在野外從事考古，因此清華國學院平時僅陳寅恪一人在校。據藍文徵回憶，陳寅恪為發展研究院計，曾經請校方聘請章太炎、羅振玉以及陳垣為導師，馬衡為特別講師，但是章太炎、羅振玉均未答應。[1]

　　但是戴家祥指出藍文徵所言不實，戴家祥記得王國維去世之後，梁啟超寫信給陳寅恪，推薦章太炎接任王國維，同時請陳寅恪托趙元任向學校推薦。陳先生將此信在同學中傳閱，吳其昌自告奮勇到上海促駕，劉節告知章太炎上海住址，同時叮囑吳其昌如果找不到，可以問胡樸安。但是陳寅恪還頗有些擔心，因為學生當中有人不同意，主要是章太炎的脾氣不好，大家有些怕他。但是吳其昌不辱使命，來信告知章太炎願意就任，同時章還託他向梁啟超問好，接著問了許多研究院的近況，但是由於學校已經放假，此事暫時擱淺。[2]

　　戴家祥指出，當時梁啟超對於羅振玉並無好感，而羅振玉本人並不想在清華教書。羅振玉一再強調王國維對其執弟子禮，如何培養了王國維，接替王國維的教席，顯然非羅振玉所願。戴家祥還提及當時陳寅恪管理國學院的購書專款，羅振玉曾經在王國維去世之後向陳售贗品古物，陳一笑置之。後來羅振玉又向陳兜售金文拓片，由此羅振玉在學界受到藐視。[3]

　　桑兵曾經指出，章太炎和清華國學院實際上存在著千絲萬縷的聯繫，清華研究院國學科的畢業生，其中有好幾位後來加入了蘇州國學會以及後來的章氏國學講習會，比如高亨、蔣天樞、姜亮夫等。而當時的主持者曾經屢次欲請章太炎出山，因其不但可以在聲勢上壓倒北大，更能夠在新文化派以外聚一營壘，而該國學科「略仿舊日書院及英國大學制度」的主張，與章太炎

第二十九章 王國維之後的清華

批評大學新式教育不能勝任中國文史教學的種種議論相通，與無錫國學專修館、東南大學國學院以及章氏國學講習會的模式也大體一致。[4]

章太炎最終不能就聘的原因，乃是由於一九二八年清華研究院風潮不斷，接任曹雲祥擔任校長的嚴鶴齡表示有困難，章太炎由此與清華失之交臂。[5] 桑兵指出，當時章太炎在北京的學生，恰好形成了兩派，其中多數人又加盟新文化派，鼓動歐化新潮，在輸入新知、整理國故等方面成為思想界學術界的要角，激進者如錢玄同，鼓吹白話文，提倡拼音文字，主張今文經學，激揚疑古辨偽；穩健者如黃侃，對於同門諸人紛紛趨新大為不滿，以「八部書外皆狗屁」斥責謾罵，以至《公言報》撰文報導，將兩人列為新舊兩派的代表。[6]

桑兵進而指出，斯時的章太炎，先是發起了亞洲古學會，推崇「東方高尚之風化，優美之學識，固自有不可磨滅者」，以歐戰的慘烈「益證泰西道德問題掃地以盡」，與新文化運動的宣導者堅持西方物質與精神文明均高於中國固有文化的主旨截然相反。章太炎後來更深悔早年「妄疑聖哲」的「詆孔」之說為「狂妄逆詐之論」。尤其讓人瞠目結舌之處在於，對於主張或相容新文化者，如蔡元培、胡適以及「古史辨」發起人顧頡剛，章氏均指名道姓，加以抨擊。[7]

第二節 地下黨的興起

而斯時清華園中暗流湧動，中國地下黨也開始在校園中興起，早在一九二六年李大釗和陳毅便曾經來清華演講，隨後清華湧現出第一批共產黨員。這一年九月，燕京大學畢業生王達成加入了中國共產黨，同年十一月接受黨的任務到清華大學工作，他與當時在清華的兩名共產黨員雷從敏和朱莽共同組建了中國共產黨清華的第一個黨支部，到了一九二七年四月，黨員增至七人。[8]

蔣介石發動「四·一二」政變之後，中國北平黨組織遭到破壞，清華的黨組織利用自身的優勢，掩護了校外一些黨員躲避追捕。後來在三十年代中，北平的地下黨組織早已不復存在，只有清華的黨組織依然健全，一九三五年

蔣南翔當選《清華週刊》總編輯，姚依林也曾經擔任此刊物的編輯，後來蔣南翔成為了清華黨支部的主任。[9]

在隨後的「一二·九運動」中，蔣南翔等人發揮了重要的作用。清華黨支部是這次學運的領導核心，姚依林是北平學聯的祕書長。在「一二·九運動」後，清華的黨員人數激增，抗戰爆發前夕，已經發展到了四十二人。[10]

抗戰時期，清華與北大、南開聯合成立了西南聯合大學，隨後聯大的黨支部擴大建成了黨總支，黨員共有八十三人，幾乎占到雲南省全省的三分之一，後來雲南省青委又成立了聯大第二線黨總支，在抗戰即將結束時昆明爆發的「一二·一運動」中，聯大的黨組織也發揮了重要作用，共產黨員潘琰等四名愛國青年被殺害。等到西南聯大解散時，清華的黨員已經有二百〇一人。[11] 內戰開始之後，清華黨組織形成了南系和北系兩個系統，南系乃是由西南聯大復原到清華的黨員組成，受南方局領導；從北平各大中學校轉入清華的黨員，被稱作北系。兩系不發生組織關係，彼此也不公開黨員身分，但是南系和北系在上級機關的協調下配合得非常好，沈崇案、反內戰遊行等運動中，南系北系都發揮了作用。一九四八年兩系合併，一九四九年，清華黨組織正式公開，由此結束了二十多年的地下狀態。[12]

第三節 校內風潮的起伏

王國維去世後的清華，並不平靜，新學期開始，教授會議決定追收學費，但是校長卻暗中與學生聯絡竭力反對，想利用大學部學生推倒教授會和評議會。吳宓和陳寅恪談到學校諸事，無不憤慨。[13]

此外清華還發生了一起風潮，當年的留學預備部高等科二三年級學生，請求校長與外交部當局交涉，特批提前赴美，校長沒有遵從民主治校的原則，擅自批覆，繞開教授會評議會自作主張，後來此事為教授會評議會獲悉，引起一場糾紛，當時的報紙對此大肆報導，遂成一場風潮。陳寅恪表示：此事傷及民主治校之原則，不能沉默。於是吳宓立即寫下《清華教授反對高等科學生提前出洋》一文，經陳寅恪修改，在《大公報》上刊出。[14]

王國維與民國政治

第二十九章 王國維之後的清華

吳宓陳寅恪諸人為學校長遠發展考慮，卻招致學生的妒恨，以致矛盾日益尖銳，學生對他們作出種種辱罵，並警告他們說「如事終敗，則將傷害彼等以洩忿」。在七月二十日的吳宓日記中，居然有學生以剪刀挾制葉企孫教授，雙方相持達六個小時之久的驚人記載。[15]

在學生的無理取鬧面前，陳寅恪與吳宓毫不退讓，召開評議會，作出決議，敦請校長辭職。而後在眾人的壓力下，外交部發出指令：預備部高三高二年級均於明年出洋。清華風潮由此告一段落。[16] 這一風潮結束後，事態並不平息。僅僅過了數月，清華又出現了另一樁波動很大的事情。清華四大導師之一的梁啟超被選為庚子賠款董事，極可能成為新任校長。曹雲祥在校長任上，極為害怕，極力反梁，並唆使朱君毅誣告梁啟超，後來真相大白，朱君毅辭職，而曹雲祥不久之後也匆匆離任。[17] 在此之中，陳寅恪不僅在教授會評議會上抨擊曹雲祥的居心叵測，更在事態即將平息之時，力薦梁任公出任校長。[18]

第四節 陳寅恪一九四九

一九二九年初，梁啟超病逝於北平協和醫院，年僅五十六歲，陳寅恪的父親陳三立和張元濟主持公祭。吳宓日記記載，陳寅恪當時頗為悲觀消極，這一年的下半年，清華國學院難以為繼，宣告撤銷，陳寅恪改任清華大學中文系、歷史系合聘教授，同時在哲學系兼課。[19]

與王國維在生命中最後幾年相知甚深的陳寅恪，與王國維一樣，喜歡在私密的狀態下表達其對於時政的看法。與王國維在書信中與羅振玉討論時局不同，陳寅恪更喜歡在詩句中表達對於時事的看法，比如當時的「九·一八事變」，陳寅恪便曾經寫詩諷刺不抵抗政策，更感慨「空文自古無長策，大患吾今有此身」。[20]

對於當時的蔣介石政權，陳寅恪也是不滿的，詩中曾經諷刺蔣介石空有政權，卻無法抵擋日本人占領東北。[21] 蔣汪分裂之時，陳寅恪對兩者之抉擇都表示悲觀，後來陳寅恪見到蔣介石，曾經在詩中譏諷蔣介石乃「食蛤哪知天下事」。[22]

當然陳寅恪本人對共產主義也並無好感，據鄧廣銘在紀念陳寅恪教授國際學術討論會上回憶，平津戰役前夕，國民黨曾經派遣陳雪屏來接陳寅恪南下，但是陳寅恪表示了拒絕，後來才表示願意和胡適一起南下，因為陳雪屏乃是國民黨的人，和胡適一起走才能心安理得。陳寅恪後來對鄧廣銘說：「其實，胡先生因政治上的關係，是非走不可的；我則原可不走。但是，聽說在共產黨統治區大家一律吃小米，要我也吃小米可受不了。而且，我身體多病，離開美國藥也不行。所以我也得走。」[23]

當時石泉和李涵在同一會中提到陳寅恪對於共產革命的看法，陳寅恪曾經對石泉說：「其實，我並不怕共產主義，也不怕共產黨，我只是怕俄國人。辛亥革命那年，我正在瑞士，從外國報上看到這個消息後，我立刻就去圖書館借閱《資本論》。因為要談革命，最要注意的還是馬克思和共產主義，這在歐洲是很明顯的。我去過世界許多國家，歐美、日本都去過，惟獨未去過俄國，只在歐美見過流亡的俄國人，還從書上看到不少描述俄國沙皇警探的，他們很厲害，很殘暴，我覺得很可怕。」[24]

《浦江清日記》也有相關的記載。浦江清為了系中同人提出添聘孫蜀丞事特地去看他，徵詢他的意見，陳寅恪認為此刻時局變幻，不宜在此時提出，並表示雖然雙目失明，如果有機會，他願意即刻離開。清華要散，當然遷校不可能，也沒有人敢公開提出，有些人是要暗中離開的。浦江清繼而寫道：「那時候左右分明，中間人難於立足。他不反對共產主義，但他不贊成俄國式共產主義。我告訴他，都是中國人，中國共產黨人未必就是俄國共產黨人。學校是一個整體，假如多數人不離開，可保安全，並且可避免損失和遭受破壞。他認為我的看法是幻想。」[25] 事實證明，浦江清確實過於幼稚。

後來余英時先生曾經根據晚年陳寅恪所寫《論再生緣》流傳到香港的油印稿，認定陳寅恪乃是未能逃離中國大陸，以至於受困嶺南。余英時更指出，陳寅恪晚年所寫詩文，集中表現了對於社會主義政權的不滿。此說引起軒然大波，大陸作家劉斯奮曾經受胡喬木所託，寫文章對余英時予以批判，雙方僵持不下。後來陳寅恪之女陳小彭曾經託人帶話給余英時，告知乃父當年看過余的文章，表示「作者知我」，余英時當時「心中感動，莫可言宣」。[26]

第二十九章 王國維之後的清華

余英時所推測的來源,當然不僅僅是《論再生緣》。陳寅恪在「文革」期間的《第七次交代底稿》就曾經言及:「當廣州尚未解放時,偽中央研究院歷史語言研究所所長傅斯年多次來電催往臺灣。我堅決不去。至於香港,是英帝國主義殖民地。殖民地的生活是我平生所鄙視的,所以我也不去香港,願留在國內。」[27]

張求會曾經指出,考慮到當時的特殊歷史背景,陳寅恪的這番話自然不能全部採信。陳氏所言「傅斯年多次來電催往臺灣」是真是假,也一直未能找到實證。[28] 因此余英時先生的結論雖然為大多數人所接受,但是一直缺少直接證據的證明。

張求會進而指出,余英時先生本人也在數年間所見之新材料中不斷修正自己的看法。一九八二年余英時在《陳寅恪的學術精神和晚年心境》一文中,以陳氏此段自述為據,又引其師錢穆關於陳與夫人因去留問題發生爭執的回憶為證,認為陳所言不肯離開大陸「確非虛語」,得出了「陳先生當日留粵之意甚堅決」的結論。後來余先生在深入研究的基礎上對上述結論作了部分修訂:「陳先生決定留在廣州不走,是因為他覺得已無地可逃……但是避地海外的念頭有時也會在他的腦海中一閃而過……一九四九年一月在從上海到廣州的船上,他有詩句說避地難希五月花……這至少表示在他的觀念中,到海外避難也不是完全不能考慮的。」過了五年,隨著新材料的出現,余英時先生再次修正了自己的推論:「在一九四九年十月之前,陳先生極可能為陳夫人的決心所動,轉而有意遷往臺北,只是時間上已來不及了。陳先生在一九三八年既肯主動地電告劍橋大學願為候選人,那麼他在一九四九至五○年這一段『疑慮不安』的時期豈能完全沒有動過『浮海』之念?陳先生最後未能離開廣州固是事實,但我們絕不能說他自始至終從來沒有考慮過『避地』的問題。」[29]

最終直接的證據被張求會找到,此證據是一份以「國立中央研究院歷史語言研究所」的名義發給「臺灣省警務處」的電報底稿,所用稿紙仍是從大陸帶到臺灣的史語所舊信箋,右上方書有「底稿」二字,正文由史語所所長兼任臺大校長傅斯年以毛筆書就,內容中有如下文字:「查本所專任研究員

兼第一組主任陳寅恪先生自廣州攜眷來臺工作，茲附上申請書四紙，敬請惠發入境證是荷。」電稿發出的時間是一九四九年五月三十一日。[30]

註釋

[1] 《陳寅恪先生年譜長編》，第 103 頁。

[2] 《陳寅恪先生年譜長編初稿》，第 103 頁。

[3] 同上，第 104 頁。

[4] 參見桑兵：《章太炎晚年北遊講學的文化象徵》，《歷史研究》，2002 年第 4 期。

[5] 《陳寅恪先生年譜長編初稿》，第 104 頁。

[6] 參見《章太炎晚年北遊講學的文化象徵》。

[7] 同上。

[8] 參見徐心坦、劉文淵：《中共清華大學地下黨組織的發展歷程》，《北京黨史》，1997 年第 2 期。

[9] 同上。

[10] 同上。

[11] 參見《中共清華大學地下黨組織的發展歷程》。

[12] 同上。

[13] 吳學昭著：《吳宓與陳寅恪》，清華大學出版社，1992 年版，第 52 頁。

[14] 《吳宓日記》第三冊，第 369～374 頁。

[15] 同上，第 375 頁。

[16] 同上，第 375 頁。

[17] 《吳宓與陳寅恪》，第 61 頁。

[18] 同上，第 61 頁。

[19] 《陳寅恪先生年譜長編初稿》，第 121～123 頁。

[20] 《陳寅恪詩箋釋》，第 92～98 頁。

[21] 同上，第 100 頁。

[22] 同上，第 144～154 頁。

[23] 紀念陳寅恪教授國際學術討論會祕書組編：《紀念陳寅恪教授國際學術討論會文集》，中山大學出版社，1989 年版，第 36～37 頁。

[24] 同上，第 62 頁。

[25] 參見劉廣定：《陳寅恪先生一九四九年的抉擇》，《傳記文學》，2012 年 3 月。

[26] 參見余英時著：《陳寅恪晚年詩文釋證》，東大圖書股份有限公司，1998 年版。

[27] 蔣天樞編：《陳寅恪先生編年事輯》（增訂本），上海古籍出版社，1997 年版，第 147 頁。

[28] 參見張求會：《陳寅恪一九四九年有意赴臺的直接證據》，《南方週末》，2010 年 5 月 18 日。

[29] 同上。

[30] 參見《陳寅恪一九四九年有意赴臺的直接證據》。

第三十章 偽「滿洲國」的弔詭

第一節 偽「滿洲國」的成立

偽「滿洲國」的成立，乃是遺老最後的舞臺，這一事件最終表明了遺老之於時代的脫節。當時日本內閣會議曾經制訂了一份《處理滿蒙問題方針綱要》，聲稱滿蒙要脫離中國本土政權而獨立，同時明確指示要將滿蒙地區作為日本對俄對華的國防第一線。[1]

一九三二年三月初，溥儀從旅順出發，到達長春，站臺上滿是安排好的歡迎人群。三月九日，舉行執政就職典禮，偽「滿洲國」宣告成立。當時參加典禮的有許多舊奉系的人物，當然包括遺老在內，日本人也參加了典禮。鄭孝胥代為宣讀執政宣言，隨後溥儀任命了一大批官員，其中鄭孝胥為總理，羅振玉任參議院參議。[2]

遺老陳曾壽對偽「滿洲國」的成立頗為不滿，藉口身體不好，準備返回天津，並在留下的字條中說：「連日所見種種，不去將咯血。」隨後陳曾壽在大連寄回一封奏摺，奏摺寫道：「立國之要，唯以得人心為主。辛亥以鐵路國有失人心，遂至亡國。然我列祖列宗二百餘年之深仁厚澤，深入於人心，故國雖亡而不亡，人心仍歸向於我皇上。若此時再失人心，是並我列祖列宗二百餘年之深仁厚澤而亡之也。」[3]

陳曾壽繼而指責日本人居心叵測：「今樞要之地已成太阿倒持之局，為所欲為。今之言曰，地方如不服，則出兵征服之。臣聞之，為驚心膽顫。不待實有此事，即此一言，已足失天下之心而有餘矣。」[4] 可見陳曾壽對於日本人掌控局面的極大不滿。

據當時追隨陳曾壽的周君適回憶，關東軍為了收買一批漢奸為其賣命，除了加官進爵，還發給每個特任官數萬元乃至幾十萬元的建國金，又稱機密費。胡嗣瑗也接受了這筆建國金，陳曾壽原來和胡交誼頗深，聽說胡接受了建國金，對胡極為不滿，胡、陳兩人的交誼最後冷淡下來。[5]

第三十章 偽「滿洲國」的弔詭

不僅陳曾壽表示了對於建立偽「滿洲國」的反對，不少遺民也認為此舉大為不妥。林志宏指出，這些遺民認定建立偽「滿洲國」將受日本左右，無法獨立自主。林志宏進而舉出帝師陳寶琛的例子，陳寶琛當時在家信中憂慮身陷爛泥之中而無所適從，更提到建立偽「滿洲國」乃是為人利用，自蹈危機。更有身處北京的遺民章鈺寫詩與遺民胡嗣瑗唱和，詩中有「高華自壓隔牆花」之句，意即深信偽「滿洲國」將為日方欺壓。[6]

偽「滿洲國」即位寫真冊

而偽「滿洲國」的建立，不僅僅有陳曾壽、陳寶琛這樣的遺老反對，更有尋常百姓表示了他們的抗議。當時奉天行政長官臧式毅被抓，日本人威逼利誘，希望其屈服投降。為了顯示寬大，憲兵隊特許臧家送牢飯。臧的老母親希望兒子下決心以身殉國，而憲兵隊禁衛森嚴，牢飯必須經過檢查才能送

到臧式毅的手裡，臧母在碗底沾上一塊鴉片煙，暗示他吞煙自殺，但是臧最後還是歸順了日本人，當他被釋放回家之後，老母親已經在房中自殺。這個消息廣為流傳，但是臧本人一直對此諱莫如深。[7]

就在溥儀就任執政之後不久，鄭孝胥組織召開了第一次內閣會議，會議旨在討論各部門的組織機構和人事安排，但是日本人駒井德三首先拿出了一份各部門次長和總務司各重要司長的名單，全部都是日本人。熙洽當場表示了質疑，駒井立即予以威脅，從此偽「滿洲國」官吏便有日系和滿系之分，日系越來越多，而滿系則越來越少。[8]

第二節 局外人與局中人

與羅、王同為遺老的陳曾壽，在《局外局中人記》起首寫道：「強志局外人也，而不齊局中人也，蒼虬局中人也，而不齊局外人。」[9] 偽「滿洲國」在「九‧一八事變」之後匆忙建立，遺老最終在偽「滿洲國」聚首，陳曾壽接連上書溥儀獻策，可謂盡心竭力。陳曾壽曾經與鄭孝胥往來，覺得鄭孝胥太過輕佻。[10]

當時的羅振玉，正徘徊在局外人與局中人之間。據羅繼祖事後回憶，羅振玉積極勸駕，為此碰了不少釘子，不是溥儀方面反覆無常，就是鄭孝胥等人的讒言阻攔。因此，羅振玉不止一次和日本浪人有聯繫，具體聯繫何事羅繼祖一概不知，但是可看出羅振玉情緒上的波動。尤其到了「九‧一八事變」之後，日本人感到箭在弦上，於是積極勸說溥儀到東北，阪垣征四郎當時還派了一名浪人與羅振玉一起去天津勸駕，羅振玉大為興奮，相信不久之後將致君堯舜上。但是陳寶琛等人依舊反對，並且對此大潑冷水。鄭孝胥認為機不容失，不過此事由羅振玉出頭，怕羅奪去他的頭功，所以默然不露聲色。[11]

鄭孝胥頗有心機，見溥儀沒有爽快答應，便私下活動，與日本人接洽。溥儀在對翠閣與羅振玉重新見面，羅振玉見了溥儀的簡單報告，隨後便去瀋陽找阪垣征四郎商議，這使得溥儀和鄭孝胥大為生氣。由於羅振玉堅持大清復辟而不是新建偽「滿洲國」，所以阪垣征四郎覺得要另換新手，恰好鄭孝胥早有此意，與阪垣征四郎一拍即合，羅振玉因此被拋棄。溥儀和羅振玉的

第三十章 偽「滿洲國」的弔詭

復辟思想頗為一致，鄭孝胥去瀋陽參加阪垣征四郎召開的會議時，溥儀寫了「必正統系」的十二條，讓鄭孝胥交給阪垣征四郎，同時讓羅振玉與鄭孝胥同去。然而鄭孝胥並未將此十二條交出，羅振玉也沒有參會，但是此十二條受到了羅振玉的高度讚揚，羅振玉稱溥儀能夠堅持原則。[12]

事實上羅振玉此時，已經成為了偽「滿洲國」的局外人，雖然其依舊身在局中。羅振玉曾經因與日本軍部的協議發生矛盾而導致大病，在他生病期間，鄭孝胥父子和阪垣征四郎的政治密約告成，不久之後就要開閣罷相。溥儀對此非常惱火，但是阪垣征四郎的最後通牒下達之後，羅振玉和溥儀都沒有辦法。羅振玉最後表示：事已至此，悔之不及，只有暫定以一年為限，如果逾期仍然不實行帝制，到時即行退位，羅繼祖認為這幾句話已經窮極無奈。[13]

偽「滿洲國」即位大場（場面）

第二節 局外人與局中人

日本軍部指派羅振玉擔任參議一職，溥儀認為羅振玉頗不稱心如意，所以堅決不接受這一職位。溥儀進而認為羅振玉沒有當上總理，所以心情懊惱。但是羅繼祖認為這完全出於溥儀的個人想像，因為羅振玉一生不為當官發財而奮鬥，之所以追隨溥儀，乃是因為醉心於復辟而已，即便是當時溥儀掌握了用人權，其首選的總理人選還是鄭孝胥，其次還有軍機大臣陳曾壽，無論如何輪不到羅振玉。[14]

陳曾壽從肅王府回到寓所，溥修剛從天津回來，陳曾壽和其談到溥儀大罵鄭孝胥父子，尤其指責鄭垂賣主求榮，與其父親鄭孝胥如出一轍。遺老胡嗣瑗也對鄭孝胥頗為不滿，進而指責陳曾壽日侍溥儀左右，沒有盡到匡救之責。陳曾壽只是閉目搖頭，一句話也說不出來。胡嗣瑗揚言立即離開東北，直到溥儀任命其為執政府祕書長，胡才轉怒為喜。[15]

其實溥儀也是受了日本人的欺騙，溥儀和土肥原賢二交涉，土肥同意偽「滿洲國」將採取帝制，也正是這個承諾，才使得溥儀下定了決心前往東北。當時陳曾壽在日記中記載：「土肥原同金梁來津。已進見，其言甚甘，上所提議，如大清國行政主權等，均謂不成問題。上意遂決。」[16]

第三節 羅振玉的心灰意冷

溥儀在偽「滿洲國」即位大典上

　　羅振玉在偽「滿洲國」建立的初期，曾經一度想有所作為，並為此早在二十年代就與東北地區的關東軍往來密切。周明之指出，羅振玉忘了半個世紀以來日本對於中國的欺凌，而以唇亡齒寒比喻中日之間的關係，甚至把清室的前途都寄託在關東軍的身上，難怪一向為其祖父辯解的羅繼祖也毫不諱言的稱，羅振玉一九二八年到達旅順之後，凡是關東軍司令官到任，都親自到家拜訪，無論新舊皆是如此。[17]

　　羅振玉在與鄭孝胥的鬥爭中失勢，自此辭職，不久日方設領事賑務督辦一職，希望羅振玉擔任，但是羅振玉認為此不是出於溥儀的任命，既不就任也不辭謝，隨侍溥儀身邊，時時往來旅順、長春之間。胡嗣瑗和羅振玉密謀扳倒鄭孝胥，但是沒有成功。[18]

後來偽滿監察院長出現空缺，溥儀讓羅振玉補缺，羅振玉表示推辭，但是日方不允。羅振玉就職後寫了就職宣言及《再申告本院僚屬文》，力圖改變院中的官僚作風。[19] 從這兩篇文章可見羅振玉的一腔熱忱，這也多少暴露了他的天真。

羅振玉在監察院長任上，也做了幾件事情。比如制止特任官的非法勞金，此事一度制止了日本軍部收買滿方大員；上書請釐正賞勛規程以及授勛儀式，但是溥儀和鄭孝胥都覺得此事太過雞毛蒜皮；彈劾立法院長趙欣伯，導致趙直接被免職。[20]

羅振玉擔任監察院長大約四年，但是期間多半在旅順隱居，每年的春秋佳日，羅振玉都回到長春面見溥儀，同時和一些舊友碰面。溥儀對羅振玉一直有看法，所以羅振玉有些話只能託熙洽代為轉達。在《致熙宮相書》中羅振玉提出溥儀子嗣未立，同時額駙的行為不符合舊制，溥儀本人不應該篤信鬼神巫術，而御前的禁衛過嚴。這觸犯到了溥儀的大忌，因為溥儀本人不能生育，所以此信未見到溥儀的任何回覆。[21]

而羅振玉最感氣憤的是溥儀即位之後，日本方面干涉他去瀋陽拜祭祖陵，他對此痛心疾首，晚年幾乎都在回憶和自責中度過。平日裡一直在忙碌他的著作，同時寫詩自遣，詩中有「憂時歌哭初何補，夢裡昇平倘可憑」等句，可見當時羅振玉的低沉心情。[22]

第四節 偽「滿洲國」的覆滅

溥儀在偽「滿洲國」稱帝，舉行了登極大典，終於實現了再次稱帝的願望。稱帝之後，溥儀曾經訪問日本，當時隨行的人員有一百多人，在東京住了九天，主要是昭和天皇舉行國宴招待，並且陪同檢閱軍隊。溥儀為此感到非常榮欣，曾經在艦上作了一首詩，表達了自己激動的心情。[23]

第三十章 偽「滿洲國」的弔詭

偽「滿洲國」主要官員

但是好景不長,很快溥儀的手下四分五裂。鄭孝胥由於與日人暗中簽訂密約,換取了總理的席位,同時撇開了一大群遺老自己單獨行動,引起了溥儀周圍人的不滿,陳曾壽、寶熙等人都先後與其疏遠,隨後日本人也逐漸對

第四節 偽「滿洲國」的覆滅

鄭孝胥產生了不滿情緒,加上溥儀看到鄭孝胥事後拿出的密約後,對鄭孝胥非常氣憤。[24]

溥儀儘管有扳倒鄭孝胥的想法,也曾經做過很多努力,但是日本人不答應,終究沒有辦法,反倒是鄭孝胥後來自己闖下大禍。他在自己主辦的書院中發牢騷說偽「滿洲國」已經不是小孩子了,就讓他自己走走,不該總是處處不放手。這一句話對日本人刺激非常大,加上鄭孝胥一直主張偽「滿洲國」應該由國際共同管理,更讓日本人對其產生厭惡之情,當日本人在溥儀面前提出要撤換鄭孝胥時,溥儀欣然答應。後來鄭孝胥暴死長春,真正的死因,至今依然是謎。[25]

鄭孝胥去世後兩年,羅振玉也與世長辭。鄭孝胥去世之前,羅振玉曾經擔任偽「滿日文化協會」會長,但是羅振玉本人對會務非常消極,曾經寫信給家人說:「我對會務痛楚已極,去之唯恐不亟,乃一再辭職,迄無明白回答。」[26]

值得注意的是,羅振玉在這一時期寫的回憶錄中,對王國維的死依然記掛在心,可見其晚年心境的淒涼:「念予與忠愨交垂三十年,其學行卓然,為海內大師,一旦完大節,在公為無憾,而予則草間忍死,仍不得解脫世網,至此萬念皆灰,乃部署未了各事,以俟命盡。」[27]

這時的偽「滿洲國」也在風雨飄搖之中。隨著太平洋戰爭中日本的失利,偽「滿洲國」也岌岌可危。一九四五年八月,蘇聯軍隊進攻滿洲,當時日本人吉岡企圖帶著溥儀逃亡日本,在瀋陽機場被蘇聯軍隊俘獲。在送往蘇聯的途中,吉岡要求和溥儀關押在一起,溥儀站在吉岡的背後,向蘇軍搖手錶示不同意,蘇軍將兩人分開關押。[28] 偽「滿洲國」也在這時正式宣告覆滅,辛亥革命之後中國一直殘存的小朝廷毒瘤,終於消亡。

第三十章 偽「滿洲國」的弔詭

鄭孝胥在偽「滿洲國」溥儀即位大典上

註釋

[1] 復旦大學歷史系日本史組編編譯：《日本帝國主義對外侵略史料選編》，上海人民出版社，1975年版，第63頁。

[2] 周君適著：《偽滿宮廷雜憶》，四川人民出版社，1981年版，第78～80頁。

[3] 《偽滿宮廷雜憶》，第82頁。

第四節 偽「滿洲國」的覆滅

[4] 同上，第 82 頁。

[5] 同上，第 83 頁。

[6] 《民國乃敵國也——政治文化轉型下的清遺民》，第 323頁。

[7] 《偽滿宮廷雜憶》，第 83 頁。

[8] 同上，第 85～86 頁。

[9] 全國政協文史和學習委員會編：《文史資料選輯》第十九期，中國文史出版社，1989 年版，第 195 頁。

[10] 同上，第 195～198 頁。

[11] 羅繼祖著：《蜉寄留痕》，上海古籍出版社，1999 年版，第 120 頁。

[12] 《蜉寄留痕》，第 121 頁。

[13] 同上，第 121 頁。

[14] 《蜉寄留痕》，第 122頁。

[15] 《偽滿宮廷雜憶》，第 76～77 頁。

[16] 《近代中國的文化危機：清遺老的精神世界》，第 206 頁。

[17] 《近代中國的文化危機：清遺老的精神世界》，第 206 頁。

[18] 《蜉寄留痕》，第 122～124 頁。

[19] 同上，第 125～127 頁。

[20] 同上，第 128～130 頁。

[21] 《蜉寄留痕》，第 131～132 頁。

[22] 同上，第 133 頁。

[23] 《偽滿宮廷雜憶》，第 108～112 頁。

[24] 《偽滿宮廷雜憶》，第 127～130 頁。

[25] 同上，第 130～131 頁。

[26] 《蜉寄留痕》，第 134 頁。

[27] 《雪堂自述》，第 56 頁。

[28] 《偽滿宮廷雜憶》，第 137 頁。

王國維與民國政治

後記

第四節 偽「滿洲國」的覆滅

後記

此書淵源久矣，早在我讀本科的時候，便曾經有為王國維先生立傳的想法，及至畢業，更因為王國維先生那句對二十世紀中國最為精準的預言，而寫出我第一篇論文。此文的發表，加上後來引起的討論，更堅定了我寫一部王國維傳記的信念。

此書寫作大約一年，但是準備時間卻超過五年，寫作期間雜事甚多，不勝煩擾，所幸躲在美國一段時間得以安心找材料，回到中國之後加快了寫作速度，加上中國國內便利的資料條件，和王國維研究專家陳鴻祥先生和王國維曾孫王亮先生的幫助，每當遇到困難時就向他們求助，王亮先生還多次提供了一些不大能見得到的材料給我參考，讓我獲益良多。需要指出的是，書中十五、十六兩章討論二十年代徐志摩、胡適等知識人與「赤白仇友之爭」的文章，是我寫作此書之前的本科畢業論文，本來預備空閒的時候修訂發表，曾經發給一些師友指正，但是去年開始此文流傳於網路，同時被各種轉載盜用，給我造成了很大的困擾，因此我把這兩章收錄在這裡，聊作資料存考。

我寫此書的感覺，乃是頗為慶幸，因為市面上的王國維傳記作品不算太少，但是除了陳鴻祥先生、劉烜先生、蕭艾先生等少數幾位的作品，大多數並沒有太大的參考價值，而即便是這幾位先生所寫的王國維傳，也忽視了王國維本人在晚清民國變局中對時事的看法，換而言之，他們太過於重視作為學者的王國維，而忽視了作為「公共知識人」的王國維，只要翻翻《羅振玉王國維往來書信》便可以知道，以學問家來定義王國維，顯然過於狹隘，這位至今依然在學界有著巨大影響的學者，乃是一位天才的預言家。

茲舉數例，早在一八九八年，王國維便預言了戊戌變法的失敗，隨後又預言了義和團運動的興起，到了一九一七年俄國十月革命爆發，王國維憂心忡忡，致信柯劭忞聲稱：觀中國近況，恐以共和始。而以共產終。一九一九年五四運動爆發，他寫信給陸宗輿，提出要在巴黎和會上提出議案，團結世界各國剿滅俄國布爾什維克。一九二四年國民黨聯合蘇俄，王國維在馮玉祥逼宮之時放言：赤化之禍，旦夕不測。最終王國維死於一九二七年的北伐，

王國維與民國政治
後記

死前他曾經念念不忘已經失和的舊友羅振玉，信中準確無誤地提到了當時湖南農民運動中葉德輝被誅殺之事，而羅振玉在王國維去世之後為其偽造的遺摺中亦痛言：赤化將成，神州荒翳。

葉嘉瑩女士曾言王國維乃是「激變時代的悲劇人物」，私心以為，此言乃是從文化方面而言，於政治方面更是如此，這位理應得到時代尊重的歷史人物，最終卻落得如此下場，時代有愧於他；後世未能充分理解王國維之死的深刻意義，亦有愧於他，這便是我寫作此書的初衷。

當然每出一本書照例都要致謝，衷心感謝曾經對我給予幫助和鼓勵的各位前輩，此書曾以若干長短不一的文字在學術刊物和報章雜誌上發表，承蒙章開沅、余英時、張朋園、張玉法、姜義華諸位先生賜予寶貴教示，不勝銘感。我本身的學術成長，離不開歷史學界諸位先生的包容，感謝楊天石、袁偉時、馮天瑜、楊奎松、高華、王奇生、羅志田、朱英、雷頤、馬勇、張鳴、郭世佑諸位先生的鼓勵。

有些其他學科的先生，亦讓我獲益良多，高全喜、任劍濤、馮克利、蕭延中諸位先生，都應該逐一致以謝意。當然港臺學術界的前輩也是值得感激的，感謝陳永發、王汎森、齊錫生、黃克武、沙培德、陳宜中、周保松、潘光哲、林志宏、閻曉駿諸位先生的關照與鼓勵，尤其是沙培德先生和林志宏先生，在寫作此書中，承蒙他們的關照，寄來他們的著作或是論文，對我的寫作獲益良多。

另外有一些國外學術界的前輩需要致以申謝，感謝羅德里克·麥克法夸爾（Roderick Macfarquhar）、柯文（Paul Cohen）、裴宜理（Elizabeth J. Perry）、易社強（John Israel）、愛德華茲·弗里德曼（Edward Friedman）、周錫瑞（Joseph W. Esherick）諸位先生的鼓勵。尤其要感謝麥克法夸爾教授和裴宜理教授，我尚未認識他們時，便已經熟讀他們的著作，從中獲益甚多，尤其是有幸擔任裴宜理教授著作的翻譯，更是我人生中的一件幸事。

我成長的過程中，李劼、謝泳、張耀杰、范泓、邵建、傅國湧、蔡登山、褚鈺泉、宗波、周棉等先生曾以不同的方式對我予以幫助，再次致謝。這裡

尤其要感謝我在遭遇困境時聶聖哲先生的幫助，他的正直、無私和樂觀深深的影響了我，另外也要感謝楊福家、傅杰、張業松、段懷清諸位先生的關照，感謝陳平原先生，寫作此書曾經不止一次寫信向他叨擾，再次致謝。復旦大學史地所的孟剛兄和復旦大學歷史系的付德華老師為此書寫作提供了便利的資料條件，也要表示感謝。

此書的寫作，要感謝我父母長久以來對我的包容，最應該感謝的是他們，由於成長期間某些師友好心的拔高，我迥異於平常學生的學術成長經常被人認定乃是所謂「文化世家」的渲染，尤其是何永康教授，更將我誤認為某些文化名人的後代，我的父母乃至祖輩，大多數都是老實本分的生意人。感謝成富磊兄，他幫我仔細的核對引文，使註釋更加嚴謹規範。當然要感謝我的好友徐軼青，沒有他的幫助和鼓勵，我很難繼續自己的研究，他從政治學或者經濟學對於近代中國的某些看法，對我很有幫助。

最後我想把這本書獻給臻臻，我曾經一度為我們的未來感到沮喪，直到今天依舊如此，她於我而言，無疑是生命中溫暖而又百感交集的歷程。

周言

國家圖書館出版品預行編目（CIP）資料

王國維與民國政治 / 周言 著 . -- 第一版 .
-- 臺北市：崧博出版：崧燁文化發行, 2019.05
　　面；　公分
POD 版

ISBN 978-957-735-863-9(平裝)

1. 王國維 2. 傳記 3. 政治思想

782.884　　　　　　　　　　　　　　108006587

書　　名：王國維與民國政治
作　　者：周言 著
發 行 人：黃振庭
出 版 者：崧博出版事業有限公司
發 行 者：崧燁文化事業有限公司
E - m a i l：sonbookservice@gmail.com
粉 絲 頁：　　　　　網　址：
地　　址：台北市中正區重慶南路一段六十一號八樓 815 室
8F.-815, No.61, Sec. 1, Chongqing S. Rd., Zhongzheng Dist., Taipei City 100, Taiwan (R.O.C.)
電　　話：(02)2370-3310 傳　真：(02) 2370-3210
總 經 銷：紅螞蟻圖書有限公司
地　　址：台北市內湖區舊宗路二段 121 巷 19 號
電　　話：02-2795-3656 傳真 :02-2795-4100　　網址：
印　　刷：京峯彩色印刷有限公司（京峰數位）
　本書版權為九州出版社所有授權崧博出版事業股份有限公司獨家發行電子書及繁體書繁體字版。若有其他相關權利及授權需求請與本公司聯繫。

定　　價：450 元
發行日期：2019 年 05 月第一版

◎ 本書以 POD 印製發行